高等职业教育公共基础课系列教材

心理健康教育

主　编　李　蕊
参　编　李晓云　程廷仁　张　谊
主　审　张　晶

机械工业出版社

学生心理健康教育是时代发展的要求，是教育改革的要求，是德育创新的要求，更是学生健康成长的要求。职校学生心理现状要求学校关注学生心理健康的方方面面：自我意识、学习和创新、情绪管理、人际交往、性心理、求职择业、生活教育等。

《心理健康教育》是针对职业学校学生心理健康教育的教材，全书分为八章：第一章心理与健康；第二章自我与接纳；第三章学习与创新；第四章情绪管理；第五章人际交往；第六章恋爱心理学；第七章职业规划；第八章生命的意义。为了方便学生阅读，本书在体例上采用版块的形式，设为心灵启明灯、心灵故事会、心灵百科屋、心灵测验室、心灵拓展营、心灵电影院等，将心理学理论与生活相融合，引导学生将学习和生活实际进行对照参考，帮助学生挖掘内心的幸福、快乐，学会用积极的心态面对竞争和压力，学会运用心理学技巧维护心理健康，从而拥有健康快乐的人生信念。

图书在版编目（CIP）数据

心理健康教育／李蕊主编．—北京：机械工业出版社，2018.10（2021.8 重印）
高等职业教育公共基础课系列教材
ISBN 978-7-111-60772-4

Ⅰ.①心… Ⅱ.①李… Ⅲ.①心理健康-健康教育-高等职业教育-教材 Ⅳ.①G444

中国版本图书馆 CIP 数据核字（2018）第 208731 号

机械工业出版社（北京市百万庄大街 22 号　邮政编码 100037）
策划编辑：杨晓昱　　　　　责任编辑：杨晓昱　孟晓琳
责任校对：姚玉霜　陈　越　　封面设计：马精明
责任印制：李　昂
北京圣夫亚美印刷有限公司印刷
2021 年 8 月第 1 版·第 7 次印刷
184mm×260mm·14.75 印张·318 千字
标准书号：ISBN 978-7-111-60772-4
定价：46.00 元

电话服务　　　　　　　　　　网络服务
客服电话：010-88361066　　　机　工　官　网：www.cmpbook.com
　　　　　010-88379833　　　机　工　官　博：weibo.com/cmp1952
　　　　　010-68326294　　　金　书　网：www.golden-book.com
封底无防伪标均为盗版　　　机工教育服务网：www.cmpedu.com

写给同学们的话

同学们，当你们打开这本书的时候，也就开始了我们之间心与心的交流、情与情的互动。

从普通中学到职业学校，是你们人生的一大转折，开启了通往美好未来的新征程。如何把握好历史的机遇，是需要你们认真思考和面对的重大课题。

我们说青春是绚丽多彩的，青春是阳光灿烂的，青春时期对未来充满了无限的遐想和美好的憧憬。然而，在青春的岁月里，有时也会有困惑和烦恼，或许还会有焦虑和自卑，要面对学习上的压力、复杂的人际关系、激烈的就业竞争，等等。对于这一切，是勇敢面对，还是低头叹息？是自信自强，还是消极颓废？都在无时无刻地考验着我们，考验着我们的心理承受能力，那么我们怎样才能从容地跨越人生中的道道沟坎，克服生活中的重重障碍呢？怎样才能开拓出一片蓝天，谱写出华美的篇章呢？答案是明确的，拥有良好的心理素质是成功的基础。要使自己在各方面得到顺利发展，保持健康的心理至关重要。

也许有人会认为，一个人身体没有缺陷和疾病就是健康，其实这是不全面的。所谓健康，应该是生理和心理两个方面都健康。所谓心理健康，具体表现在身体、智力、情绪十分协调；适应环境，人际关系中彼此谦和，有幸福感；在工作和职业活动中能充分发挥自己的能力，过有意义的生活。心理健康的人能够充分发挥个人的最大潜能，妥善处理和适应人与人之间、人与环境之间的相互关系，从某种意义上说，心理健康比生理健康更重要，更能给人带来愉悦和幸福。

同学们，《心理健康教育》这本书，能够给你们带来惊喜和帮助，能够帮助你们拥有一个健康和谐的心理，能够成为你们的良师益友，能够伴随着你们青春的步伐健康快乐地成长，能够帮你们插上成功的翅膀，能使你们的整个人生更加光彩夺目。

编　者

2018 年 6 月

Preface 前言

早在 1999 年 6 月，中共中央国务院在《关于深化教育改革，全面推进素质教育的决定》中，就明确要求各级各类学校必须加强学生的心理健康教育，培养学生坚韧不拔的意志。中共中央在《关于进一步加强和改进学校工作的意见》中进一步指出，要通过各种方式对不同年龄层次的学生进行心理健康教育和指导，帮助学生提高心理素质，健全人格，增强适应环境的能力。可见，心理健康教育有着重要的地位，起着重大的作用。

随着时代的发展和社会的进步，人们对人才的要求越来越高，心理健康问题越来越成为教育的重点内容，越来越成为人才素质培养的重要组成部分。

目前，在职业学校中，学生的心理健康问题已引起多方面的高度关注。学生在学习、生活、人际交往和择业等方面，常常会遇到这样或那样的心理问题，诸如厌学、逃学、网瘾、逆反心理严重、烦闷、焦虑和自卑，等等。这些问题如不能及时得到解决，不但会影响他们的学习和生活，严重的还会造成人格缺陷和行为障碍。因此，对职业学校的学生进行心理健康教育就显得尤为紧迫。我们不仅要帮助他们营造一个有利于他们健康成长的和谐宽松的学习生活环境，还应该帮助他们学会自我认知，学会自控，掌握自我良好发展的基本方法和能力。

心理健康教育是学校德育工作的重要组成部分，心理健康教育的目标就是：提高全体学生的心理素质，帮助学生树立心理健康意识，培养乐观向上的心理品质，增强心理调适能力，促进学生人格的健全发展，帮助学生正确认识自我，增强自信心，学会合作与竞争，培养学生的职业兴趣，提高应对挫折、适应社会的能力，帮助学生解决成长过程中遇到的心理困惑和心理行为问题，提高学生的心理健康水平。

本书改变了传统的编写模式，紧密联系职业学校学生的实际情况，力求体现以下几个特点。

第一，编写形式新颖活泼，强调可读性

内容以版块形式呈现，分为心灵启明灯、心灵故事会、心灵百科屋、心灵测验室、心灵拓展营和心灵电影院，将心理学理论紧扣生活实际，叙事使人明理，教育多用启发式，建议切合生活实际，语言生动活泼而富有激情，读来令人产生心灵的共鸣，充分激发健康快乐的人生信念。

第二，遵循心理健康教育的基本规律，突出教育性

本书从职业院校学生的心理特征和认知规律出发，从心理学基本知识入手，让学生感到有益、有趣，循序渐进，由外而内，由知而行，将学习和实际进行对照参考，在活动和游戏中学习，既通俗易懂便于学习理解，又增加了学习的兴趣。

第三，突出心理问题排除能力的培养，力求实效性

心理健康教育不只是让学生了解相关的心理学知识，更重要的是学会运用心理学技巧，主动维护心理健康，从而拥有健康人生。为此，本书通过在各章设置各内容版块，帮助学生运用心理学相关知识，进行自我心理体验、自我心理诊断和自我心理调适，最终达到提高心理健康水平、摆脱心理障碍困扰、拥有良好的个人心理品质和较强的心理适应能力的目标。

在本书的编写过程中，我们参考了大量的国内外相关资料，吸收了许多心理学的研究成果，在此一并表示感谢！由于时间紧迫，加之编者水平和实践经验有限，难免有所纰漏，望各位同人予以批评指正，不吝赐教。

本书由李蕊主编，李晓云、程廷仁、张谊参编。具体的编写分工是：第一章和第三章由张谊编写，第二章由李晓云编写，第四章、第五章、第六章和第八章由李蕊编写，第七章由程廷仁编写。本书由李蕊修改统稿，张晶主审。

编　者

2018 年 6 月

Contents 目 录

写给同学们的话
前言

第一章 心理与健康 ... 1

心灵启明灯 / 1
心灵故事会 / 1
心灵百科屋 / 2
    第一节 心理健康的标准 / 2
    第二节 心理发展特点与常见问题 / 7
    第三节 影响心理健康的因素 / 9
    第四节 心理健康教育的意义 / 15
心灵测验室 / 19
心灵电影院 / 22

第二章 自我与接纳 ... 23

心灵启明灯 / 23
心灵故事会 / 23
心灵百科屋 / 24
    第一节 树立正确的自我意识 / 24
    第二节 自我意识在发展中的矛盾 / 30
    第三节 悦纳自我 / 32
    第四节 新生的角色适应及转变 / 35
心灵测验室 / 38
心灵拓展营 / 41
心灵电影院 / 44

第三章　学习与创新　　45

心灵启明灯／ 45
心灵故事会／ 45
心灵百科屋／ 46
　　第一节　学习理论／ 46
　　第二节　学习的动机／ 51
　　第三节　学习的困惑与调适／ 55
　　第四节　学习与创新性思维／ 59
心灵测验室／ 65
心灵拓展营／ 68
心灵电影院／ 69

第四章　情绪管理　　70

心灵启明灯／ 70
心灵故事会／ 70
心灵百科屋／ 71
　　第一节　情绪的概述／ 71
　　第二节　情绪与健康／ 77
　　第三节　情绪的释放／ 83
　　第四节　压力管理与挫折应对／ 89
心灵测验室／ 94
心灵拓展营／ 99
心灵电影院／ 100

第五章　人际交往　　101

心灵启明灯／ 101
心灵故事会／ 101
心灵百科屋／ 102
　　第一节　人际交往与沟通／ 102
　　第二节　社交与礼仪／ 107
　　第三节　人际交往障碍及调适／ 111
　　第四节　人际交往的原则和技巧／ 117
心灵测验室／ 125
心灵拓展营／ 128
心灵电影院／ 130

第六章　恋爱心理学　　132

心灵启明灯 / 132
心灵故事会 / 132
心灵百科屋 / 133
　　第一节　爱情的概述 / 133
　　第二节　爱情的分类 / 138
　　第三节　爱情的误区 / 143
　　第四节　性心理与艾滋病 / 146
心灵测验室 / 149
心灵拓展营 / 153
心灵电影院 / 154

第七章　职业规划　　155

心灵启明灯 / 155
心灵故事会 / 155
心灵百科屋 / 156
　　第一节　性格与气质 / 156
　　第二节　职业兴趣与能力 / 164
　　第三节　求职中的心理障碍与调适 / 170
　　第四节　科学地规划人生 / 176
心灵测验室 / 181
心灵拓展营 / 183
心灵电影院 / 188

第八章　生命的意义　　189

心灵启明灯 / 189
心灵故事会 / 189
心灵百科屋 / 190
　　第一节　常见的心理危机 / 190
　　第二节　网络心理健康问题及调适 / 194
　　第三节　心理危机干预与心理咨询 / 199
心灵测验室 / 204
心灵拓展营 / 205
心灵电影院 / 207

附录 / 208

    附录 A　心灵成长记录表 / 208

    附录 B　我的情绪日记 / 209

    附录 C　耶鲁-布朗强迫量表 / 210

    附录 D　感恩有你 / 213

    附录 E　焦虑自评量表（SAS）/ 214

    附录 F　恋爱调查问卷 / 216

    附录 G　抑郁自评量表（SDS）/ 220

参考文献 / 222

第一章　心理与健康

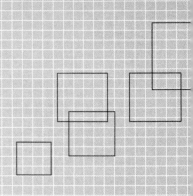

心灵启明灯

1. 理解心理健康的基本知识
2. 掌握心理发展的特点
3. 了解影响心理健康的因素
4. 掌握心理健康教育的意义

心灵故事会

《关于加强心理健康服务的指导意见》（节选）

国卫疾控发〔2016〕77号

　　心理健康是影响经济社会发展的重大公共卫生问题和社会问题。为深入贯彻落实党的十八届五中全会和习近平总书记在全国卫生与健康大会上关于加强心理健康服务的要求，根据《精神卫生法》《"健康中国2030"规划纲要》和相关政策，现就加强心理健康服务、健全社会心理服务体系提出如下指导意见。

　　一、充分认识加强心理健康服务的重要意义

　　心理健康是人在成长和发展过程中，认知合理、情绪稳定、行为适当、人际和谐、适应变化的一种完好状态。心理健康服务是运用心理学及医学的理论和方法，预防或减少各类心理行为问题，促进心理健康，提高生活质量，主要包括心理健康宣传教育、心理咨询、心理疾病治疗、心理危机干预等。心理健康是健康的重要组成部分，关系广大人民群众幸福安康、影响社会和谐发展。加强心理健康服务、健全社会心理服务体系是改善公众心理健康水平、促进社会心态稳定和人际和谐、提升公众幸福感的关键措施，是培养良好道德风尚、促进经济社会协调发展、培育和践行社会主义核心价值观的基本要求，是实现国家长治久安的一项源头性、基础性工作。

　　党中央、国务院高度重视心理健康服务和社会心理服务体系建设工作。习近平总书记在2016年全国卫生与健康大会上提出，要加大心理健康问题基础性研究，做好心理健康知识和心理疾病科普工作，规范发展心理治疗、心理咨询等心理健康服务。《国民经济和社会发展第十三个五年规划纲要》明确提出要加强心理健康服务。《"健康中国2030"规划纲要》要求加强心理健康服务体系建设和规范化管理。近年来，各地区各部门结合各自实际情况，从健全心理健康服务体系、搭建心理关爱服务平台、拓展心理健康服务领域、开展社会心理疏导和危机干预、建立专业化心理健康服务队伍等方面进行了积极探索，取得了一定成效，为进一步做好加强心理健康服务、健全社会心理服务体系工作奠定了基础。

当前，我国正处于经济社会快速转型期，人们的生活节奏明显加快，竞争压力不断加剧，个体心理行为问题及其引发的社会问题日益凸显，引起社会各界广泛关注。一方面，心理行为异常和常见精神障碍人数逐年增多，个人极端情绪引发的恶性案（事）件时有发生，成为影响社会稳定和公共安全的危险因素。另一方面，心理健康服务体系不健全，政策法规不完善，社会心理疏导工作机制尚未建立，服务和管理能力严重滞后。现有的心理健康服务状况远远不能满足人民群众的需求及经济建设的需要。加强心理健康服务、健全社会心理服务体系迫在眉睫。

加强心理健康服务，开展社会心理疏导，是维护和增进人民群众身心健康的重要内容，是社会主义核心价值观内化于心、外化于行的重要途径，是全面推进依法治国、促进社会和谐稳定的必然要求。各地区各部门要认真贯彻落实中央决策部署，从深化健康中国建设的战略高度，充分认识加强心理健康服务、健全社会心理服务体系的重要意义，坚持问题导向，增强责任意识，自觉履行促进群众心理健康责任，加强制度机制建设，为实现"两个一百年"奋斗目标和中华民族伟大复兴中国梦做出积极贡献。

心灵百科屋

第一节 心理健康的标准

◆ 心灵箴言 ◆

良好的心是花园，良好的思想是根茎，良好的说话是花朵，良好的事业就是果子。
——英国谚语
要散布阳光到别人心里，先得自己心里有阳光。
——罗曼·罗兰

随着社会的发展和人类对自身认识的深化，人们对健康概念的认识不断丰富和完善。在现代社会中，健康不仅指生理健康，还包括心理健康、社会适应，三者的和谐统一构成了健康的基础。心理健康的标准是动态的，不同年龄、不同社会文化、不同时代具有不同的标准。

一、健康的概念

健康是人类生存和发展的基础。随着现代社会的发展和进步,人们对健康的观念也在不断地发生变化。过去,人们对健康的理解强调的是身体没有缺陷和疾病,即大部分人会认为"身体没病就是健康"。但是,随着医学水平的提高和人们对精神世界的认识逐渐加深,人们对健康的认识也发生了质的变化。

1948年世界卫生组织(简称WHO)成立时,在宪章中把健康定义为:"健康乃是一种生理、心理和社会适应都日臻完满的状态,而不仅仅是没有疾病和虚弱的状态。"1989年WHO又将健康的定义修改为:"健康不仅仅是身体没有缺陷和疾病,而是身体上、精神上和社会适应上的完好状态。"还提出了健康的十条标准:

第一,有充沛的精力,能从容不迫地担负日常工作和生活而不感到疲劳和紧张。

第二,态度积极,勇于承担责任,不论事情大小都不挑剔。

第三,精神饱满,情绪稳定,善于休息,睡眠良好。

第四,能适应外界环境的各种变化,应变能力强。

第五,自我控制能力强,善于排除干扰。

第六,体重得当,身体匀称,站立时头、肩、臂的位置协调。

第七,眼睛炯炯有神,善于观察,眼睑不发炎。

第八,牙齿清洁,无空洞,无痛感,无出血现象,牙齿和牙龈颜色正常。

第九,头发有光泽,无头屑。

第十,肌肉和皮肤富有弹性,走路轻松协调。

二、心理健康的标准

关于心理健康的标准,不同的学者有不同的观点,并且随着社会文化和时代的发展,心理健康的标准也在不断地变化。下面介绍一些学者对心理健康标准的看法。

(1)美国著名人本主义心理学家马斯洛和米特尔曼在《变态心理学》中提出了很著名的心理健康十条标准:

1)充分的安全感。

2)充分了解自己,并对自己的能力做适当的评价。

3)生活的目标能切合实际。

4)能与现实环境保持接触。

5)能保持人格的完整与和谐。

6)具有从经验中学习的能力。

7)能保持良好的人际关系。

8)适当的情绪表达及控制。

9）在不违背集体要求的前提下，能做有限度的个性发挥。

10）在不违背社会规范的前提下，对个人的需要能做恰如其分的满足。

（2）人格心理学家奥尔波特提出心理健康与人格有着密切的关系，并且对心理健康提出了七条标准：

1）自我意识广延。

2）良好的人际关系。

3）情绪上的安全性。

4）知觉客观。

5）具有各种技能，并专注于工作。

6）现实的自我形象。

7）内在统一的人生观。

（3）我国著名心理学家林崇德认为："心理健康标准的核心是：凡对一切有益于心理健康的事件或活动做出积极反应的人，其心理便是健康的。"他认为心理健康主要有以下十条标准：

1）了解自我，对自己有充分的认识和了解，并能恰当地评价自己的能力。

2）信任自我，对自己有充分的信任感，能克服困难，面对挫折能坦然处之，并能正确地评价自己的失败。

3）悦纳自我，对自己的外形特征、人格、智力、能力等都能愉快地接纳认同。

4）控制自我，能适度地表达和控制自己的情绪和行为。

5）调节自我，对自己不切实际的行为目标、心理不平衡状态、与环境的不适应性，能做出及时的反馈、修正、选择、变革和调整。

6）完善自我，能不断地完善自己，保持人格的完整与和谐。

7）发展自我，具备从经验中学习的能力，充分发展自己的智力。能根据自身的特点，在集体允许的前提下，发展自己的人格。

8）调适自我，对环境有充分的安全感，能与环境保持良好的接触，理解他人，悦纳他人，能保持良好的人际关系。

9）设计自我，有自己的生活理想，理想与目标能切合实际。

10）满足自我，在社会规范的范围内，适度地满足个人的基本需求。

综上所述，心理健康包括两层含义：一是无心理疾病，这是心理健康的最基本条件，心理疾病包括各种心理与行为异常的情形；二是具有一种积极发展的心理状态，即能够维持自己的心理健康，主动减少问题行为和解决心理困扰。

课外读物

曾经沸沸扬扬的"江歌案",让我们对心理健康有了更深的认识,事情是这样的:

2016年11月3日凌晨,中国留学生江歌在日本中野家中遇害,事发后日本警方对案件进行调查,犯罪嫌疑人陈世峰曾与刘鑫共同居住在板桥区的一所公寓,由于两人之间发生矛盾,刘鑫提出分手后搬至位于中野的江歌住处居住,后因陈世峰拒绝刘鑫提出的分手要求,多次前往江歌与刘鑫的住处对二人进行骚扰。据日本警方公布,江歌头部遭利刃砍伤,伤口长达10厘米。案发15分钟前,江歌还曾报警称公寓外有可疑人物。但当警方赶到公寓时,看到的却是倒在血泊中的江歌,江歌被送往医院不久后因伤重不治而亡。

11月24日晚间,日本警方对外通报称,以杀人罪对中国籍男性留学生陈世峰发布逮捕令,指控其杀害了中国女留学生江歌。日本警方也证实了江歌母亲的怀疑,犯罪嫌疑人陈世峰正是江歌室友的前男友。

被告陈世峰在法庭上否认部分罪行,认为自己是杀人未遂,并陈述凶器水果刀是刘鑫从房间里拿出来递给江歌的,并且刘鑫迅速关上了房门。据陈世峰的律师说,江歌用肘部多次按门铃,但是刘鑫都没有给江歌开门。关于江歌致死的原因,陈世峰的辩解是江歌先动手用刀刺他,出于自卫进行反击,陈世峰刺出第一刀时江歌就倒下了,第一刀是致命的,而陈世峰辩解称"第一刀的时候,自己是不带有杀人动机的"。尽管随后又刺了9刀,说是怕支付日本高额的医疗费用,但"(与第一刀)没有因果关系"。陈世峰在法庭上表现冷静,表情正常。

2016年11月24日,日本警方公布案件的相关调查进展,并以杀人罪对中国籍男性留学生陈世峰发布逮捕令。12月14日,日本警方以杀人罪正式起诉杀害江歌的嫌疑人陈世峰。2017年12月11日,江歌被害案中的被告人陈世峰在日本东京地方法院初次接受开庭审理。12月20日宣判,陈世峰被判有期徒刑20年。

从陈世峰第一天的陈述来看,递刀者是刘鑫,所以自己不是故意杀人。不管事实的真相是什么,但可以肯定的是,陈世峰当时已经处于失控的状态,或者说是存在着严重的心理缺陷。那么现实中的陈世峰是什么样子的?

阵世峰2013年毕业于厦门华侨大学华文学院对外汉语专业,2014年入读日本福冈九州言语教育学院,2016年入读日本大东文化大学院,学习成绩优秀,在泰国农业大学孔子学院担任过老师,并多次公开出席学校的各种活动,曾作为专家组的成员出席过泰国农业大学孔子学院的书法比赛,是重大奖项的评委团成员。

陈世峰给人的表象是受过高等教育的高才生,个人履历也漂亮。然而恋爱不成就打人,甚至杀人,谁能想到?这不仅是简简单单的情绪失控问题,更是有严重的心理健康问题。

现代社会科技、经济及各方面都在飞速发展,来自社会、工作、家庭各方面的压力越来越大,由此容易导致人们的心理出现问题。

三、对心理健康标准的理解

对于学生的心理健康的内涵和基于心理健康标准的问题,我国学者们都做过许多研究。不同的研究者,其心理观不同,经验也有差异,所提出的标准也不全然相同。综合不同学者的观点,学生心理健康的标准应包括以下几个方面。

1. 智力正常,善于学习

一个心理健康的学生,能正确、客观地认识自然和社会,头脑清醒,能以积极正确的态度面对现实问题和困难,既不回避矛盾,也不空想。

2. 认识自己,接纳自我

一个心理健康的学生,应能够体验到自己存在的价值,既能了解自己,又能接受自己,对自己的能力、性格和优点,能做出恰当、客观的评价,不会对自己提出苛刻的期望与要求。同时,努力发展自身的潜能,即使知道自身存在无法补救的缺陷,也能安然处之。而心理不健康的人,则缺乏

自知之明,由于目标定得不切实际,容易过高或过低,总是将自己陷于自傲或自卑的漩涡中,致使心理失衡。

3. 乐于与人交往,人际关系和谐

心理健康的学生乐于与人交往,认可别人存在的重要性和作用,能与周围的人建立和睦、融洽的关系,重视友谊,也不拒绝别人的关心和帮助,与人保持热情、坦诚、尊重、信任、宽容等积极的态度,能够很快地适应新的环境,与他人打成一片。

在与人相处时,积极的态度(如友善、同情、信任)总是多于消极的态度(如猜疑、嫉妒、敌视),因而在社会生活中有较强的适应能力和较充分的安全感。而一个心理不健康的学生,总是与周围的人格格不入,远离集体。

在群体中,学生应当学会表达自己的思想观点,也应当理解和接受别人的思想观点;要学会与人沟通,学会选择朋友,学会维护良好人际关系的方法。拥有良好的人际关系,有助于个体心理健康水平的提升。

4. 性别角色分化,性心理与身体发展同步

一个心理健康的学生,有明确的性别意识,乐于接受自己的性别,能按照社会期望的性别角色塑造自己的形象。他们逐渐了解两性关系,注意修饰打扮自己,喜欢在异性面前表现自己的阳刚之气或阴柔之美。而心理不健康的学生,对两性关系常有不正确的认识,甚至不接受自己的性别,因而各方面常出现偏差。

5. 社会适应良好,勇于迎接挑战

心理健康的学生能面对现实、接受现实,并能主动地适应现实、改造现实,对周围事物

和环境能做出客观的认识和评价，并能与现实环境保持良好的接触，对生活、学习和工作中的各种困难和挑战都能妥善处理。心理不健康的学生往往以幻想代替现实，不敢面对现实，没有足够的勇气接受现实的挑战，总是抱怨自己"生不逢时"，或责备社会环境对自己不公而怨天尤人，因而无法适应现实生活。

第二节　心理发展特点与常见问题

◎ 心灵箴言 ◎

> 心灵是人的窗口，保持人心灵的健康，也就是保证了一个面对世界的窗口，保证了一个人的目标和方向。

通常，心理学家把十四五岁至十七八岁这一心理发展阶段称为青年初期。青春期是青少年成熟的标志，同时，青春期也是最容易出现心理问题的阶段。对于青少年而言，保持自己的心理健康是很重要的，但是处于青春期的少年心思敏感，多愁善感，容易出现心理问题。那么，青春期的心理特点有哪些呢？

一、青春期的特点

1. 不平衡性

青春期是个体在生物性和社会性的发展上走向成熟的时期。在这一时期，学生生理发展迅速走向成熟，而心理的发展却相对落后于生理的发展，他们在理智、情感、社交和道德等方面，都还没有达到成熟的指标，还处在人格化的过程中。

2. 动荡性

学生生理和心理发展的不平衡性，以及生理和某些心理发展同道德或者其他社会意识发展之间的不平衡性，一方面创造了个性发展及道德和社会意识发展的条件，但另一方面，也造成了学生心理过程的种种矛盾和冲突，表现出一种成熟前的动荡性。

3. 自主性

随着身体的迅速发育，青少年自我意识明显增强，独立思考和处世能力逐渐发展，在心理和行为上表现出强烈的自主性，迫切希望从父母的束缚中解放出来，开始积极尝试脱离父母的保护和管理。他们对许多事物都敢于发表自己的看法，并经常为坚持自己的观点而争论不休。

4. 闭锁性

这个时期的学生，不像儿童时期那样经常向成人敞开自己的心扉，他们非常希望有单独的空间，有个人的抽屉，并喜欢写日记。这种心理发展的闭锁性使学生容易感到孤独，因此又产生了渴望被人理解的强烈愿望。

5. 社会性

心理发展越来越多地受到社会的影响，他们对社会现实生活中的很多现象都感兴趣，喜欢探听新鲜事，很想像大人一样对周围的问题做出褒贬的评论，对社会活动的参与日益活跃。

二、学生常见的心理问题

学生正处于人生的上升期，心理发育处在不稳定阶段，容易受到外界各种因素的干扰，还会受到社会实践因素的影响。总体上说，学生常见的心理问题有：

1. 环境适应问题

存在环境适应问题的学生，对新的校园环境及生活不能从心理上很好地适应。这类问题多出现在一年级的新生身上。一方面，新生入学，来到一个陌生的校园，需要面对一个生疏但又关系密切的群体，生活各方面都需要自己独立思考，自己动手去处理，人地生疏，心理上会出现一些不适应情况。另一方面，学校学习的内容、特点和方法与中学有较大区别，不少学生因跟不上这种变化导致学习成绩不理想。

2. 人际关系发展问题

良好的人际关系是个体适应社会、实现自我协调发展的重要条件之一。学生初到一个陌生的群体，他们尝试发展社交的能力，并对此做出评估。但是人际关系的建立并不是一件简单的事，不少学生因缺少人际交往的技巧、性格内向孤僻，有过交往失败的经历，常常会出现沟通不良、人际冲突等交往障碍，具有害怕交往的恐惧心理。人际关系中的心理问题主要有：

（1）逆反心理。有些学生总爱与别人抬杠，以此表明自己的与众不同。逆反心理容易模糊是非曲直的严格界限，常让人产生反感和厌恶。

（2）逢场作戏心理。有的学生把交朋友当作是逢场作戏，见异思迁且喜欢吹牛。这种学生在与他人交往时只是在做表面文章，因而常常得不到真正的友谊。

（3）贪便宜心理。有的学生认为交朋友就是为了"互相利用"，因此他们只结交对自己有用、能给自己带来好处的人，而且常常"过河拆桥"。这种人际交往中的占便宜心理，会使自己的人格受到损害。

3. 恋爱心理问题

学生处于青春期，一方面生理发育成熟，另一方面没有了中学升学的压力，他们比较关

注和敏感于两性问题。对异性的探奇心理、模仿心理、情感上的寄托和依赖心理，使学生需

要一个可以倾诉和理解自己的人，这样就产生了恋爱。伴随着他们性心理的发展成熟，因此引发出不少心理问题。如有的深陷恋爱不能自拔，迷失方向；有的因失恋而沮丧，萎靡不振；有的沉溺于性幻想，出现个别性变态行为等。因此，与恋爱有关的心理问题，是学生心理健康中的重要问题。

4. 自我发展的心理问题

学生在心理和生理上趋于成熟，已明确意识到自我的存在与价值，努力寻求自己的人生目标，这是促进他们自我发展和走向心理成熟的内在动力。不过受各种因素的影响，个别学生会出现过分放大自我或缩小自我的现象。容易出现的人格问题主要有：

（1）自卑心理。有些学生容易产生自卑感，甚至瞧不起自己，只知其短不知其长。在人际交往中习惯于随声附和，没有自己的主见。

（2）怯懦心理。涉世不深、阅历较浅、性格内向、不善辞令的学生往往会有怯懦心理。怯懦会阻碍计划与理想的实现。

（3）冷漠心理。有些学生对与自己无关的人和事一概冷漠对待，甚至错误地认为言语尖刻、态度孤傲、高视阔步就是自己的"个性"，致使别人不敢接近自己，从而失去更多的朋友。

5. 求职的心理问题

自高校扩招之后，学生就业压力变大，求职竞争激烈。最早是学校包分配，而现在变成自主择业，双向选择。不少学生在就业问题上出现了种种困惑和苦恼。比如，很多学生都希望自己找到理想的工作单位和岗位，但实际情况并不是事事遂人愿；有的因对求职中的消极社会现象产生激愤而有意逃避现实，丧失理性地应对择业机会。在求职的心理问题上，毕业生尤为突出。

第三节 影响心理健康的因素

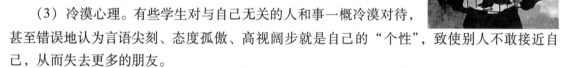

在艰苦中成长成功之人，往往由于心理的阴影，会导致变态的偏差。这种偏差，便是对社会、对人们始终有一种仇视的敌意，不相信任何一个人，更不同情任何一个人。爱钱如命的怪咨，还是心理变态上的次要现象。相反的，有气度、有见识的人，他虽然从艰苦困难中成长，反而更具有同情心和慷慨好义的胸襟怀抱。因为他懂得人生，知道世情的甘苦。

——南怀瑾

习近平总书记在十九大报告中指出，人民健康是民族昌盛和国家富强的重要标志。要完善国民健康政策，为人民群众提供全方位全周期健康服务。加强社会心理服务体系建设，培育自尊自信、理性平和、积极向上的社会心态。

正如健康是生理健康、心理健康、社会适应三方面相互作用的结果一样，心理健康的影响因素也是多方面的。影响个体心理健康的主要因素有生理因素、心理因素、家庭因素、学校因素和社会因素等。

一、生理因素

影响个体心理健康的生理因素包括遗传和疾病。

人的心理主要是在后天环境影响下形成和发展起来的，然而，人的心理发展与遗传因素有着密切的关系。根据统计调查及临床观察，许多精神疾病的发病原因确实和血缘关系有关。同时，遗传上的易感性在一些人身上也是存在的，以遗传素质为基础的神经类型及各个年龄阶段所表现的身体特征也影响着人的心理活动。

1. 遗传

遗传能在多大程度上影响个体的心理健康水平呢？这个问题还没有定论，但可以肯定的是，生理是心理的基础，如果没有充分的生理条件，人的心理活动就要受到影响。心理学家们曾用家谱分析的方法研究遗传因素对个体心理健康的影响，结果发现，在有心理健康问题的学生中，家族中有癔症、活动过度、注意力不集中病史的中学生所占比例明显大一些。

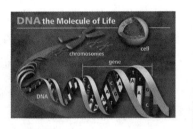

2. 疾病

除了遗传因素之外，还有一些严重的躯体疾病，也可能导致心理障碍。①有害化学物质侵入人体，毒害中枢神经系统，如食物酒精中毒、药物中毒等，可能导致心理障碍或精神失常；种种原因造成的脑震荡、脑挫伤等脑外伤，也可能导致意识障碍、遗忘症、言语障碍、人格改变等心理障碍。②病菌或病毒感染。人如果患了斑疹伤寒、流行性脑炎等中枢神经系统的传染病，就会由于病菌、病毒损害神经组织结构而导致器质性心理障碍或精神失常。如果患者是幼儿，则可能阻抑其心理的发展，造成智力迟滞或痴呆。③躯体疾病或生理机能障碍。躯体疾病或生理机能障碍也是影响心理健康的因素之一。例如，如果患有内分泌机能障碍，尤其是甲状腺机能混乱、机能亢进，患者往往出现暴躁、易怒、敏感、情绪冲动、自制力减弱等心理异常表现；若肾上腺素分泌过多，则会产生躁狂症，而肾上腺素分泌不足，则可能患上抑郁症等。

二、心理因素的影响

1. 心理冲突

在生活中,我们会面临很多机会选择,在众多选择中选择其一时,往往就会失掉另一个机会,因此,做出选择是很困难的。

心理冲突的形式是多种多样的,根据冲突的性质可以分为四种。

双趋冲突——鱼和熊掌不可兼得,但两件事物都有吸引力,难以抉择。这是一种难以取舍的心理困境。两个动机促使个体在行为上追求两个目标,当两个目标无法同时兼得时,只能二者取其一而又不愿割舍其他的心态,即属双趋冲突。

双避冲突——左右两难,两件事都有排斥力,都力求避免,但必须择其一,故难以决定。当个体发现两个目标可能都具有威胁性时,即会兴起逃避二者的动机,但迫于形势,两难之中必须择其一时,就会形成双避冲突。

趋避冲突——进退两难的两件事物有一利、有一弊,容易抉择;行动冲突,要达到目的可采取两种行动,因各有利弊,故不知如何抉择;个体遇到单一目标同时怀有两个动机(嗜酒者不得不戒酒)时,一方面好而趋之,另一方面又恶而避之;使个人的情感与理性矛盾导致精神痛苦,即属于趋避的心理冲突。

双重趋避冲突——可能是双避冲突与双趋冲突的复合形式,也可能是两种趋避冲突的复合形式,即两个目标或情境对个体同时有利也有弊。面对这种情况,当事人往往陷入左右为难的痛苦取舍中。比如:有两个部门你都可以去工作,到哪个部门工作都各有利弊,于是心理冲突就产生了,就要权衡利弊做出选择。

2. 挫折

有句话说得好:"人生逆境十之八九,顺境十之一二。"人生的道路上随时都会出现难以克服的困难,比如:不能晋职,没有如意的工作,没有住房,受到批评,亲人去世等,都会产生不愉快的情绪反应(焦虑、紧张、失望、沮丧、悲哀、愤怒等),即遇到了挫折。

一般说来,如果挫折的压力没有超过个体的承受力,在某种程度上就会具有积极作用,压力会成为一种动力,挫折就会成为一种磨炼,能提高你的创造能力,提高你解决问题的能力,能让你的承受力逐渐增强,能让你逐渐成熟起来。但若挫折过于强烈,超过了个体的耐受能力,而个体又不能正确对待,就可能引起情绪紊乱,心理失去平衡,出现心理障碍或者身心疾病。

3. 认知因素

认知过程就是信息的获得、贮存、转换、提取和使用的过程。人类个体的认知因素涵盖范围很广，包括感知、记忆、注意、思维、想象、言语等。认知因素之间是相互影响的，倘若某一认知因素发展不正常或某几种认知因素之间关系失调，就会产生认知的矛盾和冲突，从而使人感到紧张、烦躁和焦虑。认知因素之间的失调程度越严重，人们减轻或消除失调、维持平衡的需求和期望就越强烈。如果这种期望和需求长时间得不到满足，则可能使人产生心理偏差或心理障碍。

4. 情绪因素

人的情绪体验是维持身心健康的重要因素，是一个人机体生存和社会适应的内在动力，它是多维度、多成分和多层次的。经常波动而消极的情绪状态，往往使人心境压抑，精神涣散，身体衰弱；稳定而积极的良好情绪状态，则往往使人心境愉快，精力充沛，身体健康。所以，培养良好情绪，排除不良情绪，对人的身心健康是十分重要的。

三、家庭因素

1. 家庭结构

家庭结构是指家庭中的人员组成。由于家庭规模和组成家庭的成员不尽相同，家庭又可分为不同的类型。多数研究发现，家庭结构完整且气氛和谐的家庭，有利于学生心理健康地成长，而破裂家庭或父母不和谐、经常争吵的家庭及单亲家庭，对学生身心健康成长有非常不利的影响，容易使学生产生生理疾病，同时心理障碍的发生率也较高。

2. 父母的教养方式

父母的教养方式是影响学生心理健康发展的重要因素。有关调查表明，父母在教育中表现出态度不一致、压力过大、歧视、打骂或者冷漠等特点时，学生常常会表现出更多的心理健康问题。

不同的家庭教养方式对学生的人格特征产生不同的影响。在权威型教养方式环境下长大的学生，容易形成消极、被动、依赖、服从、懦弱甚至不诚实的人格特征。在放纵型教养方式家庭环境中成长的儿童，多表现为任性、幼稚、自私、野蛮、无礼、独立性差、唯我独尊、蛮横无理、胡闹等。在民主、尊重的教养方式下，儿童行为问题的发生率显著偏低。家庭是影响人的第一个场所，家长的品格、行为等都直接影响子女的成长。

如果一个学生生活在批评之中，他就学会了谴责；如果一个学生生活在敌意之中，他就学会了争斗；如果一个学生生活在恐惧之中，他就学会了忧虑；如果一个学生生活在怜悯之中，他就学会了自责；如果一个学生生活在讽刺之中，他就学会了自卑……反之，如果一个学生生活在鼓励、忍耐、表扬、接受、认可、诚实、安全和友爱之中，他就学会了自信、耐心、感激、自爱，他就会以良好的心理品质从事学习与生活。

3. 家庭环境

家庭环境是指家庭的物质生活条件、社会地位、家庭成员之间的关系，以及家庭成员的语言、行为和感情的总和，包括实物环境、语言环境、心理环境和人际环境。实物环境是指家庭中物品的摆设；语言环境是指家庭成员的语言是否文明礼貌，是否体现民主平等；人际环境是指尊老爱幼、各尽其责等；心理环境是指父母与子女之间的态度及情感交流的状态。

四、学校因素

在个体发展过程中，学校教育是相当重要的。学校的重要性首先表现在它在较长时间内对学生进行系统教育，而这种系统教育对学生社会行为的塑造是其他机构无法替代的。学校的重要性还在于，它是独特的、完整的机构，是社会的雏形，对学生了解社会、发展自我和人格、培养合乎角色的社会行为模式起着重要的作用。

1. 学校的管理和教学

教育体制、学校的教育指导思想和管理制度等会对学生的心理健康产生影响。它们往往决定了一所学校的校风，决定了教师教学和学生学习的状况。目前，我国相当一部分中小学仍然没有摆脱"应试教育"体制的束缚，学生在巨大的升学压力下导致心理障碍相关问题屡屡发生。对很多因睡眠障碍接受心理咨询的学生进行分析后，发现他们的问题往往是由学习上的压力产生的，对自己学业成绩不满，来自教师、家长及个体自尊

心方面的压力，使个体长期处于一种智力超负荷的紧张状态，容易出现厌学、神经衰弱、失眠、注意力减退等心理与行为问题。在这种教学模式下，学生的学习兴趣、学习主动性、创造性被扼杀，严重影响了他们身心的健康发展。

2. 学校环境

首先，从学校的物理环境来说，宽敞明亮、优美整洁的教学环境对学生的心理具有熏陶作用，使学生心灵得到净化，从而促进学生心理健康发展。校园的一草一木、每个角落都应给人以美的感受，使学生从中得到教育和心灵的净化。

其次，良好的校风、班风能够感染学生，促使学生积极向上，团结互助，人际关系和谐，这样的学校环境有利于学生心理健康状况的改善和提高。而消极的校风、班风则会使学生情绪低落、压抑，纪律涣散，师生关系紧张，教师的教育态度和教学水平也必然降低，这对学生的心理健

康发展会带来极坏的影响。

再次，人际关系和谐是心理健康的一个重要标志，也是对心理健康的一种强有力的促进。学生能否在学校和老师、同学建立起和谐的人际关系，对他们心理的健康发展有着极为深远的影响。

3. 教师因素

师生之间的关系及相互影响是在师生活动过程中形成和发展起来的。在这一过程中，教师的认知和行为对学生的发展起着至关重要的作用。可以说，教师的一举一动、一言一行对学生都会有影响。因此，教师对学生心理健康的影响，目前正越来越受到研究者们的关注。

五、社会因素

人们生活在现实的社会环境中，在一定的社会环境影响下成长和发展。社会文化背景、社区环境、社会风气和学习生活环境等因素都会对个体的心理健康产生影响。

1. 社会环境因素

一定的社会文化背景，如风俗习惯、道德观等，会以一种无形的力量影响着人们的观念，反映在人们的价值观、信念、世界观、动机、需要、兴趣和态度等心理品质上。不同文化对人的心理健康有不同的影响，其中有些是健康的，有些则是不健康的。社会风气通过家庭、同伴、传媒等途径影响着个体的心理健康。社会上的一些不良风气，如"走后门""一切向钱看"，都会对学生心理产生不良影响，影响他们形成正确的价值观、人生观、世界观。因此，学校、家庭和社会要共同抵制不良社会风气，为个体的心理健康发展提供一个健康向上的社会氛围。

2. 生活环境因素

首先，生活环境中物质条件恶劣，生活习惯不当，如摄取烟、酒、食物过量等，都会影响和损害身心健康。其次，不良的工作环境、劳动时间过长、工作不胜任、工作单调，以及居住条件差、经济收入低等因素，都会使人产生焦虑、烦躁、愤怒、失望等紧张心理状态，从而影响人的心理健康。此外，生活环境的巨大变迁也会使个体产生心理应激，由此带来心理的不适。

3. 教育因素

教育因素包含家庭教育和学校教育。对个人心理发展而言，早期教育和家庭环境是影响心理健康的重要因素之一。研究表明，个体早期成长环境如果单调、贫乏，其心理发展将会受到阻碍，并会抑制其潜能的发展，而受到良好照顾、接受丰富刺激的个体则可能在成年后成为佼佼者。另外，儿童与父母的关系，父母的教养态度、方式，家庭的类型等也会对个体的心理健康产生影响。早期与父母建立和保持良好关系，得到充分的父爱母爱，受到支持、鼓励的儿童，容易获得安全感和信任感，这对成年后的人格良好发展、人际交往、社会适应等方面有着积极的促进作用。

4. 重大生活事件与突变因素

生活中遇到的各种各样的变化,尤其是一些突然变化的事件,常常是导致心理失常或精神疾病的原因,比如家人死亡、失恋、离婚、天灾、疾病等。由于个体每经历一次生活事件,都会给其带来压力,都要付出精力去调整、适应,因此,如果在一段时间内发生的不幸事件太多或事件较严重、较突然,个体的身心健康就很容易受到影响。

总之,上述各种因素是相互影响、相互制约的,对一个人的身心健康的影响往往是综合作用的结果。因此,我们在观察、分析、诊断心理失调、心理障碍或心理疾病时,务必充分考虑各种因素的作用,逐一考察,逐一排除,全面正确地做出诊断,采取有效措施进行调适和治疗。

第四节 心理健康教育的意义

> ◆ 心灵箴言 ◆
>
> 有恬静的心灵就等于把握住心灵的全部;有稳定的精神就等于能指挥自己!
> ——米贝尔
>
> 你必须只有内心丰富,才能摆脱这些生活表面的相似。
> ——王朔

《中学德育大纲》的第一句话就明确地提出:"德育即对学生进行政治、思想、道德和心理品质教育。"明确地把心理健康教育作为德育的一个重要组成部分。在《关于心理健康服务的指导意见》中,指出全面开展心理健康促进与教育;充分发挥我国优秀传统文化对促进心理健康的积极作用。可见心理健康在教育中的重要性。

青春期是个体生长发育的关键时期,生理和心理上都经历着一系列的重大变化。这些生理和心理的变化相互联系、相互影响;促进青年个体不断成长。因此,必须认真开展心理健康教育,消除不良影响,使学生的身心都得到健康发展。这是健康教育的根本任务之一。

一、心理健康的重要性

对学生进行心理健康教育,对学生本身来说非常重要,对社会来说,也有着特有的重要性。

第一,对学生进行心理健康教育是社会发展的需要。只有开展心理健康教育,才能很好地解决学生存在的种种心理行为问题,促进中小学生更好地适应学校、社会生活,健康快乐地成长。

第二,对学生进行心理健康教育,是避免各种突发事件、维护社会稳定、学校正常运作、学生家庭幸福的需要。注重学生的心理健康教育,及时疏导,使陷于不平衡状态或不健康状态的个体回复到正常状态,就可以大大减少青少年违法犯罪与异常事件的发生,维护好学校、社会的正常治安与秩序,保证家庭的幸福。

第三,对学生进行心理健康教育是德育课程改革的需要。心理健康教育是德育的基础,可以调节学生的心理承受机制,使学生正确认识自我,妥善处理人际关系,调节和控制自己的情绪问题,促进德育目标的实现。只有具备了健康的心理品质,学生才能准确地理解、认同思想品德教育。

第四,对学生进行心理健康教育是实施素质教育的需要。心理素质是人们必须具备的素质之一。良好的心理素质可以使个体更好地适应外界环境的变化,更好地发挥个体的潜能。而良好心理素质的培养离不开中小学心理健康教育的具体实践,因而心理健康教育是素质教育应该具备的基本内涵之一,是素质教育的奠基工程。

二、心理健康教育的意义

心理健康教育的目的主要是促进学生的心理健康,消除其心理障碍,保障其正常生活。通过对学生有计划地施加影响,改善学生的知识结构、智力因素和认知风格,培养学生的毅力、兴趣、习惯等非智力因素,以及培养对自己的全部行为和思想起调节作用的自我意识,从而发挥学生的心理潜能,促进学生心理素质的全面提高。

1. 开展心理健康教育,有利于促进学生全面发展

我国现阶段学校教育的培养目标,就是以马克思主义关于人的全面发展思想为理论基础,培养适应社会经济、文化建设所需要的全面和谐发展的各级各类人才。但是长期以来,片面追求升学率的应试教育却偏离了这一思想,影响了学生的全面发展。为此,党和国家做出了深化教育改革、全面推进素质教育的重大决定,将应试教育转变为全面素质教育,这与教育的根本目的就是
提高人的素质是完全一致的。至于素质教育基本内涵的内容,尽管提法很多,但健康的心理素质是其重要的组成部分已成为共识。道理很简单,因为人是一个身心统一体,全面发展理应包括身心的全面健康发展。另外,学生的心理健康教育与德智体美劳诸方面的教育有着密切的关系,不仅是其中不可缺少的部分,而且从某些方面也是对全面发展教育的融通和优化,具有很大的相互促进和相互制约作用。随着我国改革开放的逐步深化及社会关系的日趋复杂,未来社会对人才素质的要求也将更加全面,尤其对心理素质的要求会越来越高。为此学校必须大力加强心理健康教育,促进学生素质的全面发展和提高。

2. 开展心理健康教育，有利于促进学生身心健康

陶行知先生认为，健康是生活的出发点，也是教育的出发点。可见健康教育的重要意义。但是，健康不仅是没有疾病和病态，而且是一种个体在身体上、心理上、社会上完全安好的状态。不难看出，现代生活关于健康的概念已超越了传统的医学模式。所以仅有躯体上、生理上的健康，而没有精神上、心理上的健康，就谈不上真正的健康。进一步说，若没有心理的健康，就难以保证生理的健康。然而，在现实生活中，由于心理学知识的缺乏，关于健康的生理、心理观念尚未深入人心，人们对青少年的发展及健康的评价，往往只关注生理上的身体健康，而极少关注精神上、心理上的健康；只重视生理健康的教育与训练，而极少重视心理健康的教育与训练。其结果不仅损害了学生的心理健康，也使生理健康得不到保证，这已为大量事实所证明。因此只有学生的生理健康和心理健康都得到重视，才能全面提高学生的身心健康水平。所以必须开展学生的心理健康教育。

3. 开展心理健康教育，有利于促进学生思想品德教育

加强学生的思想品德教育，培养学生良好的道德品质是学校教育首要的基本任务。青少年学生正处在品德形成的重要时期，也是人生观、世界观形成的关键时期，同时也是心理上充满矛盾和冲突的时期，心理复杂而多变。如果不掌握他们的心理，就难以真正了解其思想动态，也就无法进行有效的思想品德教育；不使其具备健康的心理素质，就难以塑造优良的道德品质。开展心理健康教育，旨在通过对其心理的调节和指导，提高其心理素质，进而完善品德的发展。当然，这绝不意味着心理健康教育可以取代思想品德教育，或者思想品德教育能够取代心理健康教育，因为两者在理论和实践体系方面有着显著的区别，故不能混为一谈或互相替代。但两者又并不是对立的，在学校教育工作中可以各司其职，各得其所，并能相互借鉴与提高，在本质上又都是以培养全面发展的人才为宗旨，具有异曲同工、殊途同归之效应，更似鸟之双翼，不应缺一。因此可以说，开展心理健康教育丰富了德育的内容，扩展了德育的方法，增加了德育的途径，进一步加强了德育的地位和功能，且使德育在新的历史时期与其他各项教育获得更和谐的统一，在更高层次上实现提高人的素质，使之全面发展的培养目标。

4. 加强心理健康教育，有利于促进精神文明建设

加强社会主义精神文明建设是我国新时期一项根本性的战略任务。学校是培养人才的基地，也是建设社会主义精神文明的重要场所。开展青少年学生的心理健康教育，优化社会心理环境，既是建设社会主义精神文明的一项重要内容，也是社会主义精神文明建设的一种动力，其意义不可低估。对此，胡乔木同志早就指出：精神（心理）卫生工作是建设社会主义

精神文明不可缺少的环节。首先，心理健康教育有助于青少年学生克服消极的心理状态，促进积极向上心理的形成，振奋民族精神。其次，心理健康教育有助于青少年学生正确认识社会、现实及自身，缓解人际冲突，密切人际关系，增进社会稳定。再次，心理健康教育有助于塑造青少年学生良好的个性，健全品格发展，提高道德水准，净化社会风气。最
后，心理健康教育有助于调动青少年学生的主动性、积极性和创造性，以科学的态度处理各项实际工作，推动社会经济和文化的发展与进步。

5. 开展心理健康教育，是提高学生综合素质的有效方式

心理素质是主体在心理方面比较稳定的内容，包括个人的精神面貌、气质、性格和情绪等，是其他素质形成和发展的基础。学生的求知和成长实质上是一种持续不断的心理活动和心理发展过程。教育提供给学生的文化知识，只有通过个体的选择、内化，才能渗透于个体的人格特质中，使其从幼稚走向成熟，这个过程也是个体的心理素质水平不断提高的过程。学生各种素质的形成要以心理素质为中介，创造意识、自主人格、竞争能力、适应能力的形成和发展要以心理素质为先导。在复杂多变的社会环境中，保持良好的心理适应状况，是抗拒诱惑、承受挫折、实现自我调节的关键。

6. 开展心理健康教育，是驱动学生人格发展的基本动力

心理健康教育与受教育者的人格发展密切相关，并直接影响个体人格的发展水平。一方面，学生以在心理健康教育过程中接受的道德规范、行为方式、环境信息、社会期望等来逐渐完善自身的人格结构；另一方面，客观存在的价值观念作为心理生活中对自身的一种衡量、评价和调控，也影响
着主体人格的发展，并且在一定条件下还可转化为人格特质，从而使人格发展上升到一个新的高度。同时，心理健康教育不是消极地附属于这种转化，而是在转化过程中能动地引导受教育者调整方向，使个体把握自我，对自身的行为进行认识评价，从而达到优化心理、健全人格的目的。

7. 开展心理健康教育，是开发学生潜能的可靠途径

教育的目的之一就是要开发受教育者的潜能。良好的心理素质和潜能开发是相互促进、互为前提的，而心理健康教育为二者的协调发展创造必要条件。心理健康教育通过激发受教育者的自信心，帮助主体在更高的层次上认识自我，从而实现角色转换，发展对环境的适应能力，最终使潜能得到充分发展。

◉ 课 外 读 物 ◉
形象卡

游戏目的：使学生互相分享对彼此的看法。

游戏准备：人数：不限。

　　　　　时间：20分钟。

　　　　　场地：室内。

　　　　　材料：每人1张白纸卡片、1支笔。

游戏步骤：1. 将学生分成8人一组，每个小组围成一圈。

　　　　　2. 每个成员将自己的姓名写在卡片上，并画出令自己印象最深的一幅图画。

　　　　　3. 将卡片交给自己旁边的人，这样，每人拿着的就是另一成员的卡片。

　　　　　4. 拿到别人的卡片后，请在卡片上填写自己对留名人的第一印象。

　　　　　5. 将填完的卡片交给下一个人填写，以此类推。

　　　　　6. 将填完的卡片交到主持人手上。

　　　　　7. 收齐所有卡片后，主持人再发回留名人本人。给大家4分钟时间看卡片，然后展开讨论。

【游戏心理分析】

每个人对自己的形象都有认知。形象是人们的第一张名片，是你给别人的第一感觉。

心灵测验室

学生心理健康状况调查

指导语：下面是有关心理状态的一些问题。请仔细阅读每一道题目，然后根据自己的实际情况认真填写。每一道题目没有对错之分。请尽快回答，不要在每道题目上有过多思索。我们为你绝对保密，不要有任何顾虑。如果测量结果显示不良，我们会及时给你反馈。

每道题目后边都有五个等级可供选择，分别按照程度的高低，用1、2、3、4、5来表示。

注意：每道题目后只能选一个等级，在相应的数字上画圈，并填写在答题卡上，每道题目都要回答。

题目	从无	轻度	中度	偏重	严重
1. 我不喜欢参加学校的课外活动	1	2	3	4	5
2. 我的心情时好时坏	1	2	3	4	5
3. 做作业时必须反复检查	1	2	3	4	5
4. 感到人们对我不友好，不喜欢我	1	2	3	4	5
5. 我感到苦闷	1	2	3	4	5
6. 我感到紧张或容易紧张	1	2	3	4	5

（续）

题目	从无	轻度	中度	偏重	严重
7. 我的学习劲头时高时低	1	2	3	4	5
8. 我对现在的学校生活感到不适应	1	2	3	4	5
9. 我看不惯现在的社会风气	1	2	3	4	5
10. 为保证正确，做事必须做得很慢	1	2	3	4	5
11. 我的想法总与别人不一样	1	2	3	4	5
12. 我总担心自己的衣服是否整齐	1	2	3	4	5
13. 我很容易哭泣	1	2	3	4	5
14. 我感到前途没有希望	1	2	3	4	5
15. 我感到坐立不安，心神不定	1	2	3	4	5
16. 我经常责怪自己	1	2	3	4	5
17. 当别人看着我或谈论我时，我会感到不自在	1	2	3	4	5
18. 感到别人不理解我，不同情我	1	2	3	4	5
19. 我经常发脾气，想控制但控制不住	1	2	3	4	5
20. 我觉得别人想占我的便宜	1	2	3	4	5
21. 大叫或摔东西	1	2	3	4	5
22. 我总是想一些不必要的事情	1	2	3	4	5
23. 我必须反复洗手或反复数数	1	2	3	4	5
24. 我总感到有人在背后谈论我	1	2	3	4	5
25. 我时常与人争论、抬杠	1	2	3	4	5
26. 我觉得大多数人都不可信任	1	2	3	4	5
27. 我对做作业的热情忽高忽低	1	2	3	4	5
28. 同学考试成绩比我高时，我会感到难过	1	2	3	4	5
29. 我不适应老师的教学方法	1	2	3	4	5
30. 老师对我不公平	1	2	3	4	5
31. 我感到学习负担很重	1	2	3	4	5
32. 我对同学忽冷忽热	1	2	3	4	5
33. 上课时，总担心老师会提问自己	1	2	3	4	5
34. 我会无缘无故地突然感到害怕	1	2	3	4	5
35. 我对老师时而亲近，时而疏远	1	2	3	4	5
36. 一听说要考试，心里就感到紧张	1	2	3	4	5
37. 别的同学穿戴比我好，有钱，我感到很不舒服	1	2	3	4	5

（续）

题目	从无	轻度	中度	偏重	严重
38. 我讨厌做作业	1	2	3	4	5
39. 家里环境干扰我的学习	1	2	3	4	5
40. 我讨厌上学	1	2	3	4	5
41. 我不喜欢班里的风气	1	2	3	4	5
42. 父母对我不公平	1	2	3	4	5
43. 我感到烦躁	1	2	3	4	5
44. 我常常无精打采，提不起精神来	1	2	3	4	5
45. 我的感情容易受到伤害	1	2	3	4	5
46. 觉得心里不踏实	1	2	3	4	5
47. 别人对我的表现评价不恰当	1	2	3	4	5
48. 明知担心没有用，但总害怕考不好	1	2	3	4	5
49. 总觉得别人在跟我作对	1	2	3	4	5
50. 我容易激动和烦恼	1	2	3	4	5
51. 同异性在一起时，感到害羞不自在	1	2	3	4	5
52. 有想伤害他人或打人的冲动	1	2	3	4	5
53. 我对父母时而亲热，时而冷淡	1	2	3	4	5
54. 我对比我强的同学并不服气	1	2	3	4	5
55. 我讨厌考试	1	2	3	4	5
56. 我的心里总觉得有事	1	2	3	4	5
57. 我经常有自杀的念头	1	2	3	4	5
58. 我有想摔东西的冲动	1	2	3	4	5
59. 我要求别人十全十美	1	2	3	4	5
60. 虽然有些同学考试成绩比我高，但能力并不比我强	1	2	3	4	5

评分方法：

测量主要看项目均分。即：从无为1分，轻度为2分，中度为3分，偏重为4分，严重为5分。

项目均分越高，表示受试者的心理健康问题越大。

每个分量表的评分结果都是以2分为简单的分界线。如果小于2，表示受试者的心理健康不存在问题。

如果大于2，则表示受试者的心理健康存在问题。

2~2.99分，表示该因子存在轻度问题。

3~3.99分，表示该因子存在中等程度的症状。

4~4.99分，表示该因子存在较重的症状。

如果是5分，表示该因子存在严重的心理症状。

心灵电影院

《神秘巨星》

出生在印度小城镇一个穆斯林家庭的尹希娅一直有个梦想：成为全世界最优秀的歌手。可却遭到家暴成性的父亲百般阻挠，懦弱的母亲除了背着父亲悄悄满足尹希娅的许多小需求外，并没有办法从根本上改善她的生活，没有勇气离婚带她离开这个女人不受尊重的地方，更没有勇气支持她的梦想。追梦心切的尹希娅在视频网站上，以"神秘巨星"为名，穿上罩袍，上传自己的唱歌视频，不仅大受欢迎，就连那些政客、明星、音乐导演也纷纷转发她的视频，甚至音乐导演夏克提·库马尔向尹希娅抛出了橄榄枝。在夏克提和好朋友钦腾的帮助下，尹希娅开始一步步接近梦想。

第二章　自我与接纳

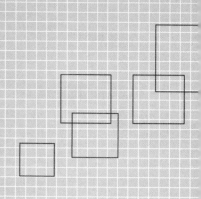

心灵启明灯

1. 熟悉自我意识的发展过程
2. 理解自我意识在发展中的矛盾
3. 掌握自我接纳的方法
4. 掌握新角色的适应方法

心灵故事会

在一座深山中,藏着一座千年古刹。有一位高僧隐居在此,很多人千里迢迢来寻找他,有的人想向大师求解人生迷津,有的人想向大师学一些武功秘籍。他们到达深山的时候,发现大师正从山谷里挑水。他挑得不多,两只木桶都没有装满。众人越发不解地问:"大师,这是什么道理?"大师说:"挑水之道并不在于挑多,而在于挑得够用。一味贪多,适得其反。"众人越发不解。大师从他们中拉了一个人,让他重新从山谷里打了满满的两桶水。那人挑得非常吃力,摇摇晃晃,没走几步,就跌倒在地,水全都洒了,那人的膝盖也摔破了。"水洒了,岂不是还得回头重打吗?膝盖破了,走路艰难,岂不是比刚才挑得更少吗?"大师说。

"那么大师,请问具体挑多少?怎么估计呢?"

大师笑道:"你们看这个桶。"

众人望去,桶里画了一条线。

他说我站在了一个非常非常重要的位置上~.

大师说道:"这条线是底线,水绝对不能高于这条线,高于这条线就超过了自己的能力和需要。起初还需要看这条线,挑的次数多了,就不用看那条线了,凭感觉就知道多少。有了这条线,可以提醒我们,凡事要尽力而为,也要量力而行。"众人又问:"那么底线应该定多低呢?"大师说:"一般来说,越低越好,因为低的目标容易实现,人的勇气不容易受到挫伤,反而会培养起更大的兴趣和热情,长此以往,循序渐进,自然挑得更多、挑得更稳。"

【启示】凡事要尽力而为,也要量力而行。

> 心灵百科屋

第一节 树立正确的自我意识

------◉ 心 灵 箴 言 ◉------

一个真认识自己的人,就没法不谦虚。谦虚使人的心缩小,像一个小石卵,虽然小,而极结实。结实才能诚实。

——老舍

中国有句古话,"人贵有自知之明"。"认识自己"是每个人毕生都在讨论和不断得到各种答案的问题。一个人只有对自己各方面都有比较切合实际的了解,才能在环境的适应及个体的发展上获得比较满意的结果。所以正确的自我意识是心理健康的首要条件。

一、自我意识的含义

自我意识是指对自己的认识,以及对周围事物关系的认识。自我意识是意识发展中的最高形式,它不是单一的心理品质,而是一个包含认知、情感、意志等多种心理技能的完整的、多维度的、多层次的融合体,是一个完整的心理系统。它具有目的性、能动性、社会性的特点,对个性的形成和发展起着调节、监督和矫正的作用。

自我意识的基本内容包含三个方面:

1. 生理自我

由体态、体貌、体能等生理因素决定的生理特点,受遗传的影响很大,很难轻易改变。

2. 心理自我

心理自我包括自己所拥有的知识、能力、兴趣爱好、情绪体验、人格特点等内部心理品质。个体对自我心理的认识越充分,越能调整好自身的状态,改变不适应的行为。

3. 社会自我

自己在群体中的地位、作用、权利、义务及与他人相互关系的认识和评价等,是个体在社会实践中形成的对自身的定义。

二、自我意识的结构

从结构上看,自我意识是一种多维度、多层次的心理系统。自我意识可以分为认知、情感、意志三种形式，又被称为自我认知、自我体验和自我调节。这三种心理成分相互联系，相互制约，统一于个体的自我意识之中。

1. 自我认知

自我认知是自我意识的认知成分，涉及"我"是一个什么样的人、"我"为什么是这样的人等。它包括自我感觉、自我概念、自我观察、自我分析和自我评价。

2. 自我体验

自我体验是自我意识与情感方面的表现，涉及"我"是否满意自己、"我"是否接受自己等。它以情绪体验的方式表现出人对自己的态度，主要是一种自我的感受，以自尊、自爱、自信、自卑、自怜等方式表现出来。

3. 自我调节

自我调节是自我意识的意志成分，涉及"我"怎样来节制自己、"我"如何改变自己、"我"是否接受自己等。它包括自我检查、自我监督和自我控制。主要表现为个人对自己的行为活动和态度的调控，如自主、自立、自强、自治、自律等。

三、自我意识的形成和发展

1. 弗洛伊德的三步人格结构论

奥地利著名心理学家弗洛伊德在人格结构论和人格发展论中都提出自我意识是一个发展过程，也强调了自我意识的健康发展是心理健康的关键，他提出本我、自我和超我的三步人格结构论。

本我像一个暴躁的婴儿，只对自己的需要感兴趣，丝毫不听从现实和理性的指引。弗洛伊德把本我这种只图快乐的活动准则称为"快乐原则"。本我满足自己欲望，获得快乐的方式有两种：一种是反射动作，另一种是想象现实。

自我是人格中理智的、符合现实的部分。它派生于本我，不能脱离本我而单独生存。自我的力量就是从本我那里得到的，自我是帮助本我而不是妨碍本我，它总是根据现实的可能性力图满足本我的要求。因此，自我是符合现实原则的。

人格结构的第三部分是超我，他是人格中最文明、最有道德的部分。超我有两个方面，一个是自我理想，另一个是良心。超我是社会道德的化身，按照"道德原则"行事，它总是与享乐主义的本我直接对立和冲突，力图限制本我的私欲，使它得不到满足。

2. 埃里克森的心理社会发展阶段理论

美国著名发展心理学家和精神分析学家埃里克森提出关于自我的心理社会发展阶段理论。该理论把自我意识的形成和发展过程划分为八个阶段，这八个阶段的顺序是由遗传决定的，但是每一阶段能否顺利度过却是由环境决定的，所以这个理论可称为心理社会发展阶段理论。

埃里克森认为，在每一个心理社会发展阶段中，解决了核心问题之后所产生的人格特质，都包括了积极与消极两方面的品质。如果各个阶段都保持向积极品质发展，就相当于完成了这阶段的任务，逐渐实现了健全的人格，否则就会产生心理社会危机，出现情绪障碍，形成不健全的人格。

（1）婴儿期（0～1岁）：基本信任和不信任的冲突

此时是基本信任和不信任的心理冲突期，当孩子哭了或饿了的时候，父母是否出现则是建立信任感的关键。信任在人格中形成了"希望"这一品质，它能增强自我的力量。具有信任感的儿童敢于希望，富于理想，具有强烈的未来定向。反之则不敢希望，时时担忧自己的需要得不到满足。

（2）儿童期（1～3岁）：自主与害羞和怀疑的冲突

这一时期，儿童开始"有意识"去决定做什么或不做什么，儿童的第一个反抗期出现。这时候父母与子女的冲突很激烈。这时孩子会反复反抗外界控制，而父母决不能听之任之，这将不利于儿童的社会化。反之，若过分严厉，又会伤害儿童自主感和自我控制能力。儿童就会产生怀疑，并感到害羞。因此，把握好"度"的问题，有利于在儿童人格内部形成意志品质。

	埃里克森（1902—1994）人生发展八大危机阶段			
	阶段	年龄	成功品质	不成功品质
1	基本信任 VS 基本不信任	0～1岁	希望	恐惧
2	自主性 VS 羞怯与怀疑	1～3岁	自我控制力与意志力	自我怀疑
3	主动性 VS 内疚感	3～6岁	方向和具有目的	无价值感
4	勤奋 VS 自卑	6～12岁	能力	无能感
5	同一性 VS 角色混淆	12～18岁	忠诚	不确定感
6	亲密 VS 孤独	18～24岁	爱	孤僻和疏离
7	繁殖 VS 停滞	24～65岁	关心	自私
8	自我整合 VS 失望	65岁以上	明智和完美无憾	绝望和悲观沮丧

（3）学龄初期（3～6岁）：主动与内疚的冲突

在这一时期，如果幼儿表现出的主动探究行为受到鼓励，幼儿就会形成主动性，这会为他将来成为一个有责任感、有创造力的人奠定基础。如果成年人讥笑幼儿的独创行为和想象力，那么幼儿就会逐渐失去自信心，缺乏自己开创幸福生活的主动性。

（4）学龄期（6～12岁）：勤奋与自卑的冲突

这一阶段的儿童都应在学校接受教育。如果他们能顺利地完成学习课程，他们就会获得勤奋感。反之就会产生自卑感。当儿童的勤奋感大于自卑感时，他们就会获得"能力"的品质。

（5）青春期（12~18岁）：自我同一感和角色混乱的冲突

一方面青少年本能冲动的高涨会带来问题，另一方面，也是更重要的，青少年因面临新的社会要求和社会冲突而感到困扰和混乱。所以，青春期的主要任务是建立一个新的同一感或自己在别人眼中的形象，以及他在社会集体中所占的情感位置。这一阶段的危机是角色混乱。

埃里克森把同一性危机理论用于解释青少年对社会不满和犯罪等社会问题上，如果一个儿童感到他所处的环境剥夺了他在未来发展中获得自我同一感的种种可能性，他就将以令人吃惊的力量抵抗社会环境。

（6）成年早期（18~24岁）：亲密与孤独的冲突

只有具有牢固的自我同一性的青年人，才敢于冒风险与他人发生亲密关系。因为与他人发生爱的关系，就是把自己的同一性与他人的同一性融为一体。这里有自我牺牲或损失，只有这样，才能在恋爱中建立起真正亲密无间的关系，从而获得亲密感，否则将产生孤独感。埃里克森把爱定义为"压制异性间遗传的对立性而永远相互奉献"。

（7）成年期（24~65岁）：生育与自我专注的冲突

当一个人顺利地度过了自我同一性时期，以后将过上幸福充实的生活，他将生儿育女，关心后代的繁殖和养育。埃里克森认为，生育感有生和育两层含义，一个人即使没生孩子，只要能关心孩子、教育指导孩子，也可以具有生育感。没有生育感的人，其人格贫乏、停滞，是一个自我关注的人，他们只考虑自己的需要和利益，不关心他人（包括儿童）的需要和利益。

（8）成熟期（65岁以上）：自我调整与绝望期的冲突

由于正在经历不断衰老的过程，老年人的体力和健康每况愈下，对此他们必须做出相应的调整和适应，所以被称为自我调整与绝望感的心理冲突。当老年人回顾过去时，可能怀着充实的感情与世告别，也可能怀着绝望走向死亡。自我调整是一种接受自我、承认现实的过程，是一种智慧的超脱。如果一个人的自我调整大于绝望，他将获得智慧的品质，"以超然的态度对待生活和死亡"。

四、自我意识对个人发展的积极作用

正确认识自我，获得积极的情感体验，从而使自我调节机制成为改善自身不足、重塑目标信心的中介，不断推动个体脱离不良生活状态，健康快乐地生活。自我意识在促进个人发展方面的积极作用主要表现在以下方面。

1. 使人不断完善人格

自我意识是人格的核心，一个具有健全人格的人通常是具有健康自我认识的人。一个人的人格完善是一个渐进的过程，而支撑这个渐进过程顺利进行的是个体的自我意识。人类的心理过程是由人的认识、情感和意志三个方面共同维系的。自我意识正是通过不断提高认识、丰富情感、锻造意志来调节心理活动的。

2. 引导人成长成才

健康的自我意识是心理健康的重要标志，其在推进人成长成才的过程中起着引导、控制和监督教育的作用，个体通过正确的自我认识，树立较为合理的理想自我。由于各种条件的制约，实现理想自我的过程会出现很多障碍，致使一个人产生不同程度的挫折感。由于人有自我意识，在这种情况下就会对自己进行反省，并重新调整认识，使现实自我和理想自我得到统一。

3. 改善主体的生活状态

拥有健康的自我意识的人能够正确认识自我并接纳自我。有的同学不能正确认识自己的能力，高估或者低估了自己的水平，从而建立了一个不适合自己能力水平的目标，实现目标的过程就会困难重重，使个体产生失望感和自卑感，而这样的情绪体验又会被带入下一个确定目标的过程，会让其对自己的能力水平更加不信任，从而产生不敢前进的懈怠心理，甚至使个体的心理陷入一种自卑的恶性循环中。

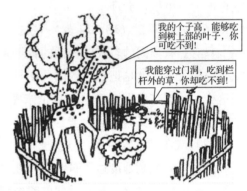

我的个子高，能够吃到树上部的叶子，你可吃不到！

我能穿过门洞，吃到栏杆外的草，你却吃不到！

● 课外读物 ●

自尊

自尊，也称"自尊心""自尊感"，是个人基于自我评价形成的一种自重、自爱，并要求受到他人、集体和社会尊重的情感体验。自尊有强弱之分，过强则成虚荣心，过弱则变成自卑。

自尊是人类生命的心理根源，它可以保持一个人生命的健康发展和完满。在自尊作用于人的过程中，首当其冲的是人的心理健康。也就是说，自尊最初对一个人起作用，是从其心理反应和心理健康开始的，而生命的残缺或完满直接取决于心理是否健康。

在社会生活中，人们总会面对这样那样的要求。但不管何种要求，也不管何种社会，要求基本都是一致的，即人应该是健康的、积极的、发展的，应该以一种良好的形象出现在公众面前。那么，是什么在维持着人的良好形象呢？人维持良好形象的内在、深层的心理机制其实就是自尊。心理学家贝德玛曾指出，人都有一种保持积极的、健康的、向上的自我形象的需要，这种需要既是防止与避免生存环境带给人伤害与压力的有力武器，也是个体发展的基本力量。这正是自尊使人更好地适应社会环境、缓冲基本焦虑的一种具体体现：自尊策动

人去追求和呈现一种良好的社会形象，从而使其更好地适应社会环境。而良好的社会适应是心理健康的重要标志之一。

如果自尊不足甚至缺乏，人就无法正确地对待自己和他人的评价，不能适时恰当地对社会环境的要求或事件做出合理反应，无法及时缓解生活中的基本焦虑。简而言之，人就无法正常地进行社会生活。因此自尊不足（即低自尊）的人呈现给社会的通常是不好的自我形象，具体表现出两类行为或态度：一类是自伤性行为或态度，主要指向自我。其表现有自暴自弃、自怨自艾、自哀自怜、自轻自贱等，甚至可能放弃生命，自绝于世。另一类是自恋式或自我中心的行为与态度，主要指向他人与环境，可能出现不负责任、冷漠、自我中心、敌视、攻击他人、报复社会等偏激行为，甚至走上违法犯罪的道路。但无论哪类行为或态度，反映的都是心理健康问题。需要指出的是，自尊不足的人虽然没有呈现出良好的自我形象或社会形象，但并不意味其不具有维持自身良好形象的需要。相反，正是这种需要与自我意象之间产生了矛盾而导致心理失调，表现出种种不健康的态度与行为。

大量研究证实，自尊与心理健康的关系极为密切。缺乏自尊（即低自尊）与许多重要的消极可能性如抑郁、焦虑、自杀意念、机能失调、问题行为等紧密联系在一起；拥有足够自尊（即高自尊）经常与积极的心理健康和心理幸福密切相关。

由此可见，自尊乃是心理健康的核心，是心理幸福的根源。这个核心的状态直接关系着心理健康的状况：高自尊的人，由于有着良好的社会适应性而衍生出心理健康的各种表现，包括健康的认知、健康的行为及健康的心态；低自尊的人，由于对社会的适应不良则导致不健康的心理状态及其行为表现。

---◉ 课外读物 ◉---

自尊的测量

自尊量表（SES）用以评定个体关于自我价值和自我接纳的总体感受。该量表已被广泛应用。它是对自己的积极和消极感受的直接评估。该量表由10个条目组成，设计中充分考虑了测定的方便性。受试者直接报告这些描述是否符合他们的实际情况。分四级评分，1表示非常符合，2表示符合，3表示不符合，4表示很不符合。总分范围是10~40分，分值越高，表明自尊程度越高。

指导语：这个量表是用来了解你是怎样看待自己的。请仔细阅读下面的句子，选择最符合你的情况的选项。请注意，这里要回答的是你实际上认为自己怎样，而不是回答你认为自己应该怎样。答案无正确与错误或好与坏之分，请按照你的真实情况来描述自己。请保证每个问题都做出回答，且只选一个答案。

题目	非常符合	符合	不符合	完全不符合
1. 我感到我是一个有价值的人,至少与其他人在同一水平上	4	3	2	1
2. 我感到我有许多好的品质	4	3	2	1
3. 归根结底,我倾向于觉得自己是一个失败者	1	2	3	4
4. 我能像大多数人一样把事情做好	4	3	2	1
5. 我感到自己值得自豪的地方不多	1	2	3	4
6. 我对自己持肯定态度	4	3	2	1
7. 总的来说,我对自己是满意的	4	3	2	1
8. 我希望能为自己赢得更多尊重	4	3	2	1
9. 我确实时常感到自己毫无用处	1	2	3	4
10. 我时常认为自己一无是处	1	2	3	4

第二节 自我意识在发展中的矛盾

越是没有本领的就越自命不凡。

——邓拓

恢弘志士之气,不宜妄自菲薄。

——诸葛亮

学生常常为自己设计一个完美的理想自我,但由于缺乏生活经验,对社会的认识深度具有局限性,所以容易出现自我意识上的矛盾。自我意识的矛盾冲突主要表现在以下几个方面。

一、理想自我与现实自我的冲突

这是自我意识中矛盾最突出、最集中的表现,主要源于理想与现实的差距。学生的理想抱负水平较高,渴望成功及赢得他人的尊重。在学校环境中,大多数学生很难保持优势,感到社会竞争压力大,自信心很容易受挫,再加上社会经验少,缺乏生活实践的磨炼,因此自己的现实条件与理想状态相差甚远,对现实的自我感到不满,并且心烦不安,苦恼不已。

通过理想自我与现实自我的练习,可以更好地认识自我。具体做法是按照每个条目,填写你的状况,真实的我指的是你自己真实的情况,理想的我是你期望自己成为的样子,别人眼中的我是指周围人对你的评价。比如你知道自己内心苦闷,但掩饰得极好,周围的人都认为你是开朗乐观的人。通过这个练习,对真实的自我和理想的自我做出区分和认识。

内容	真实的我	理想的我	别人眼中的我
身高			
相貌			
文化程度			
性格			
人际关系			
家庭状况			
收入			
爱好			
住宅面积			

二、独立意识与依附心理的冲突

独立性是指个体摆脱监督和支配的一种自我意识倾向。学生入学以后，独立意识迅速发展，他们希望能在经济、学习、生活、思想等方面独立，希望自己像成人那样不受管束，因此竭力摆脱他人的监督控制，强烈要求独立自主，自强自立，十分讨厌居高临下的家长式教育态度。但是由于青年初期独立性不完善，面对复杂的生活和许多实际问题，他们都束手无策，没有办法真正做到人格上的独立，即产生要求独立和客观上不能完全独立的心理矛盾。

三、交往需要与自我封闭的冲突

新生刚离开熟悉的班级，进入新的环境，在集体生活中很容易因为远离熟悉的朋友而引发失落感和不适感，非常需要新的友谊来弥补。另外，面对比过去更复杂的学习生活方式和自身的种种矛盾，他们比任何时候都需要老师、朋友的理解、支持和帮助。希望有人分享他们的苦和乐，有强烈的交往需要和爱的需要，他们又同时存在着自我封闭的趋势，总是有意无意地与他人保持一定的心理距离，有属于自己的秘密，与人交往时常存在戒备心理。正是这种心理矛盾，使他们失去心理和谐，不少学生处于孤独的煎熬中。

四、自尊与自卑感的冲突

心理研究表明，适度的自尊心和自信心是个人健康成长必不可少的心理品质，同时也是自我意识发展的一种主要表现。它是要求尊重自己的言行和人格，维护一定荣誉和社会地位的一种自我意识的倾向。许多同学都有较强的上进心，希望通过自己的努力来实现自己的价值。不过有的同学对自己没有正确的认知，因而出现了自信偏差：自负或自卑。自负是一种过度的自信，有这种心理的人因缺乏自知之明而自以为是。自卑是对自己不满、自我否定的情感，即对自己缺乏信心，

缺乏独立主见，遇事从众，结果捍卫的是虚假的、脆弱的、不健康的自我。产生自卑心理后，往往怀疑自己的能力，怯于与人交往，甚至还会封闭自己，即使原来经过努力可以达到的目标，此时也会由于没有信心而主动放弃。

事实上自卑与自负是紧密联系的，自负是一种自我膨胀，自信过剩所导致，自负表现强烈的人往往是极度自卑的人，必会影响心理发展和人格成熟。

五、同一性冲突

同一性是个体在寻求自我的发展中，对自我的正确认识和对有关自我发展的一些问题，比如理想职业、人生观、价值观的思考和选择。实现了同一性的青年至少以下三方面体验：① 我自己是一个独立的、独特的、有个性的个体；② 自我本身是同一的；③自我所设想的与自我所察觉的其他人对自己的看法是一致的。

同一性冲突包括角色混乱和同一性拒斥。同一性拒斥是指青年过早停止了对自我的探索，表现为缺乏主见，缺乏反思。角色混乱表现为无法发现自己，也不知道自己究竟是什么样的人，以及想成为什么样的人，没有形成清晰的、牢固的自我同一性。

第三节　悦纳自我

────●　心 灵 箴 言　●────

谦固美名，过谦者，宜防其诈。

——朱熹

伟大的人是决不会滥用他们的优点的，他们看出他们超过别人的地方，并且意识到这一点，然而绝不会因此就不谦虚。他们的过人之处越多，他们越认识到他们的不足。

——卢梭

学生对自我意识的培养应落实到自我塑造、自我完善和悦纳自我上，这种追求是学生自我意识的最高表现。树立自我的信念，从认知角度对自己的深度信念进行思考和改变。通过乔哈里视窗去认识自我的四个范畴，引发自我探索，加深对自己的了解。

一、乔哈里视窗

美国心理学家乔瑟夫和哈里从自我概念的角度对人际沟通进行了深入的研究，并根据"自己知道——自己不知"和"他人知道——他人不知"这两个维度，依据人际传播双方对传播内容的熟悉程度，

	自己知道	自己不知道
他人知道	公开区	盲区
他人不知道	隐藏区	未知

将人际沟通信息划分为四个区：开放区、盲目区、隐秘区（又称隐藏区）和未知区（又称封闭区），这个理论称为"乔哈里视窗"。

1. 开放区

开放区的信息是指自己知道而且别人也知道的信息。例如你的家庭情况、姓名、部分经历和爱好等。开放区具有相对性，有些事情对于某些人来说是公开的信息，而对另一些人可能是隐秘的。在实际的人际交往中，共同的开放区越多，沟通起来就越便利，越不易产生误会。

2. 盲区

盲区的信息是自己不知道而别人可能知道的盲点。例如性格上的弱点或者坏的习惯，你的某些处事方式，别人对你的一些感受，等等。反思在现代社会为什么那些地位和权势越高的人，越难听到关于自己的真话？围绕在这些人周围的往往都是一些阿谀奉承的人，沟通单向而闭塞。如果当事人没有博大、开放的胸怀来容纳敢于对自己讲真话的朋友或善于直言的下属，他的盲区就有可能越来越大。因此，不断地缩小自己的盲区，才是走向成功的必经之路。

3. 隐藏区

隐藏区的信息是自己知道而别人可能不知道的秘密。例如你的某些经历、希望、心愿、阴谋、秘密及好恶等。一个真诚的人也需要隐藏区，完全没有隐藏区的人是心智不成熟的。但在有效沟通中，适度地打开隐藏区，是增加沟通成功率的一条捷径。

4. 未知区

未知区的信息是自己和别人都不知道的信息。例如某人自己身上隐藏的疾病。未知区是尚待挖掘的黑洞，也许通过某些偶然或必然的机会，使别人较为深入地了解自己，自己对自我的认识也不断地深入，人的某些潜能就会得到较好的发挥。

利用乔哈里视窗理论可以增强自我意识、自我给予和他人反馈三个领域的互动，缩小私人领域，缩小自我盲点，扩大公众领域，可以帮助建立更好的交流环境。

二、积极悦纳自我

所谓悦纳自我，是指一个人相信自己的存在价值，认同自己的能力，并在行为上表现出一种与环境和他人积极互动的心理定式。悦纳自我是发展积极自我意识的核心和关键。

对于学生而言，要做到悦纳自我，可以从以下几方面入手。

1. 认识悦纳自我的表现形式

（1）自信。自信是建立和促进心理健康的重要因素，是学生学习进步、生活愉快、潜能开发的重要保证。

（2）自尊。学生的自尊分两种。即有内在价值感的自尊心和缺乏内

在价值感的自尊心。前者不把外部成就视为自尊的唯一指标。后者则把外部成就作为自尊的唯一指标。

（3）自爱。自爱是指对自己由衷地喜欢和尊重。一个真正的自爱者，既能真正地爱自己，也能真正地爱他人。

2. 无条件接受自己的一切

对自身的一切，无论是好是坏，都积极接受和悦纳。一些缺点和不足本身并不会对生活造成非常严重的影响，而往往人们接受不了，却难以改变，从而徒增烦恼。要悦纳自己，就要学会无条件地接受自己，试着把那些不喜欢又无法改变的方面当作自身的一部分，或当作自己生活的一部分。

3. 建立和巩固良好的自我感觉

有的学生只关注自己没有做好的事情，而忽略了自己能做好的事情，认为那些都是微不足道的小事，失败的经历不断被记住，成功和进步却没有得到及时的肯定。久而久之，自我评价越来越低，自我感觉也越来越差。

大家应及时地了解自己各方面的进步和成绩，肯定自己的能力，增加自信心，"积极关注，关注积极"。这有助于建立和巩固良好的自我感觉，悦纳自己，提升自己的生命价值。

三、通过接纳别人来接纳自我

仅接纳自己是远远不够的。无论个人还是社会，要想进入良性循环，就需要与外界合作。一个不能接纳他人的人是无法与他人友好合作的。任何真正接纳自己的人都会接纳他人，而无法接纳他人的人通常都是不能接纳自己的人。

一个人不接纳他人，通常因为他不能接纳自己，不能容忍自己的弱点，可是其内在的尊严拒绝接受他对自己的不接纳。换言之，他的意识不肯接纳自己，他的无意识努力捍卫他的尊严，两者之间的冲突就会导致焦虑。焦虑激活了他的防御机制，于是他就出现了投射反应，把自己不能接受的投射为别人不能接受的。这就是人们无意识不接纳自己的心理过程。

能够使别人感受到我们的接纳的方式有很多，其中最主要的方式有：

（1）懂得倾听。也就是与人交往时能不加评论地、认真又耐心地倾听别人的诉说。

（2）懂得尊重别人。

（3）需要和别人交往时一定要主动，要让对方首先感受到你与他友好交往的愿望与诚意。

（4）能够发现并且表达出对别人优点的欣赏。真诚地表达欣赏向来都是迅速进入他人视野的捷径。

（5）能够对别人的赞赏表示由衷的感谢。

第四节　新生的角色适应及转变

> ◎ 心 灵 箴 言 ◎
>
> 知人者智，自知者明。胜人者有力，自胜者强。
>
> ——老子
>
> 最大的骄傲与最大的自卑都表示心灵的最软弱无力。
>
> ——斯宾诺莎

进入职校后，由于环境、学习方式和生活方式的改变，许多同学在认知、情绪、行为上出现迷茫、困惑、痛苦等情况。大多数同学遇到的第一个重要问题就是适应陌生的环境。所以，首先要做的是适应新角色，成为精彩生活的积极参与者，完成角色的衔接与过渡。

一、新生适应的主要问题

一年级新生自入学到基本适应所处环境是需要一个阶段的，这个阶段也是学生从中学过渡到职业学校的阶段。

适应是个体积极改变自己生存的环境或者改变自己原有的状态，以获得所需的间接满足的过程。适应能力是人类战胜自然、改造社会、改造自己的必备素质。

人对环境的适应一般有三种方式：一是改变自己的行为；二是改变环境；三是改变自身的需要。如果一个人在这三个方面都不能做出改变，个体心理同客观环境不能协调一致时，就会发生不适应或者适应不良的现象，导致心理适应问题。

1. 对学校和专业不满而产生失落感

由于各种原因，录取的学校和专业与学生本人意愿不相符的情况比较多见。有数据表明，约39%的学生表示对学校学习和生活环境有着不同程度的不满，27%的同学对所选择的专业失去兴趣。进校之后，有的同学发现学校的环境和条件与自己的想象有很大差距，就会产生失落感。他们长期沉浸在悲观、失望、后悔、自卑的情绪体验之中，学习没有动力，生活没有情趣，娱乐没有兴趣，交往没有热情，个别学生甚至产生了混日子的想法。

2. 学习方法不适应而产生压力

进入职业学校，由于职业学校里的学习内容、学习环境及学习要求不同于以往，导致学生的学习发生了以下几点变化。

第一,学习目标上的变化。职业学校的学习目标是在德、智、体全面发展的前提下,掌握更加精深的专业知识,养成奋发进取的科学研究素质,传承大国"工匠精神",成为技术型专业人才。

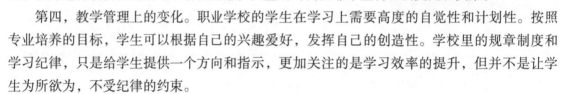

第二,学习内容上的变化。职业学校的学习内容更加强调技术的专业化,在专业学习的基础上求拓展和创新。

第三,学习方式上的变化。职业学校的学习方式以自学为主。教师进行启发性的指导和答疑解惑,大量的时间要靠学生自己去支配和决策。

第四,教学管理上的变化。职业学校的学生在学习上需要高度的自觉性和计划性。按照专业培养的目标,学生可以根据自己的兴趣爱好,发挥自己的创造性。学校里的规章制度和学习纪律,只是给学生提供一个方向和指示,更加关注的是学习效率的提升,但并不是让学生为所欲为,不受纪律的约束。

3. 人际关系的不协调产生孤独和压抑感

学生的适应问题主要表现在人际交往方面。学生的生活习惯、性格、经验方面存在着很大差异,对同一事物的认识会出现很大的分歧。因此,人际交往问题可以概括为以下几个方面。

第一,嫉妒心理。主要表现为对他人学习成绩的嫉妒,对他人荣誉的嫉妒,对他人容貌衣着的嫉妒。

第二,孤僻封锁心理。主要表现为希望拥有自己的独立空间,不受他人干扰;讨厌别人碰自己的东西;对他人的善意表现出不耐烦;不愿意对他人吐露心事;不愿与人主动联系。

孤僻封锁心理的产生,与家庭环境、父母的教养方式有很大的关系。如紧张、纠纷多的家庭环境,父母情绪的不稳定,父母教育严厉简单粗暴,这些都是造成人际交往中孤僻心理的原因。另一个原因是交往中屡遭挫折,遇到交往挫折后就不愿或拒绝和他人交往。

第三,恐惧心理。有社交恐惧心理的人在与他人交往时会感到紧张、害羞、拘谨、尴尬甚至害怕,表现为面红耳赤、语无伦次、冒冷汗、身体发抖等。一般情况下,很多学生在与陌生人交往时,多少都会存在一些害怕和担心,但这并不影响他们的正常交往。而社交恐惧心理则会妨碍与他人正常交往,影响人际关系的建立和个性健康发展。

二、学会适应学校环境的意义

1. 有助于树立学生的独立生活意识

学生进入新的环境,就意味着开始独立走向社会。在这个新起点上,迅速适应校园环境,有助于夯实人生的理想基础,有助于摆脱学生的依赖心理,有助于学生树立自信、自立、自强的精神,增强面对社会压力和生活压力的勇气。

2. 有助于提高学生的生活能力

适应学校环境的过程，也是学生大胆实践，不断提升生活能力的过程。在这一过程中，迅速适应环境，可以培养和磨炼学生的生活能力，从而将"生活是最好的老师"这一概念贯彻到生活的每一个细节中。

3. 有助于培养学生的生活自理能力

生活自理能力包括养成合理的作息习惯，养成良好的饮食习惯，培养合理的理财观念，锻炼健康的体魄，保持乐观的心境。迅速适应学校环境，有助于学生自理能力的提高。无论是生活、交友，还是认识社会，新生都要更多地独立思考、判断、选择和行动，不断提高环境适应能力，促使心理健康和谐发展。

三、新生入学适应的心理调适

1. 了解你的学校与专业

很多学生不喜欢自己的学校和专业，最主要的原因是没有被自己理想的学校录取，对目前所就读的学校和专业不了解，因此主动了解学校与所学专业是必要的。

2. 树立积极的心态，乐观面对新环境

首先，改变认知。要充分认识环境与个人的关系，面对环境的改变，不应采取消极态度逃避现实，而应主动积极地去适应环境。中国有句老话说得好，"既来之则安之"。

其次，扩大交际范围，与同学分享自己面对的问题，相互学习成功的经验；和自己原来的朋友保持联系，相互交流在新学校的生活体验。

最后，进入一个新环境，任何人都需要一个适应的过程，不必放大自身对这种适应的不适，可以尝试树立积极的心态来面对新的变化，积极地去适应新的环境。

3. 转变学习方法，学会学习

进入职业学校后，每个人都在独立地面对学业，每个人都该设定自己的目标。因此学生的任务是学会学习，学会有目的、有效率地学习。学会学习，包括两个方面：一方面是善于将老师教授的知识融会贯通，高效率地掌握知识；另一方面，要具备独立吸收知识、获取信息的能力，还要积极参加社会实践，做到学以致用，树立正确的学习理念。

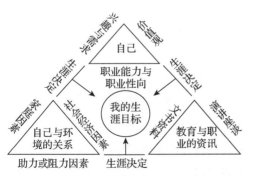

4. 做好生涯规划，树立明确目标

要找到自己的方向，必须将自己的兴趣爱好、所学专业及社会需求等多方面因素综合起来，分析

出自己今后的发展道路,并且制定详细的生涯规划,为今后发展树立明确的方向。

5. 树立正确的自我意识

来到一个新环境,要学会对自己有正确的认识,并接受真实的自我。正确地认识自己的家庭背景、经济状况、相貌及优缺点等,并坦然接受不完美的自己,树立正确的自我意识。

6. 学会调节情绪,学会积极的自我暗示

要学会调整自我的情绪状况,努力使自己拥有良好的心境,控制好自我情绪是拥有良好心境的重要方法。这会使我们在看待任何事物时,都是积极向上的,学会积极的自我暗示,比如:"我一定可以成功""我一定可以做到""我的生活一天比一天好。"语句简洁而有力。

心灵测验室

自我分化量表(DSI)

就像病人可以通过测量体温、血压等体征来给自己诊断一样,我们在面对家庭系统中的问题时,也可以通过检测一些日常的思言行为模式来评价自我分化的程度。具体做法是,通过仔细阅读每个语句所表达的现象,对照自己的情形从1(完全不是)~6(非常正确)进行诚实和尽可能准确的打分,看看自己在自我分化方面已经取得了多少进步,尚有哪些不足和问题。

如果你认为某种现象你从没有过,例如,目前没有结婚,或你的父母已经不在,在回答问题时,按照自己在该情形中的想法和感受做出最贴切的猜测。

1. 人们说我过于情绪化。
2. 我对我所关心的人表达感情有困难。
3. 我经常感到受家里人的限制。
4. 即便在压力下,我往往保持得很冷静。
5. 我总想去解决我所关心的两个人之间的冲突。
6. 当我亲近的人令我失望时,我会暂时退避。
7. 无论我的生活中发生了什么,我知道我永远不会忘记我是谁。
8. 当人们过度地与我接近时,我倾向于疏远。
9. 已经(或者"会")有人说我仍然太依附于我的父母。
10. 我希望我不是那么情绪化。
11. 通常,我不会为了取悦他人而改变我的行为。
12. 如果我向我的配偶或合伙人表达我真实的感受,他们会无法忍受。
13. 每当我的人际关系出现问题时,我会急着去马上解决。

14. 当我的情绪占优势的时候，我很难去清晰地思考。
15. 当我在与他人争论时，我会将我对此事的想法与我对他的情绪分开。
16. 人们太接近我的时候，我会感到不舒服。
17. 对我来说，经常与父母保持联络很重要。
18. 有时，我觉得自己似乎坐在情绪的过山车上。
19. 为我所不能改变的事情而苦恼是毫无意义的。
20. 我担心在亲密关系中会失去自己的独立性。
21. 我对批评过于敏感。
22. 当配偶或父母离开我的时间太长时，我感到似乎失去了什么。
23. 我相当接受自我。
24. 我经常感到我的配偶或父母对我有过分的要求。
25. 我设法达到父母的期望。
26. 如果我与我的配偶或父母发生了争论，我往往会整天想这件事。
27. 我能够对他人说"不"，即使我感到了来自他们的压力。
28. 当我的人际关系变得非常紧张时，我会产生想从其中逃避的冲动。
29. 与我的父母或兄弟姐妹争论仍然会让我感到很可怕。
30. 如果有人对我不满，我似乎无法轻易释怀。
31. 我不太关心别人对我的赞赏，而注重我所做所想是正确的。
32. 我绝对不会考虑从家庭中的任何人那儿获得情感支持。
33. 我发现自己对与配偶或父母的关系考虑得很多。
34. 我对别人对我的伤害很敏感。
35. 我的自尊总是建立在别人对我的看法上。
36. 我与配偶或父母在一起的时候，经常感到窒息。
37. 我担心与我接近的人会生病、受伤害或不安。
38. 我很关心我可能会留给别人的印象。
39. 当事情变坏时，谈论它们通常会变得更糟。
40. 与他人的感受相比，我的感受更强烈。
41. 我通常会去做我认为是正确的事，而不去管别人怎么说。
42. 如果我的配偶或家人给予我更多我所需要的空间，我们的关系或许会更好。
43. 我往往在压力下感到相当的稳定。

自我分化量表记分：
情绪反应分量表题目：1，6，10，14，18，21，26，30，34，38，40，除6，40题外均反向记分。
自我立场分量表题目：4，7，11，15，19，23，27，31，35，41，43，除35题外均正向记分。
情感阻断分量表题目：2，3，8，12，16，20，24，28，32，36，39，42，除42题外均反向记分。
与他人融合分量表题目：5，9，13，17，22，25，29，33，37，除37题外均反向记分。

自我和谐量表（SCCS）

下面是对自己看法的陈述。在填答时，请在相应选项下打"√"，然后计算各分量表的分值：1 代表该句话完全不符合您的情况，2 代表比较不符合您的情况，3 代表不确定，4 代表比较符合您的情况，5 代表完全符合您的情况。因为每个人对自己的看法都有其独特性，所以答案没有对错之分，如实回答即可。

	完全不符合	比较不符合	不确定	比较符合	完全符合
1. 我周围的人往往觉得我对自己的看法有些矛盾					
2. 有时我会对自己在某些方面的表现不满意					
3. 每当遇到困难，我总是首先分析造成困难的原因					
4. 我很难恰当表达对别人的情感反应					
5. 我对很多事情都有自己的观点，但我并不要求别人也与我一样					
6. 我一旦形成对事物的看法，就不会再改变					
7. 我经常对自己的行为不满意					
8. 尽管有时必须做一些不愿意去做的事，但我基本上是按自己的意愿办事的					
9. 一件事好就是好，不好就是不好，没有什么可含糊的					
10. 如果我在某件事上不顺利，我就往往会怀疑自己的能力					
11. 我至少有几个知心朋友					
12. 我觉得我所做的很多事情都是不应该做的					
13. 不管别人怎么说，我的观点决不改变					
14. 别人常常会误解我对他们的好意					
15. 很多情况下我不得不对自己的表达能力表示怀疑					
16. 我的朋友中有些是与我截然不同的人，这并不影响我们的关系					
17. 与朋友交往过多，就很容易暴露自己的隐私					
18. 我很了解自己对周围人的情感					
19. 我觉得自己目前的处境与我的要求相距太远					
20. 我很少去想自己所做的事是否应该					
21. 我所遇到的很多问题都无法自己解决					
22. 我很清楚自己是什么样的人					
23. 我能很自如地表达我所要表达的意思					
24. 如果有足够的证据，我也可以改变自己的观点					
25. 我很少考虑自己是一个什么样的人					
26. 把心里话告诉别人，不仅得不到帮助，还可能招致麻烦					
27. 在遇到问题时，我总觉得别人都离我很远					
28. 我觉得很难发挥自己应有的水平					
29. 我很担心自己的所作所为会引起别人的误解					

(续)

	完全不符合	比较不符合	不确定	比较符合	完全符合
30. 如果我发现自己某些方面表现不佳，总希望尽快弥补					
31. 每个人都在忙自己的事，很难与他们沟通					
32. 我认为能力再强的人也会遇到难题					
33. 我经常感到自己是孤立无援的					
34. 一旦遇到麻烦，无论怎样做都无济于事					
35. 我总能清楚地了解自己的感受					

评分说明：

各分量表的得分为其包含的项目分直接相加，三个分量表包含的项目为：

（1）自我与经验的不和谐：1、4、7、10、12、14、15、17、19、21、23、27、28、29、31、33；高分≥56分，低分≤35分

（2）自我的灵活性：2、3、5、8、11、16、18、22、24、30、32、35；高分≥55分，低分≤37分

（3）自我的刻板性：6、9、13、20、25、26、34；高分≥40分，低分≤13分

将自我的灵活性反向计分，即选1计5分，选2计4分，选3计3分，选4计2分，选5计1分，再与其他两个分数相加。得分越高，说明自我和谐度越低。

一般来说，低于74分为低分组，75~102分为中间组，103分及以上为高分组。

心灵拓展营

关于职业生涯规划的六大测试

1. 霍兰德SDS职业兴趣测试（适合高中生、职校生、大学生）

理论：美国著名职业指导专家J. 霍兰德编制的职业兴趣测试，在几十年间经过一百多次大规模的实验研究，形成了人格类型与职业类型的学说和测验。该测验能帮助被试者发现和确定自己的职业兴趣和能力专长，从而科学地做出求职择业。

霍兰德在其一系列关于人格与职业关系的假设的基础上，提出了六种基本的职业类型。

（1）实际型和技术型。实际型的典型职业包括一般劳工、技工、修理工等。技术型的典型职业包括摄影师、机械装配工等。

（2）研究型。其典型的职业包括科学研究人员、工程师等。

（3）艺术型。其典型的职业包括演员、导演，及文学方面的，如诗人、剧作家等。

（4）社会型。其典型的职业包括教育工作者与社会工作者。

（5）企业型。其典型的职业包括政府官员、企业领导等。

（6）传统型。其典型的职业包括办公室人员、会计、打字员等。

应用：此霍兰德职业兴趣测试一般适合于高中生、职校生和大学生，通过此测试可以让学生确定自己的兴趣爱好，为选择大学专业提供参考。目前我们国内的很多学校已经在实施霍兰德职业兴趣测试了。

2. MBTI 职业性格测试（适合大学毕业生、在职员工）

16 种性格类型表

内倾感觉思维判断（ISTJ）	内倾感觉情感判断（ISFJ）	内倾直觉情感判断（INFJ）	内倾直觉思维判断（INTJ）
内倾感觉思维知觉（ISTP）	内倾感觉情感知觉（ISFP）	内倾直觉情感知觉（INFP）	内倾直觉思维知觉（INTP）
外倾感觉思维知觉（ESTP）	外倾感觉情感知觉（ESFP）	外倾直觉情感知觉（ENDP）	外倾直觉思维知觉（ENTP）
外倾感觉思维判断（ESTJ）	外倾感觉情感判断（ESFJ）	外倾直觉情感判断（ENFJ）	外倾直觉思维判断（ENTJ）

理论：按照卡尔·荣格对于人的心理类型的基本划分，人群分别属于外向型（E）或内向型（I）：前者倾向于在自我以外的外部世界发现意义，而后者则把相应的心理过程指向自身。接下来就是四种心理功能的划分：两种理性功能（思考 S 和情感 F）及两种感知功能（感觉 S 和直觉 N）。每个人都有自己的某一个主导类型，而圆满的状态，则是这四种心理能力齐头并进。

应用：MBTI 测试是目前性格测试中最著名的测试，已经应用到全球五百强的很多企业，主要用于测定员工的性格，以便公司对员工实施有效的发展规划。此测试不适合中学生，主要是因为中学生在性格养成上还未完全确定。

3. 职业锚定位测评（适合在职员工）

理论：职业定位测试（职业锚测试）的概念是由美国著名的职业指导专家、麻省理工学院的施恩教授在 1978 年提出的。它可以帮助自己探索能力、动机和价值观。职业锚是国外职业测评运用最广泛、最有效的工具之一。职业锚问卷是一种职业生涯规划咨询、自我了解的工具，能够协助组织或个人进行更理想的职业生涯发展规划。职业锚倾向不分好坏，可根据第一感觉，不假思索地迅速答题。

应用：职业锚主要用于在职员工，他们已经对自己的职业有所了解。尤其是前五年的工作，处于职业转变期，需要在一次次的职业转变中找到真正属于自己的那份职业锚。主要用于转行、跳槽等员工，先使用职业锚测评对自我的定位有一个真实的认识。俗话说："找到职业锚，做人生之舟的船长。"

4. 贝尔宾团队角色测试（适合团队工作的在职员工，尤其是创业团队）

理论：团队角色理论也叫贝尔宾团队角色理论。贝尔宾是英国剑桥大学的教授，他在1981年出版了一本书《管理团队：成败启示录》，在这本书中他提出了团队角色理论。

根据这个理论，贝尔宾教授创造了九种类型的团队角色，它们分别是：行动类，鞭策者、执行者、完成者；社交类，协调者、凝聚者、外交家；思考类，智多星、专业师、审议员。每种类型的角色都有其特色与专长，但也伴随着一定的可接受的弱势。

团队角色分类

Action-oriented Roles 行动类	Social-oriented Roles 社交类	Thinking Roles 思考类
Shaper 鞭策者	Co-ordinator 协调者	Plant 智多星
Implementer 执行者	Teamworker 凝聚者	Specialist 专业师
Completer Finisher 完成者	Resource Investigator 外交家	Monitor Evaluator 审议员

贝尔宾教授在该理论中指出，每个人在工作环境中都有两个"显著角色"，一个是职能部门里的角色，通常由个体的岗位头衔所决定；另一个是个体天然倾向的团队角色。团队是否完美，取决于团队中的人是否在"显著角色"中有"互补"效应。

应用：只要你是在团队中工作，你想让团队出色地完成任务，团队角色区分是十分有必要的。俗话说得好，"没有完美的个人，只有完美的团队"。尤其对于以"项目型"为主导的团队，比如创业团队，要想创业成功，就必须明确团队中成员各自担当的角色，是否具有"互补"效应，这也是风投（VC）经常问的一个问题："请描述一下你的团队。"

尤其是互联网创业，技术的重要性不可忽视。如果你是技术型人才，那么你在创业时不要再去找技术型合伙人了，因为那并不能使你的团队产生"互补"。60%的互联网创业失败都是因为太过于"技术化"。

5. TKI 冲突处理模型测试（适合经理级人物）

理论：工作中，冲突通常被认为是负面的。但实际上，冲突恰恰是组织变化和改善沟通的催化剂。TKI 冲突处理模型是目前全球最主要的冲突管理评价方法，多被专家用来学习各种不同的冲突处理方式及其对个人及团队的影响。

应用：TKI 的测试多用于与其他经理人比较，在处理冲突时所采用的方式是否存在偏差。"管理"的目的归根到底就是"处理冲突"。

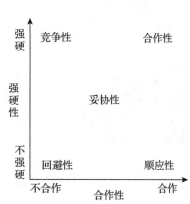

6. DISC 行为模式测试（适合在职员工）

理论：DISC 理论于 20 世纪早期出现，美国心理学家威廉·莫尔顿·马斯顿博士，心理"测谎器"的创始人，他基于其个人激励的理论创建了 DISC 行为因素分析方法，并在其书中 The Emotions of Normal People（《正常人的情绪》）加以构建，这是迄今为止，为数不多的将心理学运用于心理健康常人的尝试。从此之后，DISC——Dominance（支配）、Influence（影响）、Steady（稳健）、Compliance（服从）便广为流传。

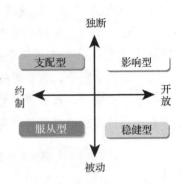

内在行为模式：这是天生的、固有的行为模式，代表最自然真实的内在动机和欲求。这种行为之所以常在你处于压力时显现，是因为你没有空间或时间去思考如何调整你的行为，这种行为模式你通常不自知。

外在行为模式：这是基于自身对环境的判断与认知，认为自己在特定环境下理应呈现的理想行为模式。这个模式通常代表个人试图在工作中采用的行为类型，是你的一张环境"面具"，这种行为模式通常不被他人所知。

认知行为模式：在真实世界里，每个人对自己都有一种特定的认知，继而产生一种特定的行为模式，这种行为模式是个体对过去的习得性反映与环境期待的一种结合，相对稳定，因此也通常被他人和自己所熟知。

应用：在目前的招聘中，DISC 是用得最多的招聘测评之一，中国的大中型企业、猎头公司及国际大企业，在招聘时经常会使用 DISC 测评，不是测评你的技能，而是更注重你的行为模式，这是基本素质之一。

DISC 也可以帮助个人更加成熟，更加具备主观能动性，基于环境的要求去调整自己的行为。

心灵电影院

《蝴蝶效应》

主角埃文在影片中被描述成一个能借助记忆将自己的意识回归到过去身体的超能力者。

埃文曾经有一个糟糕的童年，因为他闯下了大祸，令他的童年充满了不堪回忆的往事。事实上，他的确只是依稀记得一点可怕的情景，这些情景一直纠缠着他的正常生活。埃文接受心理学家建议，把琐碎生活记在记事本里，却偶然通过记事本回到了过去。

这时他才清楚记起，童年时候的自己做了那么多的错事。他幻想着将现在的意识潜入童年的身体，去弥补因种种过失给人们带来的伤害，尤其是希望与当年暗恋的凯西最终走在一起。然而他一次次跨越时空的更改，只能导致在现实世界的越来越不可救药。一切就像蝴蝶效应般，牵一发而动全身。

第三章　学习与创新

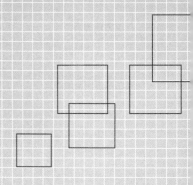

心灵启明灯

1. 理解关于学习的心理理论
2. 掌握培养学习动机的方法
3. 掌握培养学习能力的方法
4. 理解创新性思维的重要性

心灵故事会

态度决定命运

某职业学校烹饪专业新生小王，进入学校学习已经一周时间了，他一直沉默不语，上课趴着睡觉，下课躲在角落，不愿与同学交流，回到家也生怕亲朋好友打听自己考到了哪所学校。父母虽然没有指责，但分明能看到他们失望的眼神。眼看着昔日同窗纷纷考入高中就读，小王心中充满了失落感，认为自己不是学习的料，上了职业学校就没有前途了，觉得反正都这样了，不如"破罐破摔"吧！

与上述案例不同，秦毅同学被誉为"焊坛80后"，他曾是上海某技校焊接与装配专业的学生。这位"80后"为了学好技术，不畏酷暑严寒和日晒雨淋，总是拿着一把焊枪勤学苦练，他常常连续几个小时埋头练习，直到电焊烫得握不住才罢手，甚至吃饭的时候拿着筷子模仿焊条在空中比画，"焊痴"由此得名。经过不断钻研和学习，他创立了一套独特的仰板焊接方法，在中国船舶工业集团公司焊接比赛  中勇夺第一，将"中国船舶公司技术能手"和"全国技术能手"的美誉收入囊中，而且获得由权威认证机构法国GTT公司颁发的殷瓦焊接G证书等殊荣。

【启示】同样是职校学生，因为主观努力不同，结局也大不同。其实，人人都会有处于困境的时候，最可怕的是缺少奋斗的精神和顽强的意志。职校是一个新的起点，努力应从现在开始，从点滴学起。职校生只有充分了解学习的意义，享受学习的乐趣，培养学习的能力，才能积蓄生存的本领，赢得人生，赢得未来。

第一节 学习理论

> **心灵箴言**
>
> 在学习过程中,学习者会遇到越来越多的来自各个方面的问题。他们会感受到越来越多的挑战,并被迫接受挑战,他们对挑战的回应则会带来更多的新的挑战。
>
> ——弗雷勒

学习理论是描述或说明人类和动物学习的类型、过程和影响学习的各种因素的学说。学习理论是探究人类学习本质及其形成机制的心理学理论。它重点研究学习的性质、过程、动机及方法和策略。学习是如何发生的?有哪些规律?学习是以怎样的方式进行的?近百年来,教育学家和教育心理学家围绕这些问题,从不同角度,运用不同的方式,进行了各种研究,试图回答这些问题,也由此形成了各种各样的学习理论。

一、联结学习理论

联结学习理论认为,一切学习都是通过条件作用,在刺激(S)和反应(R)之间建立直接联结的过程。"强化"在刺激—反应联结的建立中起着重要作用,在刺激—反应联结之中,个体学到的是习惯,而习惯是反复练习与强化的结果。习惯一旦形成,只要原来的或类似的刺激情境出现,习得的习惯反应就会自动出现。

1. 桑代克的试误说

美国实证主义心理学家桑代克用科学实验的方式来研究学习的规律,提出了著名的联结学说。

桑代克的实验对象是一只可以自由活动的饿猫。他把猫放入笼子,然后在笼子外面放上猫可以看见的鱼、肉等食物。笼子中有一个特殊的装置,猫只要一踏上笼中的踏板,就可以打开笼子的门闩出来吃到食物。一开始猫放进去以后,在笼子里上蹿下跳,无意中触动了机关,于是它就非常自然地出来吃到了食物。桑代克记录下猫逃出笼子所花的时间,然后又把它放进去,进行又一次尝试。桑代克认真地记下猫每一次从笼子里逃出来所花的时间,他发现随着实验次数的增多,猫从笼子里逃

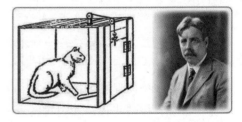

出来所花的时间在不断减少。到最后,猫几乎是一被放进笼子就去启动机关,即猫学会了开启门闩这个动作。

通过这个实验,桑代克认为所谓的学习就是动物(包括人)通过不断地尝试形成刺激—反应联结,从而不断减少错误的过程。他把自己的观点称为"试误说"。桑代克根据自己的实验研究得出了三条主要的学习定律。

（1）准备律。在开始某种学习活动之前，如果学习者做好了与相应的学习活动相关的预备性反应（包括生理和心理的），学习者就能比较自如地掌握学习的内容。

（2）练习律。对于学习者已形成的某种联结，在实践中正确地重复这种反应，会有效增强这种联结。另外，桑代克也非常重视练习中的反馈，他认为简单机械的重复不会促进学习的进步，学习者练习正确或错误的信息，则有利于其在学习中不断纠正自己的学习内容。

（3）效果律。学习者在学习过程中所得到的各种或正或负的反馈意见，会加强或减弱学习者在头脑中已经形成的某种联结。效果律是最重要的学习定律。桑代克认为学习者学习某种知识以后，即在一定的结果和反应之间建立了联结，如果学习者遇到一种使其心情愉悦的刺激或事件，那么这种联结会增强，反之会减弱。他指出，教师尽量使学生获得感到满意的学习结果是尤为重要的。

2. 巴甫洛夫的经典条件反射

巴甫洛夫的条件反射实验装置

俄国著名的生理学家巴甫洛夫用狗作为实验对象，提出了广为人知的条件反射。

（1）保持与消退。巴甫洛夫发现，在动物建立条件反射后，继续让铃声与无条件刺激（食物）同时呈现，狗的条件反射行为（唾液分泌）会持续下去。但当多次伴随条件刺激物（铃声）的出现而没有相应的食物时，则狗的唾液分泌量会随着实验次数的增加而自行减少，这便是反应的消退。教学中，教师的及时表扬会促进学生暂时形成某一良好的行为，但如果过了一些时候，当学生在日常生活中表现出良好的行为习惯而没有再得到教师的表扬时，这一行为很有可能会随着时间的推移而逐渐消退。

（2）分化与泛化。在一定的条件反射形成之后，有机体对与条件反射物类似的其他刺激也做出一定的反应，这种现象叫作泛化。比如，刚开始学汉字的孩子不能很好地区分"未"跟"末"，或"日"跟"曰"。而分化则是有机体对条件刺激物的反应进一步精确化，也就是对目标刺激物加强保持，而对非条件刺激物进行消退。比如在体育教学中，教师帮助学生辨别动作到位和不到位时的肌肉感觉，从而使动作流畅、有力。

3. 斯金纳的强化学说

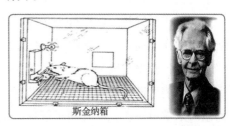
斯金纳箱

继桑代克之后，美国又一位著名的行为主义心理学家斯金纳用白鼠作为实验对象，进一步发展了桑代克的刺激—反应联结学说，提出了著名的操作条件反射。

与桑代克相类似的是，斯金纳也专门为实验设计了一个学习装置——"斯金纳箱"，箱子内部有一个操纵杆，当饥饿的小鼠按动操纵杆时，小鼠就可以吃到一颗食丸。开始的时候，小鼠无意中按下了操纵杆，吃到了食丸，但经过几次尝试以后，小鼠"发现"了按动操纵杆与吃到食丸之间的关系，于是小鼠会不断地按动操纵杆，直到吃饱为止。斯金纳把小鼠的这种行为称为操作性条件反射或工具性条件反射。

斯金纳与桑代克的主要区别在于：桑代克侧重于研究学习的刺激—反应联结，而斯金纳则在桑代克研究的基础上，进一步探讨了小鼠乐此不疲地按动操纵杆的原因——因为小鼠每次按动操纵杆都会吃到食丸。斯金纳把这种会进一步激发有机体采取某种行为的程序或过程称为强化，凡是能增强有机体反应行为的事件或刺激叫作强化物，导致行为发生概率下降的刺激物叫作惩罚。

二、认知学习理论

认知学习理论认为，学习不是在外部环境的支配下被动地形成刺激—反应联结，而是主动地在头脑内部构造认知结构；学习不是通过练习与强化形成反应习惯，而是通过顿悟与理解获得期待；有机体当前的学习依赖于其原有的认知结构和当前的刺激情境，学习受主体的预期所引导，而不受习惯所支配。

1. 加涅的信息加工理论

1974年，加涅利用计算机模拟的思想，坚持利用当代认知心理学的信息加工的观点来解释学习过程，展示了学习过程中的信息流程。下图是加涅所阐述的学习和记忆的信息加工流程图。

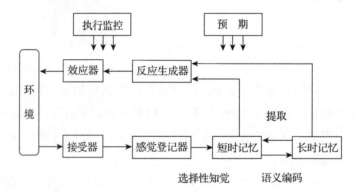

加涅在对学习活动进一步分析的基础上，又把与上述学习过程有关的教学划分为以下八个阶段。

第一，动机阶段。加涅认为要让有效学习行为发生，学习者必须有学习心向，所以学习的准备工作就是教师使用引起学生兴趣的方法去激发学生的学习动机。

第二，了解阶段。在这个阶段，教学的措施要引起学生的注意，提供选择性的知觉。主要的目的在于促使学习者将学习的注意力指向与其学习目标有关的各种刺激。

第三，获得阶段。教学在此阶段的任务是支持学生把了解到的信息转入短时记忆系统，也就是对信息进行必要的编码和储存。教师可向学生提示编码过程，帮助学生采用较好的编码策略来学习知识，以有利于信息的获得。

第四，保持阶段。这个阶段主要是让学习者把获得阶段所得到的信息有效地放到长时记忆的记忆存储器中。存储信息的内部过程到底在多大程度上受教学方式的影响，现在还没有完全研究清楚。但是，加涅认为，为了有效地学习，应适当地安排条件，如同时呈现不同的刺激来代替相似刺激，由于相互间的干扰减少，就可以间接地影响信息的保持。

第五，回忆阶段。这就是信息的检索阶段，在此阶段，为使所学的知识能以一种作业的形式表现出来，线索是必不可少的，因而加涅主张教学可以采取提供线索以引起记忆恢复的形式，或者采取控制记忆恢复过程的形式，以保证学生可以找到适当的恢复策略来加以运用。另外，加涅认为教学还可以采用"有间隔的复习"等方式，使信息恢复有发生的机会。

第六，概括阶段。在此阶段，教师提供情境，使学生以新颖的方式将学到的知识和技能迁移，并提供线索，应用于以前不曾经历的情境中。

第七，作业阶段。在此阶段，教学的大部分是提供应用知识的机会，使学生显示出学习的效果，并为下阶段的反馈做好准备。

第八，反馈阶段。在此阶段，学生关心的是他的作业达到或接近其预期标准的程度。如果学生能够得到完成预期证实的反馈信息，对强化学习过程将会产生很大的影响。

2. 科勒的完形—顿悟说

格式塔学派心理学家科勒曾在1913～1917年间，对黑猩猩的问题解决行为进行了一系列的实验研究，从而提出了与当时盛行的桑代克的试误学说相对立的完形—顿悟说。科勒指出："真正的解决行为，通常采取畅快、一下子解决的过程，具有与前面发生的行为截然不同而突然出现的特征。"这就是所谓的顿悟，而顿悟学习的实质是在主体内部构建一种心理完形。

3. 布鲁纳的认知结构学习理论

布鲁纳的主要教育心理学理论集中体现在1960年出版的《教育过程》一书中。对于布鲁纳在教育心理学方面做出的卓越成就，美国一本杂志曾这样评价：他也许是自杜威以来第一个能够对学者和教育家谈论智育的人。这足以看出布鲁纳在学术界的崇高威望。

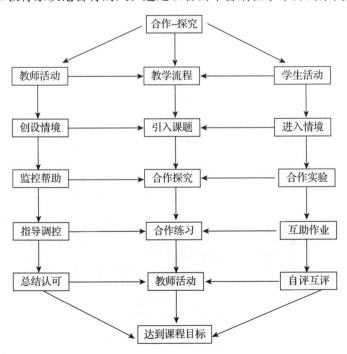

布鲁纳主要研究有机体在知觉与思维方面的认知学习，他把认知结构称为有机体感知和概括外部世界的一般方式。布鲁纳始终认为，学校教育与实验室研究猫、狗、小鼠受刺激后做出的行为反应是截然不同的两回事，他强调学校教学的主要任务就是主动地把学习者旧的认知结构置换成新的，促成个体用新的认知方式来感知周围世界。

布鲁纳之所以强调在教学中要重视学生的发现学习，原因在于他通过比较研究发现学习和接受学习，得出发现学习有以下几个比较明显的优点。

第一，发现学习不仅强调对学习结果的存储，而且它还重视学生在学习中以有意义的方式组织知识，因而学生对知识掌握的牢固程度要高。

第二，发现学习强调学生内部学习动机的激发，要求学生在教师所提供的教学信息面前，自己探索解决问题的模型，所以发现学习更容易激发学生的智慧潜能。

第三，发现学习强调培养学生的直觉思维能力，注重在学习的过程中让学生运用假设去推测关系，应用自己的能力去解决问题或发现新事物，因而发现学习在一定程度上可以有效提升学生发现问题、解决问题的能力。

第四，在发现学习的过程中，教师与学生处于合作状态，此时的学生就不再是静坐的听众或观众了，他们主动合作，投入教与学的互动中，在不断地探究中获得新的信息，从而大大提高学生学习的主动性。

4. 奥苏伯尔的认知同化理论

奥苏伯尔是美国的认知心理学家，他对教育心理学的杰出贡献集中体现在他对有意义学习理论的表述中。他在批判行为主义简单地将动物心理等同于人类心理的基础上，创造性地吸收了皮亚杰、布鲁纳等同时代心理学家的认知同化理论思想，提出了著名的有意义学习、先行组织者等，并将学习论与教学论两者有机地统一起来。

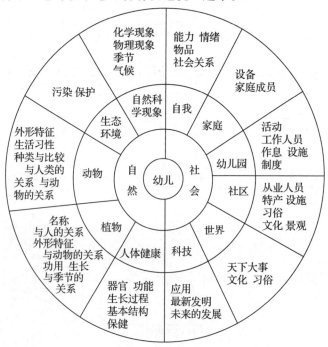

（1）有意义学习。奥苏伯尔学习理论的核心是有意义学习。他指出："有意义学习过程的实质就是符号所代表的新知识与学习者认知结构中已有的适当观念建立起非人为的和实质性的联系。"

（2）知识的同化。奥苏伯尔学习理论的基础是同化。他认为学习者学习新知识的过程实际上是新旧材料之间相互作用的过程，学习者必须积极寻找存在于自身原有知识结构中的能够同化新知识的停靠点，这里的同化主要指学习者把新知识纳入已有的图式中去，从而引起图式量的变化的活动。

三、人本主义学习理论

人本主义学习理论是 20 世纪 50 年代末 60 年代初在美国出现的一种重要的教育思潮，主要的代表人物有马斯洛、罗杰斯、凯利等。这些心理学家反对把对白鼠、鸽子、猫和猴子的研究结果应用于人类学习，主张采用个案研究方法。人本主义心理学的主要观点是：

(1) 心理学研究的对象是"健康的人"。
(2) 生长与发展是人的本能。
(3) 人具有主动地、创造性地做出选择的权利。
(4) 人的本性中，情感体验是非常重要的内容。

人性本质是善的，人生而具有善根，只要后天环境适当，就会自然地成长；人所表现的任何行为不是由外在刺激引起或决定的，而是发自内在、出于自己的情感与意愿所做出的自主性与综合性的选择；人的学习是个人潜能的充分发展，是人格的发展。马斯洛指出，学习的本质是发展人的潜能，尤其是成为一个真正人的潜能；学习要在满足人最基本的需要的基础上，强调学习者自我实现需要的发展；人的社会化过程与个性化过程是完全统一的。

第二节 | 学习的动机

◈ 心灵箴言 ◈

人不光是靠他生来就拥有一切，而是靠他从学习中所得到的一切来造就自己。
——歌德
正确的道路是这样：吸取你的前辈所做的一切，然后再往前走。
——列夫·托尔斯泰

心理学认为，动机是驱使人们活动的一种动因或力量，它包括个人的意图、愿望、心理的冲动或企图达到的目标等；学习动机是直接推动人学习的一种内部动因或力量，是人类行为动机体系中的重要组成部分，它表现为学习的意向、兴趣和情感。

一、学习动机的基本概念

动机对个体的行为和活动有引发、指引、激励的功能。它涉及三个方面的问题：引发行为的起因是什么？使行为指向某一目的的原因是什么？维持这一行为的原因是什么？在许多有关动机的文献中，心理学家们往往用"动机作用"这一术语来描述个体释放能量和冲动，指引行为朝向某一目标，并将这一行为维持一段时间的种种内部状态和过程。

学习动机是指引发与维持学生的学习行为，并使之指向一定学业目标的一种动力倾向。它包含学习需要和学习期待两个成分，根据不同标准可以划分为不同类别。不同的心理学家从不同角度对学习动机进行了阐释，主要包括强化理论、归因理论、需要层次理论、成就动机理论、自我价值理论、自我效能感理论等。激发和培养学习动机的策略主要有采用启发式教学、控制动机水平、给予恰当评定、维护学习动机、正确处理竞争与合作等。学习动机是直接推动学生进行学习的一种内部动力，是激励和指引学生进行学习的一种需要。

二、学习动机的分类

根据学习动机的动力来源，可以分为内部学习动机和外部学习动机。

内部动机又称内部动机作用，是指由个体内在的需要引起的动机。学习动机由三种内驱力所驱动：附属内驱力、认知内驱力及自我提高内驱力。附属内驱力是一个人为了得到别人的赞许和认可而表现出来的把工作做好的一种需要，是一种要求被了解的需要。认知内驱力要求掌握知识和系统地阐述问题并解决问题的需要。自我提高内驱力是指个体对因自己胜任能力或工作能力而赢得相应地位的需要。

外部动机又称外部动机作用，是指个体由外部诱因所引起的动机。例如，某些学生为了得到教师或父母的奖励或避免受到教师或父母的惩罚而努力学习，他们从事学习活动的动机不在于学习任务本身，而是在学习活动之外。

研究表明，内部动机可以促使学生有效地进行学校中的学习活动，具有内部动机的学生渴望获得有关的知识经验，具有自主性、自发性。具有外部动机的学生的学习具有诱发性、被动性，他们对学习内容本身的兴趣较低。

当然，内部学习动机和外部学习动机的划分不是绝对的。由于学习动机是推动人从事学习活动的内部心理动力，因此任何外界的要求、外在的力量都必须转化为个体内在的需要，才能成为学习的推动力。

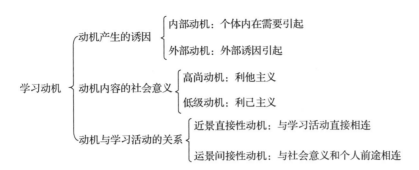

三、记忆与遗忘

记忆是过去的经验在头脑中的反映。所谓过去的经验是指过去对事物的感知，对问题的思考，对某个事件引起的情绪体验，以及进行过的动作操作。这些经验都可以以映像的形式储存在大脑中，在一定的条件下，这种映象又可以从大脑中提取出来，这个过程就是记忆。

艾宾浩斯的遗忘曲线表明了遗忘发展的规律：遗忘进程不是均衡的，不是固定的。在记忆的最初阶段，遗忘速度很快，后来就逐渐减慢，相当长一段时间后，就不再遗忘了。也就是说，遗忘遵循"先快后慢"的原则。艾宾浩斯也通过实验告诉我们，凡是理解了的知识，就能记得迅速、牢固，死记硬背是费力不讨好的，学习要勤于复习，而且记忆的理解效果越好，遗忘的速度也就越慢。

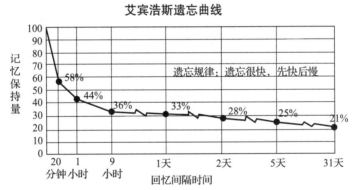

● 一天后，如不复习，只剩下原来记忆内容的34%
● 随着时间的推移，遗忘的速度减慢，过了相当长时间后，几乎不忘

时间间隔	记忆量
刚刚记忆完毕	100%
20 分钟后	58.2%
1 个小时后	44.2%
8~9 个小时后	35.8%
1 天后	33.7%
2 天后	27.8%
6 天后	25.4%
1 个月后	21.1%

四、发掘潜能

科学家发现,人类贮存在脑内的能量大得惊人。人脑的结构特点决定了它的信息储存密度非常大。即使一个人用其一生的时间和所有的精力学习,大脑也永远装不满。

认识自我的潜能。人的大脑潜能十分巨大,犹如一座有待开发的金矿,蕴藏丰富,价值连城。科学家发现,人平常只发挥了极少的大脑功能。人的左、右脑有较大差异,左脑负担语言、数字、推理、逻辑等功能,而右脑具有创造性思维、形象思维等功能。平时我们几乎每时每刻都在用左脑,而右脑却被忽视。因此通过学习,我们要将右脑开发出来,尤其是创造性的激发。

人的特长往往是人某个方面潜能的体现,特长只是潜能表现出来的冰山一角。浮出水面的部分属于已开发的能力,约占全部智能的5%,而95%潜藏在水底的智能属于潜能。

● 课 外 读 物 ●

拆掉思维的墙

科学思维是人的特有能力。思维具有广阔性、深刻性、独立性、灵活性、敏捷性、批判性等特点。心理学家曾将思维方式分成三种形式。一是实践思维或动作思维形式,即以直观的、具体的形式确定解决问题的任务,用实践行动解决问题,发明创造者运用的就是实践思维形式。二是理论思维形式,即运用抽象概念和理论知识达到解决问题的目的,如思想家、理论科学家惯于运用这种思维形式。三是形象思维形式,即运用已有的直观形象去解决问题,艺术家正是利用这种形式来创作的。

这三种思维形式又常常被交互使用,有机地融合在一起。因此,青年朋友需要锻炼这几种思维的能力,并力求有所侧重。这样,才有利于解决工作中的问题,并逐步进入较高层次的创造。

思维在认识世界的过程中起着重要作用,在改造世界的进程中更有不容忽视的作用。思维是科学艺术创造之母。思维的结晶——"金点子"——能救活一个企业,振兴一个国家。它是塑造大千世界的神奇刻刀,是改天换地的伟大杠杆。

世界上的一切革新、发明、创意、主张,都是思维的产物。科学的思考,创造了五彩斑斓的世界,推进了文明的演进。

俄罗斯文学家高尔基鼓励人们认真思考,让思想自由腾飞。他深情地讴歌"思想的力量",指出:"这思想时而迅如闪电,时而静若寒剑""思想是人的自由的女友,她到处用锐利的目光观察一切，并毫不容情地阐明一切""思想把动物造就成人，创造了神灵，创造了哲学体系以及揭示世界之谜的钥匙——科学。"

唯有思考，才能开发出智慧的潜能，才能撞开才智的大门。光会积累知识，即使皓首穷经，也难有多大作为。而思维能力强的人，却能再造知识，开发智能，将知识转化为现实的生产力。

第三节　学习的困惑与调适

> ◉ 心灵箴言 ◉
>
> 书虫将自己裹在言辞之网中，只能看见别人思想反映出来的事物的朦胧影像。
> ——哈兹里特
>
> 求学的三个条件是：多观察、多吃苦、多研究。
>
> 爱读书是一种十全十美的享受；别的享受都有尽头，而读书给人的享受却是长久的。

由于身心的全面发展和成熟，学生个体之间的差异日益明显，在学习方面也会反映出来。职校学生在学习中通常有很多困惑，导致学习效率不高。

一、学习中的困惑

1. 学习动力不足

（1）无明确的学习目标和学习计划。既无长期目标，也无近期目标，对自己在校期间以及每学年、每学期究竟要学什么，怎么学，达到什么要求等问题很少考虑。怀疑自己是否需要学习，或者怀疑学习某些知识是否必要。

（2）无成就感，无抱负和理想，无求知欲和上进心。不仅对学校制定的各种奖励措施没有兴趣，而且对各种惩罚措施没有压力和紧迫感，缺乏适宜的学习方法。学习动力缺乏的学生由于对学习总体上是一种消极的态度，所以也不可能努力地去摸索出一套适合自己的学习方法，没有学习热情，把学习看成是苦差事。

（3）兴趣的中心不在学习上，对学习消极应付。具有这种表现的学生大部分是学业不良者。他们不但觉得学习没有必要，厌倦学习、逃避学习，而且认为学习简直就是活受罪，是苦差事，因此上课不听讲，不做笔记，课后不复习，抄袭作业。所以在学校里他们感兴趣的事情大都是与学习无关的奇闻轶事、影视明星、青春偶像、歌坛新秀、玩游戏机、去影视厅、打架斗殴，违反纪律、迟到、旷课、早退，甚至蜕变为品德不良者。如此恶性循环，对学生的学习产生十分不良的影响。

2. 习得性无助

美国心理学家塞利格曼，在 1967 年研究动物时发现，他起初把狗放在笼子里，只要风音器一响，就给狗施加电击，狗无法逃避电击，于是在笼子里狂奔惊恐哀号。久而久之，风音器一响，狗就趴在地上，惊恐万分。随后，让狗学习回避电击，却发现狗干脆趴在地板上，甘心接受电击，打开狗笼，狗不做任何回应。塞利格曼称之为"习得性无助"。人通常表现为：消极地面对生活，经常没有意志力去战胜困难，而且相当依赖别人的意见和帮助；动机降低，对什么都不感兴趣；认知障碍，形成消极的思维定式，本应该学会的东西却难以学会；情绪失调，最初表现为烦躁，后来则发展成悲观冷漠、颓废抑郁。

"习得性无助"的原因有两个。一是学业不良状态的长期持续。学生长期学业不良，导致了非智力品质的弱化。初中时，一部分学生曾经努力过，但无论怎么努力，依旧常常失败，很少甚至没有体验过成功的喜悦。一次次的失败促使他们对此做出了不正确的归因判断。也有一部分同学，自己认为还可以，但是从没有得到老师、家长的表扬，被长期忽视，便失去了自尊心，变得自卑起来。二是认为造成学习不好或者心理问题的是自己的原因，是内在的、稳定的、不可控制的，就容易感到内疚、沮丧和自卑，认为无论自己多努力都不能改变现状。如考试不及格就觉得自己太笨，学不好也学不会；恋爱受伤就觉得自己不够好，不值得被爱等。

3. 学习方法不科学

（1）不会科学利用时间。时间对每个人都是公平的，但是有的学生能在有限的时间内把学习安排得非常从容，而有的学生忙来忙去却忙不到点子上，到考试的时候手忙脚乱，这是不会科学利用时间的结果。

（2）不会科学用脑。死记硬背且不假思索的重复，不会科学用脑，不把握记忆的规律，死用功却效果不明显，使许多学生很沮丧，成绩也没有显著提高。

（3）不能形成知识结构。知识结构是知识体系在学生头脑中的内化的反映，也就是知识经过学生输入、加工、储存过程而在头脑中形成的有序的组织状态。构建一定的知识结构在学习中是很重要的，如果没有合理的知识结构，再多的知识也只能是一盘散沙，无法发挥出它们应有的功效。

二、提高学习效率的方法

难道学习真那么难吗？我真不是学习的料吗？勤劳和方法好比两条腿，两条腿走路才会走得稳当，走得长远。否则，只有勤劳，没有方法，付出的辛苦比别人多，但走的路程却比别人少。针对以上学习困惑,我们要从以下几个方面进行调适,找到最适合自己的方法,提高学习效率。

1. 确立目标,制订学习计划,合理安排时间

卡耐基曾对世界上一万个不同种族、年龄与性别的人进行过一次关于人生目标的调查。他发现,只有3%的人能够明确理想目标,并知道怎样把目标落实,另有97%的人要么没有目标,要么目标不明确,要么不知道怎样去实现目标。10年后,他对上述对象再一次调查,结果令人非常吃惊:5%的人因各种原因找不到了,95%的人还在。属于原来97%范围的人,除了年龄增长10岁以外,在生活、工作、个人成就上几乎没有太大的起色,而原来的3%,却在各自的领域里取得了很大的成功,他们10年前提出的目标,都不同程度地得以实现,并继续朝着原定的人生目标走下去。因此,每一个理想都要以现实为前提,也就是说理想是建立在一些实际存在或已经存在的情形的基础之上的,而且一个理想绝非固定不变的,必须不断地探索。所以,只有确立切实可行的目标,并脚踏实地地追逐理想,才能最终走向成功。

2. 劳逸结合,勤奋用在刀刃上

关于勤奋,一定要知道,再努力也要给自己充足的休息时间,疲劳战术会让你得不偿失。休息和娱乐对任何人来说都是必不可少的,可以说没有休息,学习根本就无从谈起。科学研究表明,一个人的注意力、精力能够集中的时间是有限度的,尤其是在从事脑力劳动的时候,大脑的耗氧量和身体的承受能力更是有限,一旦超出这个限度,大脑和身体就会处于疲惫状态。在疲惫状态下,学习就会很吃力,效率非常低。因此学习的时候,劳逸结合才能取得最好的效果。

3. 重视学习环节,提高学习效率

优秀的学生有很多共同的特点,会听讲便是其中突出的一点。他们明白听讲的重要性,他们善于思考,能高效地利用好课堂学习的时间,真正成为课堂的主人。

第一,复习预习是基础。

每堂课前做好上课的准备,有利于快速进入听课状态。这里的准备既包括学习物品的准备,更包括知识上的准备。利用课前几分钟,对前面学过的内容做简单的回顾,对老师将要讲的内容进行预习和预测,同时对疑点、难点做一下标记,这就为上课专注听讲打下了基础。

第二,专心致志是关键。

要想注意力保持高度集中,就必须做到以下几点:课堂上要保持端正的坐姿,目光集中到老师和黑板上,对老师提出的问题

要积极思考和发言,记好笔记,敢于大胆质疑,积极动口、动手、动脑,这样就能化被动为主动,让学习保持最佳状态。

第三,适应老师,讲究实效。

每个老师有各自的风格,有的老师讲课语速很快,有的老师讲课慢条斯理,有的老师喜欢课堂上气氛活跃,有的老师喜欢让课堂保持安静……这就需要学生积极适应老师的不同风格。

4. 思维导图的运用

思维导图又叫心智图,是表达发散性思维的有效的图形思维工具,它虽简单却极其有效,是一种革命性的思维工具。思维导图是应用于记忆、学习、思考等的思维"地图",有利于人脑扩散思维的展开。其发明者东尼·博赞被誉为"大脑先生"。

思维导图运用图文并茂的技巧,把各个主题的关系用相互隶属与相关的层级图表现出来,把关键词与图像、颜色等连接起来。思维导图充分运用左右脑的机能,利用记忆、阅读、思维的规律,协助人们在科学与艺术、逻辑与想象之间平衡发展,从而开启人类大脑的无限潜能。

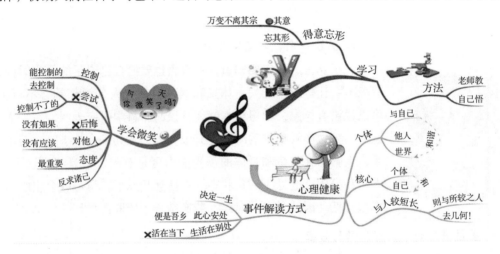

思维导图的制作步骤:

第一,从中心开始,让你的大脑思维能够向任意方向发散出去,自由地表达自己。

第二,用一副图像或图画表达你的中心思想。它可以让你充分发挥想象力,这幅图画越有趣,就越能使你集中注意力,让你的大脑更加兴奋。

第三,绘画时尽可能使用多种颜色,这样可以让你的大脑保持兴奋,为你的思维导图增添生命力,为你的创造性思维增添能量。

第四,连接中心图像和主要分支,然后再连接主要分支和二级分支,以此类推。这就像一棵大树,树权从主干中生出,向四面八方发散。所以把它们连接起来很重要。

第五,用美丽的曲线连接,不要使用直线连接。因为你的大脑对无数直线会感到厌烦,曲线更贴近自然,具有更多美的因素。

第六,每条曲线上注明一个关键词。思维导图更多强调图像与文字融为一体,每一个关键词会使你的思维导图更加醒目,每一个词都是自由的,这有利于创意的产生。

课堂是求知的天地,学生是课堂的主人,只有善于驾驭课堂学习时间的人,才能获得求知的满足、精神的愉悦、长足的进步。

● 课外读物 ●

突破直线思维

一提到能力或创造力的提升,我们的脑海中就会浮现某种技巧。但技巧如果没有被透彻了解、掌握,是不可能发挥作用的,想要成功也是很难的。成功是靠行动去实现的,没有可操作性的知识或技术,不具任何意义。

启发创造力的理论技巧都毫无例外地围绕"如何发现一个新的观点",并针对此主题加以发挥。这些理论教我们以一种新的视野去面对事物。

当我们接触到这种理论时,我们多半会以为真的很有道理,并且被深深吸引,以为自己懂了很多。但为什么我们习得的技巧,一旦放到现实生活中,就失去它的神奇力量了呢?是因为直线式思维阻碍了你的创造力与灵感!

过去我们所受的教育,都使我们习惯于"直线式思维"。这种思维方式,在不知不觉间束缚了我们。

直线式思维是与创造性思维最无缘的,因为前者会束缚我们天马行空的灵感,使我们的思考受拘泥、被定型、受局限。对于一件事,我们应该有各个角度的不同看法。然而固有的知识将我们的观察角度局限在一点上,无法得出其他的看法与观点。

那么如何打破这种思维模式,发现新事物呢?要想发现任何新的事物,首先必须学会"观察"。经由全面性的观察,可使事物逐渐清晰、明朗。但此时观察所用的工具,必须以非直线化的工具为前提。

第四节 学习与创新性思维

● 心灵箴言 ●

既然像螃蟹这样的东西,人们都很爱吃,那么蜘蛛也一定有人吃过,只不过后来知道不好吃才不吃了,但是第一个吃螃蟹的人一定是个勇士。

——鲁迅

以空前未有的热情,焕发青春的创新功能,激发人独特的创新精神,使民族的国家的创新智慧来一个总发动!使个体的群体的创新潜能来一个大爆发!

一、创新性思维的基本概念

创新性思维是指打破固有的思维模式,从新的角度,用新的方式去思考,得出具有创造性结论的思维模式。创新性思维是一种具有开创意义的思维活动,即开拓人类认识新领域、开创人类认识新成果的思维活动。创新性思维是以感知、记忆、思考、联想、理解等能力为基础,以综合性、探索性和求新性为特征的高级心理活动,需要人们付出艰苦的脑力劳动。一项创新性思维成果往往要经过长期的探索、刻苦的钻研,甚至多次的挫折方能取得,而创新性思维能力也要经过长期的知识积累、素质磨砺才能具备,至于创新性思维的过程,则离不开众多的推理、想象、联想、直觉等思维活动。

二、创新性思维的特点

创新性思维具有新颖性,它贵在创新,或者在思路的选择上,或者在思考的技巧上,或者在思维的结论上,具有独到之处,在前人、常人总结的基础上有新的见解、新的发现、新的突破,从而具有一定程度的首创性、开拓性。创新性思维具有艺术性和非拟化的特点,它的对象多属"自在之物",而不是"为我之物",创新性思维的结果存在着两种可能性。

创新性思维具有极强的灵活性。它无现成的思维方法、程序可循,让人可以自由地、天马行空地发挥想象力。

创新性思维具有十分重要的作用和意义。首先,创新性思维可以不断增加人类知识的总量;其次,创新性思维可以不断提高人类的认识能力;再次,创新性思维可以为实践活动开辟新的局面。此外,创新性思维的成功,又可以激励人们去进一步进行创新性思维。正如我国著名数学家华罗庚所说:"人之可贵在于能创造性地思维。"

创新性思维是人类的高级心理活动,是政治家、教育家、科学家、艺术家等各领域出类拔萃的人才所必须具备的基本素质。心理学认为,创新性思维是指思维不仅能提示客观事物的本质及内在联系,而且能在此基础上产生新颖的、具有社会价值的前所未有的思维成果。

创新性思维是在一般思维的基础上发展起来的,它是后天培养与训练的结果。卓别林为此说过一句耐人寻味的话:"和拉提琴或弹钢琴相似,思考也是需要每天练习的。"因此,我们可以运用心理上的"自我调解",有意识地从以下几个方面培养自己的创新性思维。

1. 展开"幻想"的翅膀

心理学家认为,人脑有四个功能部位:第一是以外部世界接受感觉的感受区;第二是将这些感觉收集整理起来的贮存区;第三是评价收到的新信息的判断区;第四是按新的方式将旧信息结合起来的想象区。

只善于运用贮存区和判断区的功能,而不善于运用想象区功能的人就不善于创新。据心理学家研究，一般人只用了想象区的15%，其余的还处于"冬眠"状态，开垦这块处女地就要从培养幻想入手。

想象力是人类运用储存在大脑中的信息进行综合分析、推断和设想的思维能力。在思维过程中，如果没有想象的参与，思考就难以发生，特别是由思维调节的创造想象。

爱因斯坦的"狭义相对论"就是从他幼时幻想人跟着光线跑，并能努力赶上它开始的。世界上第一架飞机，就是从人们幻想造出飞鸟的翅膀而开始的。幻想不仅能引导我们发现新的事物，而且还能激发我们去努力、探索，去进行创造性劳动。

青年人爱幻想，要珍惜自己的这一宝贵财富。幻想是构成创造性想象的准备阶段，今天你还在幻想的事物，明天就可能出现在你创造性的构思中。

2. 培养发散思维

所谓发散思维，是指倘若一个问题可能有多种答案，那就以这个问题为中心，使思考的方向向外散发，找出的适当答案越多越好，而不是只找一个正确的答案。人在这种思维方式中，可在各种适当的答案中充分体现出思维的创造性成分。1979年诺贝尔物理学奖获得者、美国科学家格拉肖说："涉猎多方面的学问可以开阔思路……对世界或人类社会的事物形象掌握得越多，越有助于抽象思维。"比如思考"砖头有多少种用途"，可以有以下各式各样的答案：造房子、砌院墙、铺路、用作锤子、压纸头、代尺画线、垫东西、搏斗的武器，等等。

3. 发展直觉思维

直觉思维在学习过程中，有时表现为提出奇怪的问题，有时表现为大胆的猜想，有时表现为一种应急性的回答，有时表现为解决一个问题，设想出多种新奇的方法、方案，等等。为了培养我们的创新性思维，当这些想象纷至沓来的时候，可千万别怠慢了它们。青年人感觉敏锐，记忆力好，想象极其活跃，在学习和工作中，在发现和解决问题时，可能会出现突如其来的新想法、新观念，要及时捕捉这种创新性思维的产物，要善于发展自己的直觉思维。

4. 培养思维的流畅性、灵活性和独创性

流畅性、灵活性、独创性是创造力的三个因素。流畅性是培养针对刺激能很流畅地做出反应的能力；灵活性是培养随机应变的能力；独创性是指对刺激做出不寻常的反应，具有新奇的成分。这三个因素是建立在广泛的知识基础之上的。20世纪60年代美国心理学家曾采用所谓急骤的联想或暴风雨式的联想的方法来训练学生们思维的流畅性。训练时，要求学生像夏天的暴风雨一样，迅速地抛出一些观念，不容迟疑，也不要强调质量的好坏或数量的多少，结束后进行评价。速度越快，表示越流畅；讲得越

多,表示流畅性越高。这种自由联想与迅速反应的训练,对于思维,无论是质量,还是流畅性,都有很大的帮助,可促进创造思维的发展。

5. 培养强烈的求知欲

古希腊哲学家柏拉图和亚里士多德都说过,哲学的起源乃是人类对自然界和人类自己所有存在的惊奇。他们认为,积极的创新性思维,往往是在人们感到"惊奇"时,在情感上燃烧起对这个问题追根究底的强烈的探索兴趣时开始的。因此,想要激发自己创造性学习的欲望,首先就必须使自己具有强烈的求知欲。而人的欲求感总是在需要的基础上产生的。没有精神上的需要,就没有求知欲。要有意识地为自己出难题,或者去"啃"前人遗留下的不解之谜,激发自己的求知欲。青年人的求知欲最强,然而,若不加以有意识地转移到发展智力、追求科学上去,就会自然萎缩。求知欲会促使人去探索科学,去进行创新性思维,而只有在探索过程中,才会不断地激起好奇心和求知欲,使之不枯不竭,永为活水。只有当学习的心理状态总处于"跃跃欲试"阶段的时候,人们才能使自己的学习过程变成一个积极主动"上下求索"的过程。这样的学习,不仅能获得知识和技能,而且还能进一步探索未知的新境界,发现未掌握的新知识,甚至创造前所未有的新见解、新事物。

6. 增强观察能力

要善于从高处着眼,看一看你的学习计划、方针、指导思想是否对路;要善于从低处观察,看一看你的学习是否符合实际;要善于在过程中追踪,看一看工作过渡、衔接等是否畅通高效,措施能否有效落实兑现。这样一来,问题就不难被发现。

要做到创新思维,还要掌握正确的方法,加强训练。首先加强学习,注意训练。在当今社会,无论你从事什么工作,学习已成为人的第一需要,不学习、不进步,就面临被社会淘汰的危险。同时,在学习的基础上,注意加强思维方面的训练,开发自己的智力。平时,在工作当中遇到问题,要养成经常问自己"到底应该怎么办"的习惯,从而给自己的思维施加压力,使思维保持灵活状态,一旦注入要素,就能确保正常运转。在我们的学习和工作当中,或多或少都存在问题。有问题不要紧,关键是要善于发现问题,及时认识不足。只有发现问题,才能解决问题,才能为创新思维提供素材,创造"入口"。其次,自己在学习时要经常系统思考。系统思考是指从全局性、层次性、动态性、互动性等方面综合考虑问题的一种方法,系统思考将引导人们产生一种新的思路,使人们从复杂细节中抓住主要矛盾,找到解决问题的方法。再次,借鉴比较,寻找启发。唯物辩证法认为,世界是普遍联系的,没有孤立存在着的事物。我们要善于从此事物联系到彼事物,在历史和现实之间移位,在时间和空间上转换,在物与物之间寻找桥梁,在事与事之间搜寻纽带。找到了联系,认识了共性,就要勇于付诸实践。

7. 创新思维从想象力开始

想象是人脑对记忆中的表象进行改造并创造新形象的过程。爱因斯坦能够在头脑中做相对论实验,这是想象力;迪士尼的动画设计师在头脑中构思出栩栩如生的动画形象,这也是想象力;《哈利·波特》的作者在动笔写小说前要在头脑中虚构并未发生的故事情节,毫无疑问这也是想象力。爱因斯坦曾说过想象力比知识更重要,因为知识是有限的,想象力概括着世界的一切。

中国计算机品牌"联想"在刚刚推向市场时,设计了一则令人叫绝的广告语——人类失去联想,世界将会怎样?广告的创意确实高超,它启迪人们在对联想的品位中深深地记住了这个品牌。想象力如此重要而且必要,还能带来这么多的好处,我们当然要培养这种能力。那么该怎样培养呢?

(1)模仿往往是培养想象力的第一步。正如临摹字帖,天长日久就可以写一副好字,模仿是一种再造想象。

(2)积累丰富的知识和生活经验。发展想象力的基础是丰富的知识和经验,没有知识和经验的想象只能是毫无根据的空想,或者是漫无边际的胡思乱想。生活经验的多寡,直接影响到想象的深度和广度。

(3)培养发现问题、提出问题的优良品质。巴尔扎克曾说过:"打开一切科学的钥匙都毫无异议地是'问号',我们大部分的伟大发现应该都归功于'如何',而生活的智慧大概就在于逢事都要问个为什么。"

(4)参加创造活动。创造活动特别需要想象,想象也离不开创造活动,因此,积极参加各种创造活动,是培养想象,特别是创造想象最有效的途径之一。

(5)创新思维作为一种思维方式,从根本上说,还停留在认识的层面。如果没有实践,有再好的思维也只是空中楼阁。只有把创新思维与创新实践紧密结合起来,才能不断地把学习推向一个新层次、新水平。

◉ 课外读物 ◉

借用想象的力量进行创造

想象就是人脑对已有表象进行加工改造并创造新形象的过程。

如果你渴望获得某个事物,那么请你首先想象一下获得它之后的感受,这是你吸引它的唯一途径。然后,你要让自己相信,你一定能拥有这一切,你也值得拥有这一切。最后,你要时刻专注于上述积极的想法和感受。

福特汽车公司建立者亨利·福特有一句名言:"无论你觉得你行不行,你都是对的。"一个人想什么,他就会做什么,最后他就会得到什么。

只要相信有些事情是可能的，那么不可能也会变成可能。过去的伟大发明都是那些最有信心的人开创出来的，他们的信念强烈地刺激着他们的行动和思想。

心理学家指出，如果你想要完成一件事情，你必须首先在内心认识这个事物，然后才能着手去完成它。当你在内心里"看到"一个事物时，你的内在"创造性机制"就会自动把任务承担起来，其完成这项工作的成效要远远胜过你有意识的努力。因此，在做一件事情时，不要过分地用有意识的努力或钢铁般的意志力去施加影响，也不要过分担心，怀疑自己所做的一切的正确性。应当放松神经，在心里想着你真正要达到的目标，然后让你的创造性成功机制来承担任务。这样，最终将迫使你运用"积极思维"。但是你并不能因为心里想着"干这件事"而不去努力或停止工作，你的努力要用来驱使你向目标迈进，而不是纠缠在无谓的心理冲突之中。

如果我们正想象自己以某种方式行事，那么实际上你也几乎就是那样做的，因为心理图像可以为我们提供一个实践的机会，让我们的行为日趋完善。

日常生活中，我们常常对别人说："祝你心想事成！"可是你知道吗？"心想事成"是有科学依据的。为什么"心想事成"会实现呢？这是由于神经系统无法区分实际的经验和经生动想象得出的经验，因而心理的图像便给我们提供了一个实践机会，我们可以通过想象把新的方法"付诸实践"。明白了"心想事成"的道理，人们在生活中就会懂得运用心理图像来将自己的想法"付诸实践"。

既然心理图像有如此神奇的功效，那么，我们应如何练习呢？

每天抽出30分钟的时间。独自一人，排除干扰，尽量放松。使自己感到舒适。然后闭上眼睛，开始想象。

需要记住的是，在这30分钟内，你要看到自己的行动和反应是适当的、成功的和理想的。昨天的行为如何，这无关紧要，你也不必期望明天会有理想的行动，你的神经系统到时候自然会负起责任，前提是能够坚持练习下去。想象你在按照你希望的那样去行动、感受和"存在"。如果你比较羞怯，害怕在大庭广众之下表现自己，那么请你想象自己出席了一个盛大的活动，并在大众面前发表了演讲，你表现得很从容，你因此而感到很惬意。通过这种练习，在你的头脑和神经中枢系统建立起新的"记忆"或者存储数据，并建立起一个新的自我意向。在进行一段时间的练习后，你会惊奇地发现，你的行为"完全不同"了，多少有一些自主性和自发性——你毫不费力地改变了自己以前的行为，这是必然的。如果你不进行思考就做了不适当的行为，而且这些不适当的行为是自发性的，那是因为在你的自动机制里建立的记忆本身就是不适当的。自动机制不管是接受肯定的还是否定的经验，都会自动地进行工作。

如果你把自己想象成失败者，那么你就难以取得胜利；如果你把自己想象成胜利者，那么就会产生无限的成功可能性。

> **心灵测验室**

一、请你根据日常学习与生活中对待时间的方式与态度,在 A、B、C 三个选项中选择最符合你的一项。

测试题:

1. 星期天,你早晨醒来发现外面正下雨,而且天气阴沉,你会怎么办?(　　)
   A. 接着再睡　　　　B. 在床上逗留　　　　C. 按照生活规律,穿衣起床
2. 早上上课前你还有一段自由时间,你会怎样利用?(　　)
   A. 无所事事,根本没有考虑去学点什么,不知不觉时间就过去了
   B. 准备学点什么,但又不知道学什么好
   C. 按照预先订好的学习计划进行,充分利用这一段时间
3. 除每天上课外,对所学的各门课程,在课余时间里怎样安排?(　　)
   A. 没有任何学习计划,想学什么就学什么
   B. 按照自己最大的能力来安排复习、作业、预习,并紧张地学习
   C. 按照当天所学的课程和明天要学的内容制订计划,严格有序地学习
4. 你每天晚上怎么安排第二天的学习时间?(　　)
   A. 不考虑　　　　B. 心中和口头做些安排　　　　C. 书面写出第二天的学习安排
5. 我为自己拟定了"每日学习计划表",并严格执行。(　　)
   A. 很少如此　　　　B. 有时如此　　　　C. 经常如此
6. 我每天的作息时间表有一定的灵活性,以便留出一定的时间去应付预料不到的事情。(　　)
   A. 很少如此　　　　B. 有时如此　　　　C. 经常如此
7. 当你发现自己近来浪费时间比较严重时,你有何感受?(　　)
   A. 无所谓　　　　B. 感到心痛　　　　C. 应从现在起抓紧时间
8. 当你学习忙得不可开交,而又感到有点力不从心时,你怎样处理?(　　)
   A. 开始有些泄气,认为自己脑袋笨,自暴自弃
   B. 有干劲和用不完的精力,但又感到时间太少,仍拼命学习
   C. 开始分析检查自己的学习时间分配是否合理,找出合理的安排学习时间的方法,在有限的时间里提高学习效率
9. 在学习时,常常被人干扰打断,你怎么办?(　　)
   A. 听之任之　　　　B. 抱怨,但又毫无办法　　　　C. 采取措施防止外界干扰
10. 当你学习效率不高时,你怎么办?(　　)
    A. 强打精神,坚持学习
    B. 休息一下,活动活动,轻松轻松,以利再战
    C. 让学习暂时停下来,转换一下兴奋中心,待最佳的时刻,再高效率地学习
11. 阅读课外书籍,你怎样进行?(　　)

A. 无明确目的，见什么看什么，并常读出声来

　　　B. 能一边阅读一边选择自己感兴趣的内容

　　　C. 目的明确地进行阅读，运用快速阅读法，加强阅读能力

12. 你喜欢什么样的生活？（　　　）

　　　A. 按部就班，平静如水　　B. 急急忙忙　　　C. 轻松愉快，节奏明快

13. 你的手表或书房的闹钟经常处于什么状态？（　　　）

　　　A. 常常慢　　　　B. 比较准确　　　　C. 常常快

14. 你的书桌井然有序吗？（　　　）

　　　A. 很少如此　　　B. 偶尔如此　　　　C. 常常如此

15. 你经常反省自己处理时间的方法吗？（　　　）

　　　A. 很少如此　　　B. 偶尔如此　　　　C. 常常如此

【分数计算】

选 A，得 1 分；选 B，得 2 分；选 C，得 3 分。各题的得分相加算出总分。

【结果解释】

35～45 分，有很强的时间管理能力。在时间管理上，你是一个成功者，不仅时间观念强，而且还能有目的、有计划、合理地安排学习和生活时间，时间的利用率高，学习效果良好。25～34 分，较善于对时间进行自我管理，时间管理能力较强，有较强的时间观念，但是，在时间的安排和使用方法上还有待进一步提高。15～24 分，时间自我管理能力一般，在时间的安排上缺乏目的性，计划性也较差，时间观念较淡薄。14 分以下，不善于时间管理，时间观念淡薄，不能合理地安排和支配学习、生活时间，需要好好地训练，逐步掌握时间管理的技巧。

二、如果你想知道自己是左脑优势还是右脑优势，请选择最符合自己实际情况的选项，并根据后面给出的记分标准给自己打分。

1. A. 冒险非常有趣。
　　B. 我不太喜欢冒险。
2. A. 我常常尝试用新的方法来解决问题。
　　B. 我不会轻易改变一种已经很成熟的解决问题的方法。
3. A. 我不断开始新的任务，但是我很少能持之以恒地将它们完成。
　　B. 在我完成一项任务之前，我不会开始另一项任务。
4. A. 我的想象力并不丰富。
　　B. 我做任何一件事都会充分发挥我的想象力。
5. A. 我通常会仔细分析下一步会发生什么。
　　B. 我通常能感觉到接下来会发生什么。
6. A. 我试着发现解决问题的最佳途径。

B. 我试着发现解决问题的不同方法。

7. A. 在我思考的时候，脑海里闪过的大多是一幅幅画面。
   B. 在我思考的时候，脑海里出现的大多是一个个语句。

8. A. 我接受新思想比其他人快。
   B. 相对于其他人，我更爱质疑新想法。

9. A. 别人不能理解我组织活动的方式。
   B. 别人认为我有良好的组织能力。

10. A. 我有良好的自我约束力。
    B. 我通常是跟着感觉做事。

11. A. 我有详细的工作计划。
    B. 我没有详细的工作计划。

12. A. 在很难做出抉择的时候，我选择我知道是正确的答案。
    B. 在很难做出抉择的时候，我选择我感觉正确的答案。

13. A. 我先处理简单的事情，后处理重要的事情。
    B. 我先处理重要的事情，后处理简单的事情。

14. A. 有时在一个新环境里，我有很多想法。
    B. 有时在一个新环境里，我的想法不多。

15. A. 我的生活丰富多彩且充满变化。
    B. 我的生活井然有序且有计划。

16. A. 我知道我是对的，因为我有正确的理由。
    B. 即使给不出正确的理由，我也知道我是对的。

17. A. 我做事情很有条理，能平均分配时间。
    B. 不到火烧眉毛时，我不会开始处理事情。

18. A. 我的物品都摆放在固定的位置。
    B. 我的物品到处乱放。

19. A. 我能做出自己的计划。
    B. 我能服从别人的计划。

20. A. 我是一个非常随意和灵活的人。
    B. 我是一个比较呆板和言行一致的人。

21. A. 我希望用我自己的方式完成新任务。
    B. 我希望别人告诉我完成新任务的最好方法。

【记分标准】

回答1，2，3，7，8，9，13，14，15，19，20，21题时，选A，每题得1分。

回答4，5，6，10，11，12，16，17，18题时，选B，每题得1分。所有分数相加。

0~4分：强烈的左脑优势

5~8 分：中度的左脑优势

9~13 分：中间型

14~16 分：中度的右脑优势

17~21 分：强烈的右脑优势

心灵拓展营

静听音乐

活动目的：让学生体验静心，学习集中注意力，感受放松和冥想。

活动场所：活动教室

活动材料：1. 教室内只留下椅子，椅子围成内外两圈，呈同心圆形状。

2. PPT 或音乐光盘。

活动步骤：（1）分两组，围成同心圆，坐成内外两圈，内外两圈同学面对面做好（男对男，女对女），聆听音乐（音乐可选用《天籁之声》），跟随老师的指导语进行放松冥想训练："轻轻闭上眼睛，做 3 个腹式呼吸，从头到脚放松。想象着春天来了，太阳暖暖地照在身上，鸟语花香，浑身都放松了，身上的每块肌肉都放松了，你觉得很舒服，你坐在绿绿的草地上，拿着一本你最喜欢的书，想到了这么多年读书学习的经历，学习了好多有用的知识，也想到了一种或者几种好的学习经验或方法对自己非常有用，这些方法都是什么呢？（此处留出时间让学生静静地思考学习方法或经验）……现在你的身体感到特别地放松，思维变得清晰，心情变得愉快，反应也敏捷了，感觉身体有了力量，请慢慢地睁开眼睛，数 1，2，3，请慢慢地呼吸，慢慢地睁开眼睛。"

（2）做 3 个腹式呼吸，再慢慢睁开眼睛，默默地注视对方，慢慢体会对方所要表达的心境。

（3）写出 1 种以上刚才在冥想放松训练中想到的学习方法或经验_____。

（4）请推选 2 名同学分享个人感受。

（5）同学发现自己哪些学习方法需要改进，请写下来_____。

注意事项：（1）内外两圈相对的同学为同性，环境要非常安静，温度适宜，灯光可调暗。

（2）引导词参考：

"现在请同学们轻轻闭上眼睛，放松，专注音乐和我的声音""周围非常安静，安静得可以听到自己的心跳。静听音乐，你能感受到些什么？""不说话不等于没有语言，语言的传达有时是无声的""聆听音乐，身体慢慢放松，慢慢睁开眼睛，注视对方，体会对方此时此刻的心情""聆听音乐，身体慢慢放松，慢慢伸出双手，轻轻拉住对方的手，体会对方此时此刻想要表达的心境""聆听音乐，身体慢慢放松，轻轻靠住对方的脊背，体会对方通过脊背所要表达的信息。"

（3）分享时采取自愿的原则，不要强迫学生。

<h3 style="text-align:center">撕纸条</h3>

请学生每人准备一张白纸，告诉大家，每个人手中的纸代表时间，假如这个时间是一天，那就是 24 小时。每个人想一想自己的一天是怎样度过的：睡觉用了多长时间？把它撕去；吃饭、看电视、玩游戏、踢足球、聊天发呆等分别用了多长时间？把它们一一撕去，引导学生一步步撕去与之相应的时间量的大小。看看还剩多少时间是用来学习的，大家比一比谁留给学习的时间最多。

心灵电影院

<h3 style="text-align:center">《美丽心灵》</h3>

内容简介：本片是一部关于 20 世纪伟大数学家小约翰·福布斯-纳什的人物传记片。主人公还是研究生时，便发表了著名的博弈理论，该理论虽只有短短 26 页，却在经济、军事等领域产生了深远的影响。但就在小约翰·福布斯-纳什蜚声国际时，他的出众直觉因为精神分裂症受到困扰，然而这并没阻止他向学术上的最高层进军的步伐，在深爱他的妻子艾丽西亚的鼓励和帮助下，他走得虽然艰缓，却始终没有停步，而最终，凭借十几年的不懈努力和顽强意志，他如愿以偿，通过挖掘潜能，实现人生价值。

第四章 情绪管理

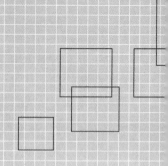

心灵启明灯

1. 理解情绪的含义
2. 理解情绪与健康的关系
3. 掌握调节情绪的方法
4. 掌握应对压力及挫折的方法

心灵故事会

爱地巴跑圈

在古老的西藏,有一个叫爱地巴的人,每次和人起争执生气的时候,就以很快的速度跑回家去,绕着自己的房子和土地跑3圈,然后坐在田边喘气。爱地巴工作非常努力,他的房子越来越大,土地也越来越广,但不管房地有多大,只要因与人争论而生气,他还是会绕着房子和土地跑3圈。爱地巴为何每次生气都绕着房子和土地跑3圈呢?所有认识他的人,都有疑惑,但是不管怎么问他,爱地巴都不愿意说明。

直到有一天,爱地巴很老了,他的房地已经很大了,他生气后,又拄着拐杖艰难地绕着房子走,等他好不容易走了3圈,太阳都下山了,爱地巴独自坐在田边喘气。他的孙子在身边恳求他:"爷爷,您已经年纪大了,这附近地区也没有人的土地比您的更大,您不能再像从前那样,一生气就绕着土地跑啊!您可不可以告诉我这个秘密,为什么您一生气就要绕着土地跑上3圈?"

爱地巴禁不住孙子的恳求,终于说出隐藏在心中多年的秘密。他说:"年轻时,我若和人吵架、争论、生气,就绕着房地跑3圈,边跑边想,我的房子这么小,土地这么小,我哪有时间、哪有资格去跟人家生气,一想到这里,气就消了,于是就把所有时间用来努力工作。"孙子继续问道:"爷爷,您上了年纪,又成了最富有的人,为什么还要绕着房地跑?"爱地巴笑着说:"我现在还是会生气,生气时绕着房地走3圈,边走边想,我的房子这么大,土地这么多,我又何必跟人计较?一想到这里,气就消了。"

【启示】劝君遇事莫生气，生气是用别人的过失来惩罚自己！

心灵百科屋

第一节 情绪的概述

——● 心灵箴言 ●——

无论你怎样地表示愤怒，都不要做出任何无法挽回的事来。

——培根

每个人体内都有人所共知的最有助于身体健康的力量，那就是良好的情绪。

——辛德勒

你读过《三国演义》吗？三国时期吴国将领、杰出的军事家周瑜，字公瑾，庐江舒县人。美姿容，精音律，多谋善断，人称周郎。但是气量狭小，诸葛亮就利用了他的这一弱点，三气周瑜，使周瑜在一声"既生瑜，何生亮"的叹息中结束了自己的生命。

著名作家哈里斯和朋友在报摊上买报纸，朋友礼貌地跟摊贩说了声"谢谢"，但摊贩冷脸相对，一言不发。哈里斯问朋友："这家伙态度很差，是不是？""他每天晚上都是这样的，"朋友说。哈里斯又问道："那你为什么还是对他那么客气？"朋友答道："为什么我要让他决定我的行为呢？"别人做错事或说话态度差，或许是他一贯的习惯，或许是他当时心情不好，但是我们没有必要因为他而弄坏自己的心情。

上面的事例说明，情绪反映着每个人在生活和学习中的心理状态。情绪波动大，常常会带来各种情绪困扰，甚至影响健康。"既生瑜，何生亮"的故事告诫我们，对情绪要正确地认识与疏导，要采用适合自己的方式方法来自我调节，学会管理情绪，驾驭情绪，调节情绪，这样才能更好地实现自我发展和人格成熟。

要能清楚自己当时的感受，认清引发情绪的缘由，再找出适当的方法缓解或表达情绪。我们可以归纳成以下三部曲：

WHAT——我现在有什么情绪？由于我们平常比较容易压抑感情或者常认为有情绪是不好的，因此常常忽略真实的感受。情绪管理的第一步就是先察觉我们的情绪，并且接纳我们的情绪。情绪没有好坏之分，只要是我们真实的感受，我们就要正视并接受它。只有当我们认清了自己的情绪，知道了自己现在的感受，才有机会掌握情绪，也才能为自己的情绪负责，而不会被情绪所左右。

WHY——我这样的情绪是怎样产生的？情绪是伴随着认知和意识过程所产生的对外界事物的态度，是对客观事物和主体需求之间关系的反应，是以个体的愿望和需要为中介的一种心理活动。情绪包含情绪体验、情绪行为、情绪唤醒和对刺激物的认知等复杂成分。

HOW——如何有效处理情绪？情绪是指个体受到某种刺激后所产生的一种身心激动状态。想想看，可以用什么方法来调节自己激动的情绪呢？冲动的情绪其实是最无力的情绪，也是最具破坏性的情绪。许多人都会在情绪冲动时做出让自己后悔不已的事情来，因此，应该采取一些积极有效的措施来控制自己冲动的情绪。

 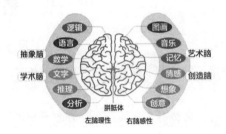

一、认识情绪

心理学对情绪的定义是：个体对本身需要和客观事物之间关系的短暂而强烈的反应，是一种主观感受、生理反应、认知的互动，并表达出特定的行为。从这个定义我们知道：

1）情绪是个体本身对外界的一种自然反应。情绪没有好坏对错之分，是本身需要对客观事物的反应，而且人人都有喜怒哀乐等情绪，因此要主动接纳自己正在发生的情绪，不去批判和怀疑它。

2）情绪是感受与认知的一种内在互动。正面或负面情绪的出现，是自身对需求得到满足或者没有得到满足时的一种生理反应。因此任何一种情绪的背后，都对应着自身感受与主观认知的一种互动。

3）情绪会转化为一种特定的行为。情绪是由外而内的感受、互动，然后又由内而外地表现、行动。即，外界环境影响并引发情绪产生，而情绪又会通过特定的表情、语言及动作表现出来。

二、情绪的类型

我国古代思想家曾有过关于情绪种类的不同划分，如《中庸》将情绪分为喜、怒、哀、乐四种，而《礼记·礼运》则提出七情说。美国心理学家普拉切克则提出了八种基本情绪：悲痛、恐惧、惊奇、接受、狂喜、狂怒、警惕、憎恨。尽管古今中外对情绪的分类很多，但一般认为，人类具有最基本的四种情绪：快乐、悲哀、愤怒和恐惧。

快乐是在目的达到、紧张解除后继之而来的情绪体验。表情辨析：额头展，眼睛闪光而微眯，面颊上提，嘴角后拉，上翘如新月。出声笑时，面部肌肉运动程度加大，眼睛更加明亮。快乐的程度取决于愿望满足的程度。如果目的无足轻重，只能引起微小的满足；如果目的极其重要，并且意外地达到，则会引起异常的快乐。

悲哀是失去所盼望的、所追求的东西或有价值的东西而引起的情绪体验。表情辨析：眉心内皱，额头中下部有时呈"川"字形，眼内角和上眼睑下拉，下眼睑上堆，嘴角下拉，下巴上推，下巴中心鼓起。悲哀的强度取决于失去的事物的价值。

愤怒是由于目的和愿望不能达到或一再受到阻碍，逐渐积累而成的。表情辨析：眉头微皱，目光凝视，鼻翼扩张，张口呈方形，在愤怒的大哭中表现得最为明显。如果挫折是由于不合理的原因产生或被人恶意造成时，最容易产生愤怒。愤怒时人会异常紧张，有时不能自我控制，往往出现攻击行为。

恐惧是企图摆脱、逃避某种危险情景而又无力应付时产生的情绪体验。表情辨析：眉头平直，眼睛张大，额头有些抬高或平行，眉头微皱，上眼睑上抬，下眼睑紧张，口微张，双唇紧张，显示口部向后拉，窄而平。在严重恐惧的时候，面部肌肉都较为紧张。恐惧往往是由于无法处理或缺乏摆脱可怕的情景（事物）的力量和能力所造成的。恐惧比其他任何情绪更具有感染力。

上述四种基本的情绪，在体验上是单纯的、不复杂的。在这四种基本的情绪基础上，可以派生出许多种不同组合的复合情绪和情感。例如恨就包含愤怒、惧怕、厌恶等成分；而内疚、愤怒和恐惧组合起来的复合情绪就是焦虑。

情绪本身并无是非、好坏之分，每一种情绪都有它的价值和功能。因此，一个心理健康的人不否定自己情绪的存在，还会给它一个适当的空间，允许自己有负面的情绪。只要我们能成为情绪的主人，不是完全由它左右我们的思想和行为，就可以善用情绪的价值和功能。

三、情绪状态的类型

情绪状态是指在一定的生活事件影响下、一段时间内各种情绪体验的一般特征表现。情绪状态划分来源于情绪维度理论。情绪的维度是指情绪所固有的某些特征，主要指情绪的动力性、激动性、强度和紧张度等方面。这些特征的变化又具有两极性。

冯特提出的三维理论认为：情绪是由三个维度组成的，即愉快—不愉快；激动—平静；紧张—松弛。每一种具体情绪分布在三个维度的两极之间不同的位置上。他的这种看法为情绪的维度理论奠定了基础。

20世纪50年代，施洛伯格根据面部表情的研究提出，情绪的维度有愉快—不愉快；注意—拒绝和激活水平三个维度，建立了一个三维模式图，其三维模式图长轴为快乐维度，短轴为注意维度，垂直于椭圆面的轴则是激活水平的强度维度，三个不同水平的整合可以得到各种情绪。

20 世纪 60 年代末，普拉切克提出情绪具有强度、相似性和两极性三个维度，并用一个倒锥体来说明三个维度之间的关系。顶部是八种最强烈的基本情绪：悲痛、恐惧、惊奇、接受、狂喜、警惕、狂怒、憎恨，每一类情绪中都有一些性质相似、强度依次递减的情绪，如厌恶、厌烦；哀伤、忧郁。

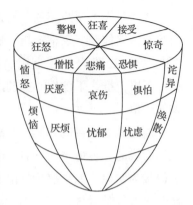

美国心理学家伊扎德确定基本情绪的标准为：基本情绪是先天预成、不学而能的，并具有分别独立的外显表情、内部体验、生理神经机制和不同的适应功能。按照这个标准，伊扎德用因素分析的方法，提出人类具有 8~11 种基本情绪，它们是兴趣、惊奇、痛苦、厌恶、愉快、愤怒、恐惧，以及羞涩、轻蔑和内疚。基本情绪与复合情绪分类举例如下。

基本情绪

基本情绪		身体驱力	感情—认知结构倾向
兴趣	厌恶	饥饿	内倾、外倾
愉快	轻蔑	干渴	自谦
惊奇	恐惧	疲劳	活跃
痛苦	羞涩	疼痛	沉静
愤怒	内疚	性	多疑

复合情绪

基本情绪结合	情绪—驱力结合	情绪—认知结构复合
兴趣—愉快	兴趣—性驱力	自卑—痛苦
痛苦—愤怒	疼痛—恐惧	自卑—痛苦
恐惧—害羞	疲劳—厌烦	沉静—害羞
轻蔑—厌恶—愤怒	性驱力—兴趣—享乐	多疑—恐惧—内疚
恐惧—内疚—痛苦—愤怒	疼痛—恐惧—愤怒	活力—兴趣—愤怒

当代中国心理学家黄希庭认为，若撇开情绪所指的具体对象，仅就情绪体验的性质来看，可从以下四方面进行分析：强度、紧张度、快感度、复杂度。按照情绪发生的速度、强度和持续时间划分，可分为心境、激情和应激三种。

（1）心境。心境的特点是：第一，缓和而微弱；第二，持续时间较长；第三，是一种非定向的弥散性的情绪体验。

心境是一种微弱、弥散和持久的情绪，即平时说的心情。心境的好坏，常常是由某个具体而直接的原因造成的，它所带来的愉快或不愉快情绪会保持一个较长的时段。如果将其带入工作、学习和生活中，会影响人的感知、思维和记忆。愉快的心境让人精神抖擞，感知敏锐，思维活跃，待人宽容；而不愉快的心境则让人萎靡不振，感知和思维麻木，看到的、听到的全都是不如意、不顺心的事物。

心境对人的生活、工作、学习和健康都有很大的影响。积极向上、乐观的心境，可以使人提高活动效率，增强信心，对未来充满希望，有益健康；消极悲观的心境，会降低认知活动的效率，使人丧失信心和希望，经常处于焦虑状态，有损于健康。

（2）激情。激情的特点是：第一，具有激动性和冲动性，力度强烈；第二，发作短促，冲动一过，便迅速弱化或消失；第三，发作通常由专门对象引起，指向性较为明显。总之，激情有着强烈的爆发性、短暂性和指向性三个显著特点。

激情是一种猛烈、迅疾、短暂的情绪，类似于平时说的激动。激情由某个事件或原因引起，当场发作，情绪表现猛烈，但持续的时间不长，并且牵涉面不广。激情通过激烈的言语爆发出来，是一种心理能量的宣泄，从较长的时段来看，利于平衡人的身心健康，但过激的情绪也会产生失衡的可能。特别是当激情表现为惊恐、狂怒而又爆发不出来的时候，全身会发抖、手脚冰凉、小便失禁、浑身瘫软，那就得赶快送医院了。

激情有双重作用。积极的激情与理智、坚强的意志相联系，能激励人们克服艰险、攻克难关，它是人的行为的巨大动力。消极的激情可产生不良后果。个体在激情状态下，认识范围狭窄，理智分析能力受到抑制，自控能力减弱，不能正确评价自己的行为后果。但人的理智与意志可以驾驭和控制自己的情绪冲动。

（3）应激。应激是出乎意料的紧张与危险情境所引起的情绪状态。当人们遇到某种意外危险或面临某种突然事变时，必须集中自己的智慧和经验，动员自己的全部力量，迅速做出选择，采取有效行动，此时人的身心处于高度紧张状态，即应激状态。

器官		交感神经兴奋	副交感神经
瞳孔		放大	
肺		呼吸变慢、变浅	
心脏		收缩力度加强，血压升高	
汗腺	手脚	出汗、触感、抓握力增强	复原
	身体	体温下降	
肝脏		分泌肝糖，增加心肌、骨骼肌血糖供给	
末梢血管		收缩，让血给心肌、骨骼肌	
心肌、骨骼肌		供血增加	平息
肾上腺		分泌肾上腺素，加强交感神经作用，使以上所有器官兴奋	
竖毛肌		兴奋，起鸡皮疙瘩，汗毛竖起	
消化、生殖系统		抑制，血管收缩，让血供给运动系统	
膀胱		膀胱泌尿肌紧缩	

应激既有积极作用，也有消极作用。一般应激状态使机体具有特殊的防御或排险机能，使人精力旺盛，活动量增大，思维特别清晰，动作机敏，帮助人化险为夷，及时摆脱困境。但应激也会使人全身兴奋，注意和知觉的范围缩小，言语不规则、不连贯，行为动作紊乱，紧张而又长期的应激甚至会导致休克和死亡。

● 课 外 读 物 ●

色彩的"喜怒哀乐"

色彩本身虽然没有情感,但是它能够通过影响心理让我们产生情绪上的变化。当我们把某种情绪与色彩本能地联系在一起之后,我们会感觉色彩仿佛也有了灵性,也能够产生喜、怒、哀、乐等情绪。

一般来讲,亮色象征着兴奋积极的心情,暗色则代表心情抑郁。在中国,举办婚礼时的主色调是红色,红色自古以来就是象征着喜庆的颜色。当人们感到愉悦的时候,也会偏爱这种颜色。这是因为红色象征着生命、活力、热情、欢乐和健康,是一种十分醒目的颜色,能够在视觉上引起迫近感和扩张感,代表着积极向上的心态。

由于红色能够对人的情绪产生强烈的刺激,所以有时候愤怒也可以用红色来表示。汉语文化中有很多词语是用红色来表示暴怒的,比如急赤白脸、面红耳赤等。另外,青色、蓝色、黑色等也可以表示愤怒,比如脸都气绿了、脸色铁青,等等。人们生气时的种种表现以及这些词语的广为流传,让人们看到这些颜色时很容易想到生气的面孔。

我国表示悲哀的颜色通常是黑色、白色、灰色三种,它们属于"无彩色",对人的情绪影响不大。但是由于多年来中国的丧葬仪式都是以这几种颜色为主色,所以慢慢地,人们就开始选择这几种颜色来表示自己悲哀的心情。

用来表示欢乐的颜色则有很多,一般明亮的颜色都能够表示欢乐的情绪,其中橙色和黄色是最能带来欢乐的颜色。橙色总是给人带来积极向上的感觉。内向的人总是见到橙色的话,也会变得性格开朗,而且能够很快地融入新的团体中。经常穿着橙色衣服的话,也会让别人感觉很易接近。在阴郁甚至悲哀的环境中,橙色能够起到活跃气氛的作用。黄色则是光明和活力的代名词。经常接触黄色,我们的性格会变得开朗乐观,愿意给别人带去欢乐。而别人看到这样的颜色,也会从内心感到愉悦。

当然,上面所提到的色彩带来的"喜怒哀乐"只是最常见的一种情况。其实,每种颜色究竟象征着什么与每个人的生活经历有关,有时候也与社会习俗和风俗习惯有关。这些需要同学们自己去发现和总结。

我亲爱的小黑

活动目的:指导学生理性面对焦虑、抑郁等负面情绪,学习消极情绪的自我调整。

材料准备:白纸,信纸。

活动时间:30分钟左右。

活动程序:(1)画出你心里的小黑。带领学生在白纸上画出自己想象中的"小黑"。"现在,把困扰你的负面情绪想象成一只狗,它总是很讨厌地跟在你身后,时不时地出来给你捣乱。闭上眼睛,用心想象你的情绪狗是什么样子的,它有什么颜色的毛发,它叫起来是什么声音,它喜欢什么时候出来捣乱,都是怎样搅乱你的生活的。给它起

个名字吧,比如我的情绪狗叫小黑,因为我不喜欢它,所以它很丑。然后大家睁开眼睛,用你们的笔把它画在纸上,越详细越好。"

(2)给你的小黑写封信。带领学生在信纸上写一封信给自己想象中的小黑。"你的生活可能因为小黑而变得一团糟,但其实它也不是每时每刻都来捣乱的。因此,你要学习如何调教它,和它和睦相处,而不是一味地咒骂和躲避它,取出你的信纸,给自己的小黑写一封信,你可以使用你喜欢的开头方式,比如,'我亲爱的小黑,我想对你说……'"

(3)讨论和分享。先找几位同学给大家分享他的情绪小狗,它是什么情绪,叫什么名字,长什么样子,你为什么讨厌它,它给你造成了什么样的困扰,你想如何改善。

对待负面情绪时,一味地寻求快速解决是不现实的,相反,适度地容忍和善待,学习带着情绪去生活才是有效途径。

第二节 │ 情绪与健康

◉ 心 灵 箴 言 ◉

当我们允许自己去感受,不再抵抗自己的情感,向内心所有的感情,包括伤痛的感觉说"是"的时候,我们就释放了自己,不再那么痛苦了。

——圣-埃克苏佩里

人的情绪不是由某一诱发性事件本身所引起,而是由经历了这一事件的人对这一事件的解释和评价所引起的。

——埃利斯

一、情绪 ABC 理论

情绪 ABC 理论是由美国心理学家埃利斯创建的。A(Antecedent)指事情的前因,C(Consequence)指事情的后果,有前因必有后果,但是同样的前因 A,会产生不一样的后果 C1 和 C2。这有两种原因:一是从前因到后果,一定会通过一座桥梁 B(Bridge),这座桥梁就是信念和我们对情境的评价与解释。二是因为,同一情境之下(A),不同的人的理念及评价与解释不同(B1 和 B2),所以会得到不同结果(C1 和 C2)。因此,事情发生的一切根源缘于我们的信念,即我们对

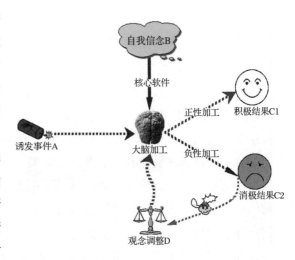

事件的想法、解释和评价等。

埃利斯认为，正是由于我们常有一些不合理的信念，才使我们产生情绪困扰。如果这些不合理的信念存在较久，甚至会引起情绪障碍。

● 课外读物 ●

有一个年轻人一直摆脱不了失恋的打击，情绪低落，已经影响到了他的正常生活，因为无法集中精力，他没办法专心工作，头脑中只想着前女友的薄情寡义。他认为自己付出了感情，却没有得到回报，自己很傻、很不幸。于是，他找到了心理医生。

心理医生告诉他，其实他的处境并没有那么糟，只是他把自己想象得太糟糕了。在给他做了放松训练，减轻了他的紧张情绪之后，心理医生给他举了个例子。"假如有一天，你到公园的长凳上休息，把你最心爱的一本书放在长凳上，这时候径直走来一个人，坐在椅子上，把你的书压坏了。这时你会怎么想？"

"我一定很气愤，他怎么可以这样随便损坏别人的东西呢！太没有礼貌了！"年轻人说。"那我现在告诉你，他是个盲人，你又会怎么想呢？"心理医生接着耐心地继续问。"哦，原来是个盲人。他肯定不知道长凳上放有东西！"年轻人摸摸头，想了一下，接着说，"谢天谢地，好在只是放了一本书，要是油漆或是什么尖锐的东西，那他就惨了！""那你还会对他愤怒吗？"心理医生问。"当然不会，他是不小心才压坏的，盲人也很不容易的。我甚至有些同情他了。"

心理医生会心一笑，说道："同样的一件事情——他压坏了你的书，但是前后你的情绪反应却截然不同。你知道是为什么吗？""可能是因为我对事情的看法不同吧！"

对事情不同的看法，能引起自身不同的情绪。很显然，让我们难过和痛苦的，不是事件本身，而是对事情的不正确的解释和评价。这就是心理学情绪ABC理论的观点。

比如，同样是失恋了，有的人放得下，认为未必不是一件好事，而有的人却伤心欲绝，认为自己今生可能都不会有爱了。再比如，在找工作面试失败后，有的人可能会认为，这次面试只是试一试，不通过也没关系，下次可以再来；有的人则可能会想，我精心准备了那么长时间，竟然没过，是不是自己太笨了，还有什么用啊，人家会怎么评价我。这两类人因为对事情的评价不同，他们的情绪体验当然也不同。

对于上面这个失恋的年轻人来说，失恋只是一个诱发事件A，结果C是他情绪低落，生活受到影响，无法专心工作；而导致这个结果的，正是他的认知B——他认为自己付出了感情，一定要收到对方的回报，由此觉得自己太傻了，太不幸了。假如他换个想法——她这样不懂爱的女孩不值得自己去珍惜，现在她的离开可能避免了以后她对自己造成更大的伤害，那么他的情绪体验显然就不会像现在这么糟糕。

依据情绪ABC理论，分析日常生活中的一些具体情况，我们不难发现，人的不合理观念

常常具有以下三个特征。

1. 绝对化的要求

绝对化的要求是指人们常常以自己的意愿为出发点，认为某事物必定发生或不发生的想法。它常常表现为将"希望""想要"等绝对化为"必须""应该"或"一定要"等。例如，"我必须成功""别人必须对我好"，等等。这种绝对化的要求之所以不合理，是因为每一客观事物都有其自身的发展规律，不可能依个人的意志为转移。对于某个人来说，他不可能在每一件事上都获得成功，他周围的人或事物的表现及发展也不会依他的意愿来改变。因此，当某些事物的发展与其对事物的绝对化要求相悖时，他就会感到难以接受和适应，从而极易陷入情绪困扰之中。

2. 过分概括的评价

这是一种以偏概全的不合理思维方式的表现，它常常把"有时""某些"过分概括化为"总是""所有"等。用埃利斯的话来说，这就好像凭一本书的封面来判定它的好坏一样。它具体体现在人们对自己或他人的不合理评价上，典型特征是以某一件或某几件事来评价自身或他人的整体价值。例如，有些人遭受一些失败后，就会认为自己一无是处，毫无价值，这种片面的自我否定往往导致自卑自弃、自罪自责等不良情绪。而这种评价一旦指向他人，就会一味地指责别人，产生怨恨、敌意等消极情绪。我们应该认识到，"金无足赤，人无完人"，每个人都有犯错误的可能。

3. 糟糕至极的结果

这种观念认为如果一件不好的事情发生了，那将是非常可怕和糟糕的。例如，"我没考上大学，一切都完了""我没当上处长，不会有前途了。"这些想法是非理性的，因为对任何一件事情来说，都会有比之更坏的情况发生，所以没有一件事情可被定义为糟糕至极。但如果一个人坚持这种"糟糕"观，那么当他遇到他认为的糟糕至极的事情时，就会陷入不良的情绪体验之中，从而一蹶不振。

因此，在日常生活和工作中，当遭遇各种失败和挫折时，要想避免情绪失控，就应多检查一下自己的大脑，看是否存在一些"绝对化要求""过分概括化"和"糟糕至极"等不合

理的想法,如果有,就要有意识地用合理的观念取而代之。

二、消极情绪与健康

在中世纪,享有"医学之王"美誉的著名医学家西拿曾做过一个试验:他给两只公羊喂同样的食物,却把它们分别系在不同的地方。一只系在没有危险的草坪上,而另一只被关在狼群居住的隔壁房间。与狼为邻的羊整日提心吊胆,精神高度紧张,不久就死了;而在草坪上的羊却生活得很好。这个试验说明,情绪对健康和生命的影响是很大的。情绪是人对客观事物所持态度而产生的一切主观体验,它能影响人的整个精神活动。愉悦的心情使人身体健康,而健康也会使人愉快地面对生活。

《红楼梦》中的林黛玉身体羸弱,多病缠身,这大概与她经常哀哀切切、惨惨凄凄的情绪有关。人在社会生活中,总会遇到些不顺心的事,如果不能正确对待,长期处于委屈、痛苦或不满的情绪之中,对身体是十分有害的。

心理学家把情绪分为积极情绪和消极情绪两种。积极情绪对身体健康有良好的影响,常言道:"笑一笑,十年少。"乐观的情绪可以为神经系统增添新的力量,使机体潜力得到充分发挥,从而提高劳动效率和耐久力。消极的情绪使人失去心理上的平衡,致使身体虚弱,感情脆弱,姿态反常,对身体有不良影响。

大量数据表明,由消极情绪诱发的疾病有上百种,而且在发病过程中,身体的康复情况与情绪有着密切的关系。长期焦虑、忧愁、悲伤、恼怒、压抑,可能导致精神分裂、高血压、心脏病、溃疡、胃病和癌症等多种疾病,一般称它为心因性疾病。在我国古代就曾有"杯弓蛇影"的故事。古时候,一个人到朋友家喝酒,突然发现酒杯里有一条蛇影,随之心情紧张、疑虑,心境颇坏,不久身体颇感不适,不思饮食,最后患了一场大病。后来,他得知那杯中的蛇影原来是朋友挂在墙壁上的一张弓的影子,这才解除了疑虑,恢复了心情,身体慢慢好起来。此人的病情可以说完全是由疑虑的情绪造成的。

●怒伤肝　●喜伤心
●思伤脾
●恐伤肾　●悲伤肺
● 怒、喜、思、悲、恐,都会影响人体的五脏。

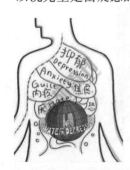

那么消极的情绪有没有积极的意义呢?据香港大公网援引英国《每日邮报》报道,虽然社会往往宣扬"做人要乐观"的信念,但有科学家认为这是危险的,因为负面情绪其实是平衡精神健康的重要一环,也是生物与生俱来的特征。所以一切情绪皆有其存在的意义,刻意地维持某一种状态,不仅会消耗大量的能量,而且可能会带来风险。积极情绪可以激发人的创造力、适应能力和自信心等;消极情绪会让人精力集中、冷静思考、更加谨慎,可以起到保护作用。因此,在面对困境时,适度的消极情绪反而有利于综合处理各种信息。

也就是说，负面情绪对每个人产生的消极影响程度是不同的。那些能做到拥抱负面情绪的个体往往更少受到消极情绪的负面影响。生活中的压力事件无处不在，负面情绪对我们产生多大影响，取决于个体看待负面情绪的角度和认知方式。当你改变对负面情绪的观念时，你便能改变身体对于负面情绪的反应。

三、远离"垃圾人"

在学习和生活中，总会遇到一些人，这些人就像"垃圾车"，游荡在城市中，面露戾气，他们对社会满腹牢骚，对生活失望透顶，他们脾气火爆并且不计后果。他们身上充满了沮丧、愤怒、忌妒、贪心、怨言、算计、仇恨、报复等各种"垃圾"情绪，人性扭曲。随着心中"垃圾"的堆积，他们急需把垃圾情绪倾倒在别人身上，他们喜欢通过伤害别人来发泄和消遣。

"垃圾人"在我们的日常生活中普遍存在，这些人不分年龄、不分职业、不分贫富，浑身充满负能量。在生活中总是表现为不守规矩、脏话连篇、蛮横不讲理、寻衅滋事，甚至打架斗殴。他们大多数还有这些共同点，比如：

（1）为人刻薄。出言不逊，说话尖酸刻薄，一定要在口舌上占上风，凡事斤斤计较，生怕自己吃亏，处事不能将心比心，喜欢耍小心眼。

（2）不守信用。人与人交往最基本的原则是讲信用，亲口答应的事出尔反尔，最后损失的是自己的信誉。

（3）不知敬重。俗话曰：来而不往非礼也。凡事有来有往，你敬我一尺我敬你一丈，滴水之恩当涌泉相报。

（4）充满负能量。经常向他人抱怨生活的种种事情，总是向你传达负能量，愤恨社会不平，不管对方爱不爱听，总是喜欢吐槽，这种人要尽量远离，以免影响自己的心情。

（5）不孝。父母辛辛苦苦把孩子养育长大，到头来孩子却变成"白眼狼"，忘恩的人必然会负义。

（6）无同情心。欺凌比自己弱小的人或小动物，因为没有同情心，在对待身边的人时也不会善良。

关于"垃圾人"，流传着一则寓言故事：雄狮看见一条疯狗，赶紧躲开，小狮子问："爸爸，你敢和老虎、猎豹争雄，为何躲避一条疯狗？"雄狮问："孩子，打败一条疯狗光荣吗？"小狮子摇摇头。"让疯狗咬一口倒霉吗？"雄狮接着问。小狮子点头。"既然如此，干吗要去招惹一条疯狗？"

这则寓言告诉我们了什么？"雄狮"碰见"疯狗"，是避让还是发威？所以无须介意！只要微笑、挥挥手，远离他们，然后继续走我们自己的路就好。千万不要将他们的负面垃圾接收，然后再扩散给我们的家人、朋友或其他人。

既然"垃圾人"有这样的危害，我们应该如何避开"垃圾人"呢？下面总结的策略，请大家谨记：

1. 事前预防，提前避开

这是应对"垃圾人"的第一条规则。将遭遇"垃圾人"甚至与之产生接触冲突的可能性扼杀在摇篮里。如何预防和提前避开呢？我们需要做到这两点：一是提前识别"垃圾人"的存在，比如说街边遇到醉汉、面相凶狠之人，对于这些人，我们最好不要接近他们或者跟他们待在同一个空间，遇到此类人，请绕行。二是做到守规矩、有礼貌，尊重每一个人。在生活中，就算是我们知道如何识别并且尽量做到不与他们产生接触，也仍有可能遇见"垃圾人"，比如不小心在街上撞到一个人或者被别人碰到，很可能这个人就是个"垃圾人"，你要做的就是说声对不起，不让"垃圾人"找到发泄的借口。所以说懂礼貌、遵规矩很重要，这会让你在遇到"垃圾人"后第一时间抽身。

2. 事中处理，借助群众的力量

有时候，对于"垃圾人"，我们很可能躲避不及，还是遇上了，那么对于"垃圾人"的垃圾情绪，你又应该怎么办呢？

首先，保持冷静，不要因为逞一时之气，跟"垃圾人"发生正面冲突。其次，在不扩大事态的情况下，向路人或者旁边的观众求助，说明来龙去脉。在群众的舆论压力下，"垃圾人"很可能会灰溜溜地逃走。如果"垃圾人"根本不管旁边观众的劝说或者指责，依然我行我素，这个时候就要果断报警。

3. 事后处理，选择忘记

事后，不要因为遇到"垃圾人"而影响自己的学习和生活。其实大多数人都具有平和的心态，这种心态能够让他从负面情绪中走出来，重新专注生活中真正重要的事情。

由于社会节奏加快，生活压力加大，我们难免会有负面情绪。如果不能合理地处理和面对这些负面情绪，任由其堆积，我们就很可能成为"垃圾人"中的一员。那么，如何避免自己成为"垃圾人"呢？

首先，要做到正确认识生活中的压力和不如意。古人云："生活之不如意，十之八九。"因此，无论是在学习中，还是在生活中，遇到不如意或不顺心的事，要保持一颗平常心。

其次，面对社会的不合理和不公正现象，要通过合理的方式来表达自己的观点。因为受到不公正待遇而采取极端手段报复社会的人，其实就是一种"垃圾人"。

最后，找朋友倾诉。当遭遇不如意时，放下执念，约上三五好友，通过消遣娱乐活动，一吐心中不快；也可以和身边的亲人朋友谈谈心，寻求建议；还可以去寻求心理医生的帮助。

世界这么大，谁又能不遇见几个"垃圾人"呢？遇见没关系，关键是不要让"垃圾人"危害到你，更不能让垃圾情绪影响到你。

第三节 情绪的释放

---心灵箴言---

真正的管理人是去管理人的情绪。

——顾修全

能控制好自己情绪的人，比能拿下一座城池的将军更伟大。

——拿破仑

人不可能永远处于好的情绪中，生活中既然有挫折和烦恼，也就会有消极的情绪。心理学研究表明，"压抑"并不能改变消极的情绪，反而会使这种情绪在内心深处沉积下来。那么我们要怎样释放和调节情绪呢？

一、情绪的释放

释放消极情绪有两种途径，一种是天然途径，一种是后天途径。天然途径有三种。一是哭。哭可以让人把情绪释放出来，人在痛哭一场后，往往心情就会变好，因此不必为哭泣而害羞。二是笑。笑能让正能量流动，缓解负面情绪。三是做梦。梦是潜意识的一种宣泄形式，也是一种补偿形式。睡觉可以让身心放松，在梦中可以宣泄负面情绪，在梦中也可以补偿自己，因此情绪可以通过梦来释放。

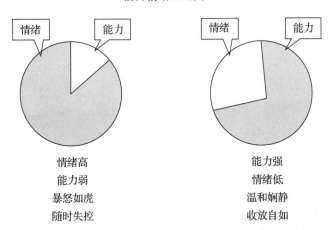

能力情绪配比图

情绪高　　　　　　能力强
能力弱　　　　　　情绪低
暴怒如虎　　　　　温和娴静
随时失控　　　　　收放自如

除了这三种天然的释放方式以外，还有后天的方法也可以帮助我们转化和释放情绪。

（1）转移法。处在剧烈的情绪状态时，暂时离开激起情绪的环境和有关人、物。有意识地转移话题或做点别的事情来分散注意力，便可使情绪得到缓解。可以通过看电影、听音乐、下棋、散步等有意义的轻松活动，使紧张的情绪松弛下来。

（2）宣泄法。遇到不如意、不愉快的事情，可以通过运动、唱歌、找朋友谈心诉说来宣泄自己不愉快的情绪，也可以大哭一场。不过，发泄的对象、地点、场合和方法要适当，以免伤及他人。

（3）放松法。心情不佳时，可以循序渐进、自上而下地放松全身，或者通过自我催眠、自我按摩等方法使自己进入放松状态，然后面带微笑，想象曾经感受过的愉快情境，从而消除不良情绪。

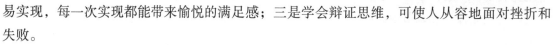

（4）幽默法。幽默可以让人放松，开怀大笑，从而缓解不良情绪。

（5）愉悦法。努力增加积极情绪。具体方法有三：一是多交好友，在群体交往中获得快乐；二是多立小目标，小目标容易实现，每一次实现都能带来愉悦的满足感；三是学会辩证思维，可使人从容地面对挫折和失败。

（6）助人法。学雷锋做善事，既可以给他人带来快乐，也可以使自己心境坦然，产生较强的安全感。

（7）代偿转移法。当需求受阻或者遭遇挫折时，可以通过满足另一种需求来代偿。这一门课没考好，可争取在另一门课上取得好的成绩，也可以通过分散注意力、改变环境来转移情绪的指向。

（8）升华法。把受挫折的不良情绪引向崇高的境界，如大文豪歌德在失恋后，把失恋的情绪能量升华聚集到文学写作中，写出了名作《少年维特之烦恼》。

二、情绪的调节

青少年在成长的过程中，也要慢慢学会调节和控制自己的情绪。首先要提高自身的修养来转变心态。

（1）学会宽容。所谓宽容，就是对自己或他人在生活、工作、学习中的过失、过错采取适当的"减压政策"，以防止事态扩大和矛盾加剧，避免产生严重后果。心理学家指出，适当的宽容，对于改善人际关系和身心健康都是有益的。

（2）学会感恩。行报恩之举，能让人逢凶化吉，遇难呈祥。心怀感恩的人，常常会让人由逆境走上坦途，由失败走向成功，由苦难走向幸福，由山穷水尽走向柳暗花明。

（3）学会运用"反向心理调节法"。"反向心理调节法"就是对同一件事情或问题，从不同角度去思考，从而得出不同的结论，进而使人的心情发生良性变化。

有一个寓言故事：两个工匠一起去卖花盆，途中不小心翻了车，花盆大半被打碎了，悲观的花匠说："完了，坏了这么多花盆，真倒霉！"而另一个乐观的花匠却说："真幸运，还有这么多花盆没有打碎。"后一个花匠运用的就是反向心理调节法，从不幸中挖掘出幸运。

除此之外，还可以运用以下方法来调节情绪：

（1）涂画和文字。可以找一个独处的时间，拿出纸，配上悲伤的音乐，让你可以更好地进入情境。把自己内心的想法真实地写下来或者画下来，也可以只是涂鸦，记录在纸上，想到什么就写什么，想到什么就画什么，这是送给自己的。

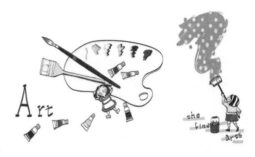

（2）倾诉和唱歌。倾诉是一种很有效的方法。当我们选择把自己的心事和情绪告诉其他人时，情绪的能量就开始流动起来。当你倾诉完以后，事情也许并没有解决，但心里却顺畅很多。平时我们要学会倾诉和沟通，沟通非常重要。当我们有不良情绪时，可以将内心的脆弱告诉可信赖的人，心和心相连，让能量和情绪流动起来。我们还可以用唱、喊、吼、叫这些方式来释放情绪。情绪不好的时候可以选择去唱唱歌，选一些歌曲语境与当时情绪相符的歌，用歌声来诉说你的情绪，歌曲结束后，你的负面情绪也会减少很多。

（3）运动。运动有助于肌肉放松，大脑中会分泌一种可以支配心理和行为的肽类，其中有一种叫作"内啡肽"的物质，科学家称之为"快乐素"，它作用于人体，能使人产生愉悦。当你情绪不好的时候，选一项你喜欢的运动，来释放情绪吧。

三、EFT 情绪释放技术

人们有可能会出现莫名的抑郁、恐惧、紧张、自闭、焦虑等状况。如果这些问题困扰了人们的正常生活工作，就可能到了情绪转化期，到了意识提升期。

EFT 情绪释放技术是释放潜意识伤痛的快捷有效的方法之一。EFT 情绪释放技术是美国心理工作者盖瑞·奎格牧师根据罗杰·卡拉汉博士的思维场疗法另行发展出来的一种情绪释放技术，可以在几分钟内，迅速有效地释放掉负面情绪和一些心理创伤或阴影。

这个方法是基于中医经络穴位的理论，加上现代人对身心交互作用的理解，针对人体重要的几个部位（类似中医的穴位），进行适当的敲打，并结合一些当下的情绪描述，即可在几分钟内释放某一个负面情绪创伤。

EFT 的主要做法很简单，只是依照一定的顺序，用手指轻轻拍击几个特定的穴位就可以了。基本上和针灸或指压的动作原理是相同的，区别只是它所处理掉的是情绪问题而不是生理疾病。

流程有四个步骤：对焦于情绪、评估情绪强度、建立宣告句与提示语以及解除反动机制。

（1）对焦于情绪：对焦当下希望排除的情绪问题。

（2）评估情绪强度：在对焦好情绪之后，要先评估一下它的强度，并以 0~10 的刻度来加以标示，0 代表完全没有情绪，10 代表情绪强度达到忍受极限。评估的目的是要让每轮拍打后情绪变化的状况，可以有个比对的依据。

例如害怕老鼠，可以先想象一下老鼠或回想一下上次被老鼠吓到时的情景，然后评估一下现在的情绪强度。如果你的情绪强度是 7，然后经过一轮的拍打后，再评估一次。如果结果是 0，那就表示你已完成释放了；如果降到 3，那你需要继续进行另一轮的拍打，直到完全释放为止。

（3）建立宣告句与提示语：所谓的宣告句，就是一段念给自己潜意识听的固定格式文字，它的格式是：虽然我有_____的问题，但我还是完完全全地接受我自己。在空格处要填上你现在所困扰问题的简短描述。例如：虽然我有害怕在公众面前演讲的问题，但我还是完完全全地接受我自己。

另外，为了方便拍打时能持续对焦，也需要给这个情绪起个名字作为提示语，可以一边拍打一边诵念，以提示自己去对焦。提示语要尽量简短，可以使用任何字眼，例如"这件事情""害怕""怀疑""希望"等，要以能描述当时的心境为基准。

（4）解除反动机制：反动机制指的是个人潜意识中所隐含的"自我伤害"或"自我惩罚"的心愫，所造成的抵消释放力量的机制。按盖瑞·奎格的说法，在他所接触的个案中，大约有 40% 的案例是含有反动机制的，若不先对这一问题做先期处理，后续的操作将无任何效果。

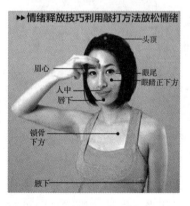

解除反动机制的具体做法，就是在拍击手刀点或轻揉酸涩点的同时，重复念诵宣告句三次。所谓的手刀点（Karate Chop），就是假想用手当刀去劈砍一根筷子时，会碰到筷子的那一点。所谓的酸涩点（Sore Spot），就是用手轻按上胸部时会感到特别酸涩的那一点。事实上这并不是一个点，而是一个小区块，就是解剖学上淋巴结密集的那一块。位置在锁骨中间向下 3 寸[一]，再平行向两侧 3 寸位置。可以用大拇指或者并用食指和中指，在这个位置按揉，同时反复念诵宣告句 2~7 次。根据当下自身情绪变化，更换宣告句。（按揉该位置时反复念诵宣告句，根据当下自身情绪变化状态更换宣告句）

拍打重要穴位：拍打，就是用手指头依序轻轻拍打穴位。虽然人体针灸穴位多达三四百处，但 EFT 只取用下图的这几个点。当然，这些穴位都有它经络上对应的中文名称，但西方人为方便记忆，给它们取了一组他们觉得比较容易记忆的名字。

[一] 1 寸 = 0.033m。

EB（Eyebrow）：两侧眉毛开头的位置。（简称：眉头）

SE（Side of the Eye）：眼睛两侧鱼尾纹末端。（简称：眼侧）

UE（Under the Eye）：眼睛瞳孔正下方，颧骨上方边缘。（简称：眼下）

UN（Under the Nose）：鼻下至上唇中间。（简称：人中）

CH（Chin）：下唇到下巴间最凹陷处。（简称：下颚）

CB（Collar Bone）：锁骨和第一根肋骨交接处的骨缝间。（简称：锁骨）

UA（Under the Arm）：腋窝下方约4吋①处。（简称：腋下）

KC（Karate Chop）：手刀侧小指根部到手腕间。（简称：手刀点）

拍打时一边持续对焦于情绪，一边按下列顺序拍打各点，一边诵念提示语：

EB（眉头）——SE（眼侧）——UE（眼下）——UN（人中）——CH（下颚）——CB（锁骨）——UA（腋下）

拍打时可以使用任何一只手，可以只拍打单一侧，也可以两边一起拍打，或是两侧交替拍打。可以单独使用中指，也可以并用食指和中指。每个点大约拍打七八下，多几下或少几下也是无妨的。

下面是一个情绪测验，通过这个测验，你可以了解自己的情绪是否健康，是否在你的掌控之中。

1. 看到自己最近一次拍摄的照片，你有何想法？
   A. 觉得不称心　　　　B. 觉得很好　　　　C. 觉得可以
2. 你是否想到若干年之后会有什么使自己极为不安的事？
   A. 经常想到　　　　　B. 从来没有想过　　C. 偶尔想到过
3. 你是否被朋友、同事或同学起过绰号或者挖苦过？
   A. 这是常有的事　　　B. 从来没有　　　　C. 偶尔有过
4. 你上床以后，是否经常再起来一次，看看门窗是否关好，水龙头是否拧紧等？
   A. 经常如此　　　　　B. 从不如此　　　　C. 偶尔如此
5. 你对与你关系最亲密的人是否满意？
   A. 不满意　　　　　　B. 非常满意　　　　C. 基本满意
6. 半夜的时候，你是否经常去想一些让你害怕的事？
   A. 经常　　　　　　　B. 从来没有　　　　C. 极少有这种情况
7. 你是否经常因梦见什么可怕的事而惊醒？
   A. 经常　　　　　　　B. 没有　　　　　　C. 极少
8. 你是否曾经有多次做同一个梦的情况？
   A. 有　　　　　　　　B. 没有　　　　　　C. 记不清

---

① 1吋=2.54cm。

9. 有没有一种食物使你吃后呕吐？
   A. 有　　　　　　　　B. 没有　　　　　　　　C. 记不清
10. 除去看见的世界外，你心里有没有另外的世界？
    A. 有　　　　　　　　B. 没有　　　　　　　　C. 记不清
11. 你心里是否时常觉得你不是现在的父母所生？
    A. 时常　　　　　　　B. 没有　　　　　　　　C. 偶尔有
12. 你是否曾经觉得有一个人爱你或尊重你？
    A. 是　　　　　　　　B. 否　　　　　　　　　C. 说不清
13. 你是否常常觉得你的家庭对你不好，但是你又的确知道他们实际上对你很好？
    A. 是　　　　　　　　B. 否　　　　　　　　　C. 偶尔
14. 你是否觉得没有人十分了解你？
    A. 是　　　　　　　　B. 否　　　　　　　　　C. 说不清楚
15. 你在早晨起来的时候最经常的感觉是什么？
    A. 忧郁　　　　　　　B. 快乐　　　　　　　　C. 讲不清楚
16. 每到秋天，你经常有怎样的感觉？
    A. 秋雨霏霏或枯叶遍地　　B. 秋高气爽或艳阳天　　C. 不清楚
17. 你在高处的时候，是否觉得站不稳？
    A. 是　　　　　　　　B. 否　　　　　　　　　C. 有时是这样
18. 你平时是否觉得自己很强健？
    A. 否　　　　　　　　B. 是　　　　　　　　　C. 不清楚
19. 你是否一回家就立刻把房门关上？
    A. 是　　　　　　　　B. 否　　　　　　　　　C. 不清楚
20. 你坐在小房间里把门关上后，是否觉得心里不安？
    A. 是　　　　　　　　B. 否　　　　　　　　　C. 偶尔是
21. 当一件事需要你做决定时，你是否觉得很难？
    A. 是　　　　　　　　B. 否　　　　　　　　　C. 偶尔是
22. 你是否常常用抛硬币、翻纸牌、抽签之类的方法来测凶吉？
    A. 是　　　　　　　　B. 否　　　　　　　　　C. 偶尔
23. 你是否常常因为碰到东西而跌倒？
    A. 是　　　　　　　　B. 否　　　　　　　　　C. 偶尔
24. 你是否需要一个多小时才能入睡，或比你希望的早一个小时醒来？
    A. 经常这样　　　　　B. 从不这样　　　　　　C. 偶尔这样
25. 你是否曾看到、听到或感觉到别人觉察不到的东西？
    A. 经常这样　　　　　B. 从不这样　　　　　　C. 偶尔这样
26. 你是否觉得自己有超乎常人的能力？

A. 是　　　　　　　　B. 否　　　　　　　　C. 不清楚
27. 你是否曾经觉得因有人跟着你走而心里不安？
　　A. 是　　　　　　　　B. 否　　　　　　　　C. 不清楚
28. 你是否觉得有人在注意你的言行？
　　A. 是　　　　　　　　B. 否　　　　　　　　C. 不清楚
29. 当你一个人走夜路时，是否觉得前面暗藏着危险？
　　A. 是　　　　　　　　B. 否　　　　　　　　C. 偶尔
30. 你对别人自杀有什么想法？
　　A. 可以理解　　　　　B. 不可思议　　　　　C. 不清楚

　　以上各题的答案，选 A 得 2 分，选 B 得 0 分，选 C 得 1 分。请将你的得分统计一下，算出总分。得分越少，说明你的情绪越佳，反之越差。

　　总分 0～20 分，表明你的情绪良好，自信心强，具有较强的美感、道德感和理智感。你有一定的社会活动能力，能理解周围人们的心情，顾全大局。你一定是一个性情爽朗、受人欢迎的人。

　　总分 21～40 分，说明你的情绪基本稳定，但较为深沉，对事情的考虑过于冷静，处事淡漠消极，不善于发挥自己的个性。你的自信心受到压抑，办事热情忽高忽低，易瞻前顾后、踌躇不前。

　　总分在 41 分以上，说明你的情绪不佳，日常烦恼太多，使自己处于紧张和矛盾之中。

　　如果你的得分在 50 分以上，则是一种危险信号，务必请心理医生做进一步诊断。

第四节　压力管理与挫折应对

> ● 心 灵 箴 言 ●
>
> 没有高压，石油不会自己冒出来，压力会成为动力。
>
> ——胡辛
>
> 生活就像海洋，只有意志坚强的人，才能到达彼岸。
>
> ——马克思

　　青少年前期，是人的一生中心理发展变化最活跃的时期，也是一个人心理矛盾和心理压力的多发期。调查表明，大约 71.3% 的职校生在学习与生活中承受着很大或较大的心理压力，大约 70.1% 的职校生对压力缺乏正确认识。如何使他们避免或消除由种种心理压力而造成的心理应激、心理危机或心理障碍，增进身心健康，以积极的、正常的心理状态去适应当前的社会环境，预防精神疾患和心身疾病的发生，加强对学生的心理健康教育，就成为学校、家庭和社会需要关注的问题。

学生作为一个特殊的群体，他们有许多特殊的问题，而且随着社会经济的快速发展，有心理困扰的学生比重呈逐年上升的趋势。在校阶段是由青春期向成人期的转变阶段，也是从校园生活转向社会生活的特定阶段。学生不仅要面对自身生理发育的变化，而且还要面对新的学习环境与任务的适应问题，对专业的选择与学习的适应问题，理想与现实的冲突问题，人际关系的处理与学习、恋爱中的矛盾问题，以及对未来职业的选择问题，等等。学生由于身心发展还未成熟，自我调控能力相对较弱，因此，当面对比较复杂的问题时，往往会产生强烈的心理冲突，从而导致较大的心理压力。压力过大或者过久，就会导致出现焦虑、焦躁、抑郁等心理障碍。

一、常见的压力源

压力也叫应激，最早由加拿大生理心理学家汉斯·薛利于1936年提出。他认为压力是表现出某种特殊症状的一种状态，这种状态是由生理系统中因对刺激的反应所引发的非特定性变化所形成的。学生心理压力感是指学生在日常学习生活中经历的各种生活事件、突然的创伤性体验、慢性紧张（学习压力、人际关系紧张）等导致的一种心理紧张状态。

1. 个体内部压力

个体内部压力主要是指来自机体内部的生理和心理因素，受先天遗传的神经类型影响。比如神经类型弱者、癔症性格者，因为敏感多虑，优柔寡断，所以面对压力源时容易产生恐惧、焦虑，应激反应较强烈，若不能得到及时解决，会使学生产生不良的情绪状态，影响学生的心理健康。

2. 家庭压力

家庭形态是影响学生心理的重要因素，不同的家庭类型对学生的心理健康有不同影响。学生的家庭教养方式主要呈现出以下几种形态：① 放任型家庭。即当孩子进入职业学校后，就不再关心其生活和学习，放弃了做家长的权利和义务。② 高压型家庭。过多地干涉学生的生活，视学生为不懂事的孩童，无论是生活还是学习方面，只允许他们按照父母的意愿做，造成家庭关系的紧张、对立，给学生造成心理压力。③ 成熟型家庭。这类家庭对待生活的态度是积极的，对学生精神上的关心是充足的。当学生出现心理困扰问题时，能及时察觉并加以指导，寻求积极的解决途径。前两种家庭形态都会给学生的心理带来很大的压力，这些压力如果处理不好，就会影响到他们的健康成长。

3. 学习压力

要求学生具备很高的学以致用的能力是职校独有的教学特点，但是职校生文化基础知识薄弱，很多学生对理论课的学习有畏惧心理，加之相当多的同学缺乏刻苦勤奋的精神，久而久之容易产生厌学情绪。

职校生的学习突出专业特色，专业科目的理论性和社会要求的实践性之间需要密切配合，但是一些学生常常不切实际，眼高手低，希望能很快地掌握一门技术，并能在毕业的时候找到很好的工作，这就导致很多学生不按时让课，对学校的专业理论课程不感兴趣，学习成绩不理想，从而产生恶性循环。

4. 人际关系压力

人际关系压力与职校生的心理发展特点有关。面对社会变化和外界刺激，职校生的情绪非常容易波动，再加上他们对他人的评价和人际关系非常敏感，所以如果在人际交往中有些事情处理不当，对他们的心理影响将是非常明显的。例如，有些学生由于生活习惯的问题而与周围的同学不能融合，或者由于本身的性格不合群，而遭到同学的排斥，导致人际关系不和谐，孤独感进一步加剧，由此很容易产生心理焦虑性心理压力。

5. 专业发展压力

很多职校生的家庭不太富裕，其父母期望子女毕业后尽快来缓解家庭经济压力的占很大比例，而家长的这种高期望值与职校生就业的实际情况形成一定的反差，职校生普遍感到回报家庭的愿望难以实现，于是就会产生自责的心理压力。就业压力无形中给学生造成了很大的心理冲击。

二、挫折心理

从心理学的角度来讲，挫折是一种消极的心理状态。挫折包括三个因素：挫折情境、挫折认知和挫折反应。挫折情境是指需要不能获得满足的内外障碍或干扰的情境，是客观的；挫折认知是指对挫折情境的知觉、认识和评价，是主观反应；挫折反应就是主
体伴随着挫折认知，当自己的需要不能获得满足时而产生的情绪和行为反应，包括主观体验，比如常见的焦虑、愤怒、攻击和躲避等。当这三个因素同时存在时，就构成了心理挫折。

在相同的情境和事件中，不同的人的感受不同，引起的挫折感也就不同。比如优等生、中等生和后进生的英语测验都考了 80 分，优等生可能认为大大低于平时的成绩，是一次失败的考试；中等生可能认为自己平时的成绩就是这样，反应平淡；后进生则可能认为大大高于平时的成绩，是一次成功的考试，并为之高兴。

同样的情景，不同的人对它的认识、评价和感受不一样，反应就不一样。挫折认知既可以对实际遭遇到的挫折情境去感受、认知和评价，产生心理挫折，也可以面对挫折情境以积极的心态去认知和评价它，认为它是考验自己和锻炼自己的机会。通过战胜障碍和困难来增强自己的意志和才干，使挫折情境不再是消极的反应，这样不仅不会造成心理挫折，反而会使之成为一种动力。可见,挫折作为一种社会心理现象,既有客观性,又有主观性。

遭受挫折时,除了有情绪反应以外,还伴随着一些行为反应。

(1)报复与攻击:攻击性行为主要包括直接攻击和间接攻击。直接攻击是指受挫者将愤怒的情绪直接指向挫折造成者。间接攻击是把攻击行为转向其他的代替物,寻找替罪羊。

(2)退化:退化是指遭受挫折时的心理活动和反应,退回到个体早期发展水平,表现出与自己年龄和身份不相称的幼稚行为。

(3)习得性无助:习得性无助是指个人在面对挫折情境,经过多次尝试也无法逃避失败,使个体在挫折面前完全失去任何意志和努力的现象。这是心理学家在进行动物实验时发现的现象。在现实生活中,如果人们遭受多次挫折和打击,久而久之就会沮丧,从而放弃一切努力,听天由命。

(4)补偿:补偿是指因为某方面的缺陷而无法达到期望的目标时,以其他方面的成功来弥补先前的遗憾与自卑的形象。比如因为家庭条件不好,从而奋发学习,增强自己的自信心。

(5)幽默:使用看似轻松、令人发笑的语言对受挫的原因或者遭受挫折以后的后果进行解说,使人的紧张感和愤怒感暂时消失的艺术,就是幽默。幽默反应的是个人看待挫折成败的一种超然心态和智慧。

(6)宣泄:宣泄是指采用道德法律许可的方式发泄心中的不满、愤怒等极端情绪,从而避免发生直接人际冲突和心理抑郁的一种方式。常见的宣泄方式有在空旷的空间大喊大叫、打击出气袋、唱歌跳舞等。

三、心理压力和挫折的自我调适

加强自我心理调节,让学生正视现实,保持同现实的良好接触。进行自我调节,需充分发挥主观能动性去改造环境,努力实现自己的理想目标。

1. 积极认知压力和挫折

首先,在思想上要承认压力和挫折的存在。压力是人人都常经历和体验的正常现象,生活本身就处于压力之中,回避无济于事,明智的做法是既不否认压力,也不人为地去设置压力,更不搞压力扩大化。

其次,在思想上接纳压力。当某事对自己构成压力时,用积极的心态去对待,要坚信事情总有解决方法。压力并不总是坏事,它虽然会使人产生强烈的心理震荡、心理痛苦、情绪紊乱、行为偏离,甚至种种心理疾病,但是心理学研究表明,只有在一定的压力之下,人们才能充分、有效地调动体内的积极因素。

有了压力才会有动力,这种动力会促使人的认识能力进一步深化,才干得到增长,适应社会的能力得到提高。

2. 提高自我效能感

自我效能感是指人们对个人行动控制的知觉或信念。当生活充满压力时，那些缺乏自控能力的人会觉得无助，担心他们会失败和陷入困境，这样的人需要增加自我效能感，并减少被动感和无助感。职校生要了解并掌握自己的情绪，做出现实的选择，制订好计划和努力的目标，认清自我价值，了解自己的优势和不足，面对现实，提高自控能力。

3. 学会身心放松

学生面对心理压力最常见的表现是紧张，可以学着放松自己，进行自我情绪调节。学会合理思维。有些思维方式会增加人的压力，比如要求自己十全十美就必定会感到极大的压力。对别人的期望太高，则容易产生对别人的不满和人际关系压力。在这类情况下，应该客观分析一下思维方式，修正那些不正确的思维，则可以缓解不必要的压力。

4. 丰富课余生活

健康的课余生活可以愉悦身心，交到朋友，增进友谊，减少因为压力导致的紧张感，比如阅读书籍，参加各种社会活动，参与志愿者服务活动，等等。丰富而健康的课余生活既锻炼了能力，拓展了知识面，又在一定程度上增强了个体的应对能力，特别是多参加体育锻炼活动。体育锻炼可以使学生身体健康，精力充沛，应对能力增强，使个体暂时与压力情境分离，这就给学生提供了一个调整的机会，可以增进对问题的反思，从而寻求解决问题的最佳策略。

课外读物
七拼八凑

游戏目的：控制好自己的情绪。

游戏步骤：

1. 把参加人员分成两组（需男女搭配），每组先选出一名接收者，接收者手持托盘站在台上。主持人开始宣读物品，其他小组人员按照主持人的要求从自身身上或自带提包中取出物品放到托盘中。最先集齐物品的小组获胜。

2. 采集的物品可以有眼镜、手表、皮带、袜子、口红、纸币等。

惩罚：准备一个靠垫，选十几个人围成一圈参加此游戏，每个人拿着这靠垫做一个动作，可以打它、摔它、骂它、亲它、拿屁股坐它，所有人一一轮流下来，动作不许重复。一圈下来后，主持人说每个人将刚才对靠垫的动作对右边或左边的人重做一次。

【游戏心理分析】

奖励和惩罚是这个游戏有趣的地方。这个游戏如果做不好，很容易引发混乱，所以在游戏中一定要控制自己的情绪，不要因为太激动而做出一些过激的举动。只有心态放平，才能让自己更好地享受游戏的乐趣。

心灵测验室

一、测试题目：情绪类型自我测验

回答以下问题，将每题分值相加的总和与结果对照，可以确定情绪状况与类型。

1. 如果让你选择，你更愿意（　　）
   A. 同许多人一起工作并亲密接触
   B. 和一些人一起工作　　　　　　　　　　C. 独自工作
2. 当为了解闷而读书时，你喜欢（　　）
   A. 读史书、秘闻、传记类书
   B. 读历史小说、社会问题小说
   C. 读幻想小说、荒诞小说
3. 对恐怖影片反应如何？
   A. 不能忍受　　　　　B. 害怕　　　　　C. 很喜欢
4. 以下哪种情况符合你？
   A. 很少关心他人的事　　　　　　　　　B. 关心熟人的生活
   C. 爱听新闻，关心别人的生活细节
5. 去外地时，你会（　　）
   A. 为平安到达感到高兴
   B. 陶醉于自然风光　　　　　　　　　　C. 希望去更多的地方
6. 你看电影时会哭或想要哭吗？
   A. 经常　　　　　　　B. 有时　　　　　C. 从不
7. 遇见朋友时，你经常（　　）
   A. 点头问好　　　　　B. 微笑、握手和问候　　C. 拥抱他们
8. 如果在车上有陌生人要你听他讲自己的经历，你会（　　）
   A. 显示你颇有兴趣　　B. 真的很感兴趣　　C. 打断他，做自己的事
9. 是否想过给报纸的问题专栏写稿？
   A. 绝对没想过　　　　B. 有可能想过　　　C. 想过
10. 被问及私人问题时，你会（　　）
    A. 感到不自在和气愤，拒绝回答
    B. 平静地说出你认为适当的话
    C. 虽然不快，但还是回答了
11. 在咖啡店里要了杯咖啡，这时发现邻座有一位姑娘在哭泣，你会（　　）
    A. 想说些安慰的话，但却羞于启口
    B. 问她是否需要帮助　　　　　　　　　C. 换个座位远离她

12. 在朋友家聚餐之后，朋友和其爱人激烈地吵了起来，你会（   ）

    A. 觉得不快，但无能为力　　　　B. 立即离开　　C. 尽力劝和

13. 送礼物给朋友，（   ）

    A. 仅仅在新年和生日　　　B. 全凭兴趣　　　　C. 在觉得有愧或忽视他们时

14. 一个刚相识的人对你说了些恭维的话，你会（   ）

    A. 感到窘迫　　　　　B. 谨慎地观察对方

    C. 非常喜欢听，并开始喜欢对方

15. 如果你因家事不快，上班时你会（   ）

    A. 继续不快，并显露出来

    B. 投入工作，把烦恼丢在一边

    C. 尽量理智，但仍因压不住火而发脾气

16. 生活中的一个重要关系破裂了，你会（   ）

    A. 感到伤心，但尽可能正常生活

    B. 至少在短暂时间内感到痛心

    C. 无可奈何地摆脱忧伤之情

17. 一只迷路的小猫闯进你家，你会（   ）

    A. 收养并照顾它　　　　　　　　　　　　　B. 扔出去

    C. 想给它找个主人，找不到就让它安乐死

18. 对于信件或纪念品，你会（   ）

    A. 刚收到时便无情地扔掉　B. 保存多年　　　C. 两年清理一次

19. 你是否因内疚或痛苦而后悔？

    A. 是的，一直很久　　　B. 偶尔后悔　　　C. 从不后悔

20. 同一个很羞怯或紧张的人谈话时，你会（   ）

    A. 感到不安　　　　　B. 觉得逗他讲话很有趣　C. 有点生气

21. 你喜欢的孩子是（   ）

    A. 年龄小一点的，而且有点可怜巴巴

    B. 年龄大一点的

    C. 可以同你交谈，并且形成了自己的个性

22. 爱人抱怨你花在工作上的时间太多了，你会（   ）

    A. 解释说这是为了你们两人的共同利益，然后仍像以前那样去做

    B. 试图把时间更多地花在家庭上

    C. 对两方面的要求感到矛盾，并试图平衡两方面

23. 在一场特别好的演出结束后，你会（   ）

    A. 用力鼓掌　　　　　B. 勉强地鼓掌

    C. 虽然鼓掌，但觉得很不自在

24. 当拿到母校印制的一份刊物时，你会（　　）

　　A. 通读一遍后扔掉　　　　　　　　　　B. 仔细阅读，并保存起来

　　C. 不看就扔进垃圾桶

25. 看到路对面有一个熟人时，你会（　　）

　　A. 走开　　　　　　B. 招手，如果对方没有反应便走开　　　　C. 走过去问好

26. 听说一位朋友误解了你的行为，并且正在生你的气，你会（　　）

　　A. 尽快联系，做出解释　　　　　　　　B. 等朋友自己弄清楚原委

　　C. 等待一个好时机再联系，但对误解的事不做解释

27. 怎样处置不喜欢的礼物？

　　A. 立即扔掉　　　　　　　　　　　　　B. 用心地保存起来

　　C. 藏起来，仅在赠者来访时才摆出来

28. 你对示威游行、爱国主义行动、宗教仪式的态度如何？

　　A. 冷淡　　　　　　B. 感动得流泪　　　　　　C. 感到窘迫

29. 你有没有毫无理由地感觉过害怕？

　　A. 经常　　　　　　B. 偶尔　　　　　　　　　C. 从不

30. 下面哪种情况与你最相符？

　　A. 十分留心自己的感情　　　　　　　　B. 总是凭感情办事

　　C. 认为感情没什么要紧的，结局才最重要

测验结果分析：

评分标准

题号＼选项	A	B	C
1	3	2	1
2	1	2	3
3	1	3	2
4	1	2	3
5	1	3	2
6	3	2	1
7	1	2	3
8	2	3	1
9	1	2	3
10	3	1	2
11	2	3	1
12	2	1	3
13	1	3	2

(续)

选项 \ 题号	A	B	C
14	2	1	3
15	3	1	2
16	2	3	1
17	3	1	2
18	1	3	2
19	3	2	1
20	2	3	1
21	3	1	2
22	1	3	2
23	3	1	2
24	2	3	1
25	1	2	3
26	3	1	2
27	1	3	2
28	1	3	2
29	3	2	1
30	2	3	1

30~50分：理智型情绪。很少为一件事而激动，即使生气，也表现得很有克制力。主要的弱点是对他人的情绪缺乏反应。爱情生活很有局限，而且可能会听到人们在背后说你"冷血动物"。目前需要让自己松弛下来。

51~69分：平衡型情绪。时而感情用事，时而十分克制。即使在很恶劣的环境下握起拳头，也仍能从情绪中摆脱出来。因此很少与人争吵，爱情生活十分愉快、轻松。即使陷入情感纠纷，也能处理得很妥帖。

70~90分：冲动型情绪。非常重感情。如果是女人，一定是眼泪的俘虏。如果是男人，可能非常随和，但好强，且喜欢自我炫耀。可能经常陷入短暂的风暴式的爱情纠纷，因此麻烦百出。想劝你冷静，简直是不可能的事。这里有必要提醒你，一定要控制好自己。

二、抗挫折能力测试

挫折，是一种消极的心理状态，它是人们为了实现预定的目标而采取行动的过程中受阻而不能克服时，所产生的一种紧张心理和情绪反应。要知道，人的一生不可能事事一帆风顺、青云直上，会遇到各种各样的困难和失败。每个人都有自己的远大理想，但客观现实又是不完全与理想相符的，在追求理想过程中一定会遇到很多困难，很容易产生挫折感。很多人在遭受挫折之后产生巨大的心理落差，从而不能自制和自拔。所以，正确、理性对待挫折，是对每个人的严峻考验。

请在下列 10 道题的 A、B、C 三个选项中，选出最适合自己的一项。

1. 有十分令人担心的事时，你会（　　）
   A. 无法工作　　　　　　B. 照常工作　　　　　　C. 介于两者之间
2. 碰到让你讨厌的对手时，你会（　　）
   A. 无法应付　　　　　　B. 应付自如　　　　　　C. 介于两者之间
3. 遇到难题时，你会（　　）
   A. 失去信心　　　　　　B. 动脑筋解决问题　　　C. 介于两者之间
4. 当困难落到自己头上时，你会（　　）
   A. 嫌弃和厌恶　　　　　　　　　　　B. 认为是锻炼自己的好机会
   C. 兼而有之
5. 产生自卑感时，你会（　　）
   A. 不想再干工作　　　　B. 振奋精神去干工作　　C. 介于两者之间
6. 当领导给了你很困难的任务时，你会（　　）
   A. 拒绝接受　　　　　　B. 想尽一切办法完成　　C. 先放置一边
7. 当工作条件恶劣时，你会（　　）
   A. 无法干好工作　　　　B. 克服困难干好工作　　C. 介于两者之间
8. 工作中感到疲劳时，你会（　　）
   A. 总想着疲劳，脑子不好使
   B. 休息一会儿，忘了疲劳　　　　　　C. 介于两者之间
9. 遇到人生的重大挫折时，你会（　　）
   A. 彻底丧失信心　　　　B. 再接再厉　　　　　　C. 介于两者之间
10. 当你面临失败时，你会（　　）
    A. 破罐子破摔　　　　　B. 将失败变为成功　　　C. 随机应变

测试评分：

　　计分标准：选 A 为 0 分，选 B 为 2 分，选 C 为 1 分，将所得分数相加。

　　17 分及以上：说明你抗挫折能力很强，能抵抗失败和挫折。

　　10~16 分：你虽有一定的抗挫折能力，但对某些较大的打击依然难以抗衡，需加强心理素质的锻炼。

　　9 分及以下：你的抗挫折能力急需提高，甚至一些细小的挫折就能让你消沉半天。

　　（1）要对挫折有一个正确的认识。在人的一生中，人是处在客观环境和现实生活中的，都会遇到不同程度的挫折，几乎每一个人都无法逃避。面对挫折，要有思想准备，不可担心害怕，一蹶不振。应该认识到，挫折有时反而可以磨砺人的意志，提高克服困难、适应社会的能力，这样才能造就出真正的人才。

　　（2）要有应对挫折的技巧。有了应对技巧，可以在遭受挫折时，变通处理，化险为夷。例如激励法：一旦遇到挫折，尽量不去想它带来的负面影响，而是不断地激励自己，让自己

振作起来，去争取最后的成功；满足法：在挫折面前，要满足已经实现的目标，对一时达不到的目标不强求，不奢望。综上总述，挫折并不可怕，只要有勇气有能力去开拓并且去战胜它，成功最终会属于你。

心灵拓展营

影响情商高低的因素

美国哈佛大学心理学博士丹尼尔·戈尔曼在1995年发表了《情感智商》一书，书中提出的"情绪智慧"理论在全球教育界掀起了一股强劲的旋风。他通过科学论证得出结论，智商是最重要的这一传统观念是不准确的，情商才是人类最重要的生存能力；人生的成就至多20%可归诸智商，另外80%则要受其他因素（尤其是情商）的影响。高情商者能清醒地把握自己的情感，感受敏锐并有效反馈他人的情绪变化。

概括地说，情商是指人识别和监控自己及他人的情感，运用共情技术恰当地维护心理适应和心理平衡，形成以自我激励为核心的内在动力机制，形成以理性调节为导向的坚强意志，妥善处理自身情绪情感、与人交往和个人发展等方面问题的心理素质和能力。

哈佛学者认为情商的高低决定着一个人的成败与否，所以情商对于一个人来说很重要。那么如果想提高自己的情商，就需要找到影响情商高低的因素。

1. 先天因素

据英国《简明不列颠百科全书》智力商数词条载："根据调查结果，约70%～80%的智力差异源于遗传基因，20%～30%的智力差异系受到不同的环境影响所致。"同样，情商的形成和发展也存在先天的因素。例如，人类的基本表情通见于全人类，具有跨文化的一致性。美国心理学家艾克曼的研究表明，从未与外界接触过的新几内亚人能够正确地判断照片上其他民族的表情。但是，情感又有很大的文化差异。民俗学研究表明，不同民族的情感表达方式有显著差异。

2. 心胸

1861年，被世人敬仰的伟大人物林肯面临着一个莫大的难题：战争已经爆发，却没有能够作战的将领。后来，林肯听说有一位将军，骁勇善战并善于训练军队，于是就请他担任主将。可是，这位将军的脾气一点也不比他的本事小，他经常在公开场合羞辱林肯。有一次，林肯去他家造访，他却让林肯在客厅等着，自己回楼上的房间睡觉。不知道有几个总统或者元首能够忍受如此的怠慢，但是林肯做到了。

林肯有一句名言："我不关心个人荣辱，只在乎事态的发展。"那些动不动就说"我宁愿如何，也不如何""我愿意，你管不着""我不在乎老板要我做什么，我只是受不了他的态度"的人，他们的情商首先值得怀疑，因为他们没有一个宽阔的心胸。

3. 思想

一个人追求的目标越高，就越容易不拘小节，一个人越成功，就越能忍受不公和不如意。志趣高远，牢记自己的目标，知道什么才是最重要的，什么只是暂时的、无所谓的，那么就不会对一些不快的情绪和不如意的事情耿耿于怀。英国诗人布莱克说："辛勤的蜜蜂永远没有时间悲哀。"只有那些无所事事、浑浑噩噩的人才最容易庸人自扰。

4. 自控

一个有自制力的人，不会被人轻易打倒；一个能够控制自己的人，通常能够做好分内的工作。然而，许多年轻人情绪易波动，自制力较差，虽然他们也想自我锤炼，积极进取，但在感情上控制不了自己。

专家们认为，要成为一个自制力强的人，需做到以下几点：

（1）自我分析，明确目标。
（2）从日常生活小事做起。
（3）绝不让步迁就。
（4）进行自我暗示和激励。
（5）进行松弛训练。

5. 心态

人生在世，谁都会遇到许多不尽如人意的烦心事，关键是你要以一种平和的心态去面对这一切。平和就是对人对事看得开、想得开，不斤斤计较生活中的得失，有宠辱不惊的胸怀。这样的心态，不是看破红尘、心灰意冷，也不是与世无争、冷眼旁观、随波逐流，而是一种修养，一种境界。

拜伦说："真正有血性的人，绝不乞求别人的重视，也不怕被人忽视。"爱因斯坦用支票当书签，居里夫人把诺贝尔金奖奖牌给女儿当玩具。莫笑他们的"荒唐"之举，这正是他们淡泊名利的平常心的表现，是他们崇高精神的折射。

一个人的思维方式或者说心态，也直接影响到人们对情绪的处理。高情商的人凡事能够用发展的眼光去看待，用积极的心态去面对，即便是不好的事情也能从中受益。

心灵电影院

《头脑特工队》

影片讲述了小女孩莱莉因为爸爸的工作变动而搬到旧金山，她的生活被五种情绪所掌控——快乐、恐惧、愤怒、厌恶和悲伤，尽展脑内情绪的缤纷世界。

莱莉的父亲因为工作原因举家搬迁到旧金山，莱莉只得和熟悉的中西部生活说再见。和所有人一致，莱莉也是被五种情绪共同支配。这五位情绪居住在莱莉脑海里的控制中心，在那里他们可以通过适当调配来指导莱莉的日常生活。然而搬来旧金山，全新的环境与生活都需要莱莉适应，混乱渐渐在控制中心里滋生。虽然快乐是莱莉最主要也是最重要的情绪，它在尝试着解决纷争，但如何才能更好地适应新城市、新家与新学校，还是让情绪们产生了冲突。

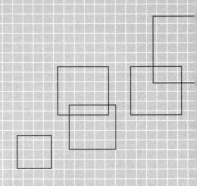

第五章　人际交往

心灵启明灯

1. 理解人际关系的定义
2. 掌握社交礼仪的技校
3. 掌握调适心理障碍的方法
4. 掌握人际交往的技巧

心灵故事会

俞伯牙摔琴谢知音

俞瑞,字伯牙,战国时的音乐家,曾担任晋国的外交官。

俞伯牙从小就酷爱音乐,他的老师成连曾带着他到东海的蓬莱山,领略大自然的壮美神奇,使他从中悟出了音乐的真谛。他弹起琴来,琴声优美动听,犹如高山流水一般。虽然有许多人赞美他的琴艺,但他却认为一直没有遇到真正能听懂他琴声的人。他一直在寻觅自己的知音。

有一年,俞伯牙奉晋王之命出使楚国。八月十五那天,他乘船来到了汉阳江口。遇风浪,停泊在一座小山下。晚上,风浪渐渐平息了下来,云开月出,景色十分迷人。望着空中的一轮明月,俞伯牙琴兴大发,拿出随身带来的琴,专心致志地弹了起来。他弹了一曲又一曲,正当他完全沉醉在优美的琴声之中时,猛然看到一个人在岸边一动不动地站着。俞伯牙吃了一惊,手下用力,"啪"的一声,琴弦被拨断了一根。俞伯牙正在猜测岸边的人为何而来,就听到那个人大声地对他说:"先生,您不要疑心,我是个打柴的,回家晚了,走到这里听到您在弹琴,觉得琴声绝妙,不由得站在这里听了起来。"

俞伯牙借着月光仔细一看,那个人身旁放着一担干柴,果然是个打柴的人。俞伯牙心想:一个打柴的樵夫,怎么会听懂我的琴呢?于是他就问:"你既然懂得琴声,那就请你说说看,我弹的是一首什么曲子?"

听了俞伯牙的问话,那打柴的人笑着回答:"先生,您刚才弹的是孔子叹颜回的曲谱,只可惜,您弹到第四句的时候,琴弦断了。"

打柴人的回答一点不错，俞伯牙不禁大喜，忙邀请他上船来细谈。那打柴人看到俞伯牙弹的琴，便说："这是瑶琴，相传是伏羲氏造的。"接着他又把瑶琴的来历细说了一遍。听了打柴人的这番讲述，俞伯牙心中不由得暗暗佩服。接着俞伯牙又为打柴人弹了几曲，请他辨识其中之意。当琴声雄壮高亢的时候，打柴人说："这琴声表达了高山的雄伟气势。"当琴声变得清新流畅时，打柴人说："这后弹的琴声表达的是无尽的流水。"

俞伯牙听了不禁惊喜万分，自己用琴声表达的心意，过去没人能听得懂，而眼前的这个樵夫，竟然听得明明白白。没想到，在这野岭之下，竟遇到自己久久寻觅不到的知音，于是他问明打柴人名叫钟子期，和他喝起酒来。俩人越谈越投机，相见恨晚，结拜为兄弟。约定来年的中秋再到这里相会。

和钟子期洒泪而别后第二年中秋，俞伯牙如约来到了汉阳江口，可是他等啊等啊，怎么也不见钟子期来赴约，于是他便弹起琴来召唤这位知音，可是又过了好久，还是不见人来。第二天，俞伯牙向一位老人打听钟子期的下落，老人告诉他，钟子期已不幸染病去世了。临终前，他留下遗言，要把坟墓修在江边，到八月十五相会时，好听俞伯牙的琴声。

听了老人的话，俞伯牙万分悲痛，他来到钟子期的坟前，凄楚地弹起了古曲《高山流水》。弹罢，他挑断了琴弦，长叹了一声，把心爱的瑶琴在青石上摔了个粉碎。他悲伤地说："我唯一的知音已不在人世了，这琴还弹给谁听呢？"

从此，伯牙与琴绝缘，再也没有弹过琴。

启示：其我们每个人都在苦苦寻觅，有道是"千古知音最难觅"，如果遇到了知音，我们应该珍惜，相互理解，相互支持。也许一无所获，但是事情不在于结果，而在于追求。在人生的旅途上，愿每个人都能找到自己的知音。

心灵百科屋

第一节 | 人际交往与沟通

◆ 心灵箴言 ◆

勿以恶小而为之，勿以善小而不为。

——刘备

世间最美好的东西，莫过于有几个头脑和心地都很正直的严正的朋友。

——爱因斯坦

不要瞧不起任何人，因为谁也不是懦弱到连自己受了侮辱也不能报复的。

——伊索

进入职校，学生生活的环境和人际环境均发生了巨大的变化，从与家人长时间相处转变为与同学长时间相处，学生们正处于渴求交往、渴求理解的阶段，交往能力越来越成为衡量个人能力的重要标准。

世界著名成功学大师、心理学家戴尔·卡耐基曾说过："一个人的成功，只有15%靠专业知识，另外的85%靠人际关系和处世技巧。"每个人都希望拥有友善、和谐的人际关系，每个人都渴望拥有"好人缘"。但在现实生活中，仍有许多学生不能正确地处理人际关系，导致出现各种各样的交际问题。因此，学生了解人际关系中常见的心理问题和调试方法，掌握人际交往的原则和技巧，建立和谐的人际关系，提高交往能力，不仅有利于个性完善，有利于身心健康，更有助于人的社会化，为今后的成功奠定基础。

所以，学生有必要调整好沟通的心态，了解受欢迎的人有什么样的良好品质，了解如何才能成为沟通高手。首先要了解人际关系的含义和人际关系的重要性，掌握必要的沟通方式，调整好心态，做好沟通前的准备。

一、人际交往概述

人际交往是指在现实社会的实践活动中，运用语言或非语言符号交换意思、传达思想、表达情感和需要的过程，人与人相互作用和相互影响，即人们通过交往沟通形成的人与人之间的一种心理联系及相应的行为表现。人际交往是人类特有的现象。人们通过不断的交往逐步实现社会化，同时通过与他人的互动完成个性的发展。

通常人际交往依赖于以下条件：

（1）人际交往的主观条件是交往双方有交往的意愿，并对交往的信息表示出一致的理解和认同。

（2）人际交往的过程，需要通过一定的手段来传递信息，交往过程也是个互动的过程。

（3）人际交往的目的在于及时反馈信息，可能强化或者弱化双方的交往意愿。

（4）人际交往有一定的交往技巧，具体反映到交往的原则、交往的手段、交往的艺术性及交往双方对彼此的理解和认可程度上。

二、人际交往理论

1. 三维理论

社会心理学家舒茨提出人际需要的三维理论。他认为：每个个体在人际互动过程中，都有三种基本的需要，即包容需要、支配需要和情感需要。舒茨认为，这三种基本的人际需要决定了个体在人际交往中所采用的行为，以及如何描述、解释和预测他人行为。三种基本需要的形成与个体的早期成长经验密切相关。

2. 人际关系理论

美国精神病医生和精神分析理论家沙利文，强调人的社会性本质，认为人格、精神病、诊断和治疗等都可以从人际关系的角度来理解和处理。他把人际关系看作是人生存必需的环境，并以动力场去说明人际关系，详尽阐述了动能的概念；同时他讨论了需要的张力，认为人除了有一般需要，还有从人际互动中产生的人际需要，强调了焦虑的张力和作用，探讨了人的经验发展具有的三种模式，提出了人格化问题，揭示了自我系统、自我动能的形成。

沙利文在其人际关系理论中阐述了四个关键概念。它们分别是：① 人类本质的社会性。这种社会性表现为人际关系，因此可以用人际术语界定精神病、人格、诊断和治疗等概念。② 焦虑。它在人格形成和人格障碍中起决定性作用。③ 操作。在人际领域中，个体之间的相互作用实际上是一种操作。人际操作的结果，既可导致人格障碍和精神病，也可治愈人格障碍和精神病。④ 发展序列。指人格发展的阶段性。

3. PAC 理论

美国心理学家埃里克·伯恩于1964年在《人们玩的游戏》一书中，提出了PAC理论。PAC理论又称为相互作用分析理论、人格结构分析理论、交互作用分析、人际关系心理分析，他将传统的理论加以提升，创立了整套的PAC人格结构理论，是一种针对个人的成长和改变的系统的心理治疗方法。

无论人们是以坚决还是非坚决的方式相互影响，当一个人对另一个人做出回应时，就出现了社会交互作用。这种对人们之间的社会交互作用的研究叫作交互作用分析。

这种分析理论认为，个体的个性是由三种比重不同的心理状态构成的，即"父母""成人""儿童"状态。取这三个状态的首个英文字母，Parent（父母）、Adult（成人）、Child（儿童），简称人格结构的PAC分析。PAC理论把个人的"自我"划分为"父母""成人""儿童"三种状态，这三种状态在每个人身上都交互存在，也就是说这三者是构成人类多重天性的三部分。

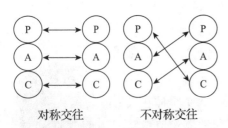

对称交往　　不对称交往

了解PAC分析理论，有助于我们在交往中有意识地觉察自己和对方的心理状态，做出互补性或平行性反应，使信息得以畅通。若能在交往中把自己的情感、思想、举止控制在成人状态，以成人的语调、姿态对待别人，给对方以成人刺激，同时引导对方也进入成人状态，做出成人反应，那就有利于建立互信、互助关系，保持交往关系的持续进行。国外对管理人员进行PAC分析理论教育，帮助他们了解人们在相互接触中的心理状态，取得了良好的效果。

三、人际交往的重要性

进入青春期后，学生由于自我意识增强，以及身心各方面矛盾出现，从而造成心理上的不安和焦虑，因此他们迫切需要一个能够交流思想、表露自我并能保守秘密的朋友，人际交往就是他们获得满足的重要桥梁。

随着年龄的增长，学生的需要层次不断递增，他们的需要不再局限于低层次的生理和安全需要，更多地要求满足自己的社会需要，从而使自己感到被理解、被尊重，使自己更有安全感，更深化了解自己，树立自我价值感，可达到自我肯定，树立自信心和自尊心。

1. 良好的人际关系，有助于深化自我意识

孔子曾说："独学而无友，则孤陋而寡闻。"人际交往，可以帮助我们加深对自己的认识，以及自己对别人的认识。在人际交往的过程中，彼此从对方的言谈举止中认识、了解对方。同时又从对方对自己的反应和评价中认识自己。交往面越宽，交往越深，对对方的认识越完整，对自己的认识也就越深刻。只有对他人的认识全面，对自己认识深刻，才能得到别人的理解、同情、关怀和帮助，自我完善才能实现。

物以类聚，人以群分，评价一个人的品行可以通过观察他的朋友。这是人际交往中的一个基本规律，我们往往与相似的人交往较多。这一规律也可以帮助我们进行自我认识。良好的人际关系更能够促进深化自我认识。

2. 良好的人际关系，有助于自我实现，树立自我价值感

价值即是有用。自我价值感，可以简单地理解为对自己的有用性的认同。一个人对他人、对社会是否有用，或者说是否有价值，不是由其本身来判定的，而是由他人和社会来评判的。而评判结果的反馈必须经由人际交往来实现，没有人际交往，也就没有了信息反馈的路径。良好的人际交往往往反馈出积极正面的信息。这些自然有助于确立自我价值感。

3. 良好的人际关系，有助于形成健康的个性

马斯洛发现，高水平的自我实现者对他人具有更强烈、更深刻的友谊和更崇高的爱。人格心理学家奥尔波特也发现，个性成熟的人都同他人的关系良好，个性成熟的人可以更好地理解他人，容忍他人的缺点和不足，能够对他人表示同情，具有给他人以温暖、关怀、亲密和爱的能力。大量事实告诉我们，人际交往对健全人格的形成至关重要。

良好的人际交往和健康的个性相互影响，相互促进。良好的人际交往，首先体现于与家人的良好交往。人从一出生就处于家庭和类似家庭的社会组织之中。俗话说，母亲是孩子的第一任老师。与父母及兄弟姐妹等家庭成员顺利、良好的交往，无疑会为人们的健康个性的形成与发展打下良好的基础。随着年龄的增长，我们都要走出家庭，走向社会，在学校、社会等领域，与他人良好交往，能够促使我们形成健康的个性。相反，大量理论和事实都指出，与他人交往不顺利，则很难形成健康的个性。或者说，很多的心理问题，包括心理疾病都有人际交往不良的影子。

●课外读物●

曾经有两个好朋友穿行在沙漠中。途中,两人发生了激烈争执,其中一个人给了另外一个人一记响亮的耳光。被掌耳光的人什么话也没有说,只是在沙子上写道:"今天,我最好的朋友在我脸上打了一耳光。"

他们继续行走,终于发现了一片绿洲,两人迫不及待地跳进水中洗澡,很不幸,被掌耳光的那个人深陷泥潭,眼看就要被溺死,他的朋友舍命相救,终于脱险。被救的人什么话也没说,在石头上刻下一行字:"今天,我最好的朋友救了我的命。"打人和救人的这个人问:"我打你的时候,你记在沙子上,我救你的时候,你记在石头上,为什么?"另一个人答道:"当你有负于我的时候,我把它记在沙子上,风一吹,什么都没有了。当你有恩于我的时候,我把它记在石头上,什么时候都不会忘记。"

4. 良好的人际关系,有助于人的社会化,满足社会交往需求

人际交往是协调集体关系、形成集体合力的纽带。而一个良好的集体,能促进青少年学生优良品质的形成,如正义感、同情心、乐观向上等,都是在民主、和蔼、有爱的人际关系中形成的。良好的人际关系还能够增进学生集体的凝聚力,成为集体中最重要的教育力量。

按照马克思主义理论,人的本质属性是社会性。很多动物与人一样,都存在着大量的个体甚至大量的群体,但只有人形成了人类社会,促使这一根本性区别出现的关键之一,就是人际交往。人际交往促使人类社会的形成。对于一个人而言,则是促使人的社会化进程。人从一出生只会本能地吃喝拉撒睡,到学会说话、学习、工作,都离不开人际交往。没有人际交往,就无法使人社会化。狼孩的故事也说明了脱离人际交往将无法使人真正地社会化,哪怕他们与其他人一样拥有人的一切生理特征。

5. 良好的人际关系,有助于学生协调和稳定情绪

曾经有人说,把一份快乐告诉另一个人,这份快乐就变成了两份快乐。把一份烦恼告诉另一个人,这份烦恼就减少了一半。学生情感丰富,情绪变化快,特别需要他人的理解、关心和支持。通过人际交往与同学相互沟通交流,在交往过程中取长补短。当有人愿意和我们交往时,我们将是积极的、愉快的、自信的。当  有人愿意倾听我们的苦恼时,我们的情绪就能得到协调和稳定发展。因此良好的人际关系能够稳定情绪,快乐时有人分享,烦恼时有人倾听。

总之,人际交往在社会化发展过程中具有重要的意义,如果没有人际交往,则会导致许多不良后果。英国心理学家谢弗总结了人际交往的缺失对青少年发展可能造成的消极后果,有情感问题,也有社会适应问题,较少的利他行为在群体合作和处理冲突等方面就会显现出缺陷。

第二节 社交与礼仪

> ● 心灵箴言 ●
>
> 不学礼,无以立。
>
> ——孔子
>
> 礼仪的目的与作用本在使得本来的顽梗变柔顺,使人们的气质变温和,使他尊重别人,和别人合得来。
>
> ——约翰·洛克
>
> 一个人的礼貌,就是一面照出他的肖像的镜子。
>
> ——歌德

社交礼仪是人们交往中的一种行为规范。人们在日常生活中,时时处处都离不开社交礼仪。随着改革开放的不断深入,人际交往不断增多,讲究社交礼仪越来越凸现出它的紧迫性、必要性和重要性。但凡是与人打交道,就应当注意礼貌礼节,处处做到仪表端庄,谦逊和蔼,文明礼貌,保持一种有素质、有修养的良好形象。

礼仪的含义:在待人接物的过程中,以最美好的仪表仪态将对对方的尊重表达出来是做人的基本准则。礼的基本要求就是尊重自己:尊重自己所学的专业,尊重自己所在的学校,尊重自己要从事的职业等;尊重他人:尊重长辈是天职,尊重同学是本分,尊重客人是常识;尊重社会:讲究功德,维护社会秩序,保护环境等。

一、仪表礼仪

仪容仪表是一个人精神面貌的外在体现。清洁卫生是仪容仪表的关键,是礼仪的基本要求。不管长相多好,服饰多么华丽,若满脸污垢,浑身异味,无疑也是毫无美感的。因此,每个人都应该养成良好的卫生习惯,做到入睡前和醒来后都要洗脸洗脚,饭前饭后刷牙,经常洗澡,讲究细节,勤换衣服。不要在人前做"个人卫生",如剔牙、掏鼻孔、挖耳屎、修指甲等,这些行为都应该避开他人进行,否则不仅不雅观,而且也是对他人的不尊重。与他人谈话时应该保持一定的距离,声音不要太大。

1. 服饰礼仪

通常服饰的基本运用原则是时间(Time)、地点(Place)和场合(Occasion)三者兼顾,简称 TPO 原则。服饰是最生动的自我介绍。穿着要符合自己的年龄特征、形体条件和职业特点。着装的基本要求是合体、合适、合度、有新意、有个性,整洁卫生。职校生的服饰主要以整洁、大方为主。

"T"原则，即时间原则，主要是指穿戴服饰时应考虑时代性、四季性、早晚性。也就是说，服饰应顺应时代发展的主流和节奏，穿戴应考虑春、夏、秋、冬季的气候环境，服饰应根据早、中、晚的气温变化而调整。

"P"原则，即地点原则，主要是指服饰穿戴者对即将出席的正式场地有所了解或估计，然后再选择自己应穿的服装和应戴的饰品，尽量做到在种类、质地、款式、花色等方面与所要前往的地点相协调。例如学生上学要穿校服，职员上班要穿工服。

"O"原则，即场合原则，主要是指衣饰打扮应顾及活动场所的气氛和规模。例如庄重、严肃的仪式活动应尽量穿着正式；轻松、愉快的郊游、远足等活动应尽量穿着方便随意。

2. 体态礼仪

体态就是人的身体姿态，又称仪态，包括人的言谈举止、站姿、坐姿及表情等。

谈话姿势：谈话姿势往往反映出一个人的性格、修养和素质，所以交谈时首先要双目注视对方的眼鼻之间，表明重视对方或对其发言颇感兴趣，同时也体现出自己的坦诚，不能东张西望、不能看书看报，否则会给人心不在焉、傲慢无礼等不好的印象。多用礼貌用语，如请、您、您好、谢谢、对不起、没关系、再见。

站姿：站姿是人站立时最基本的姿势，是一种静态的美。站立时，身体应与地面垂直，重心放在前脚掌上，挺胸收腹，抬头收下巴，双肩放松，双臂自然下垂，或者在胸前交叉，眼睛平视前方，面带微笑。在有些场合，不宜将手插在裤兜里或者交叉在胸前，更不要做一些小动作，给人缺乏自信的感觉，而且也有失仪态。

坐姿：端庄大方的坐姿会给人文雅、稳重、落落大方的美感。正确的坐姿应该是：腰背挺直，肩膀放松。女生应两膝并拢；男生膝盖可分开一些，但一般不宽过肩。在正式场合，入座时要轻柔和缓，起座要稳重，不可猛起猛坐。无论哪种坐姿，都要上身保持端正，这样，不管怎样变换身体的姿态，都会很自然。

二、提高内在文化底蕴

文化底蕴就是人类精神成就的广度和深度，即人或群体所秉持的可追溯较久的道德观念、人生理念等文化特征，包括人或群体的文化修养和道德修养。

（1）文化修养：学生要努力学习礼仪知识，了解和掌握社会对人们在礼仪方面的基本要求，以礼仪的理论武装头脑。有教养的人往往处理问题有方，自信稳重，在社会交往中具有吸引力，与其相处，让人身心愉悦。相反，文化修养较低的人，缺乏自信，给人以木讷、呆滞或狂妄、浅薄的印象。

在现实生活中，有的人之所以有这样或那样不合礼仪要求的行为，甚至危害社会公共利益，往往并不是一开始就有意做不合礼仪的事情，而是由于对各种事情、场合、活动等方面的礼仪无知和未能正确理解所造成的。提高认识是加强礼仪修养的起点。

（2）道德修养：有德才会有礼，缺德必定无礼，道德是礼仪的基础。现实生活中，为人虚伪、自私自利、斤斤计较、唯我独尊、嫉妒心强、苛求于人、骄傲自满的人，对别人不可能诚心诚意、以礼相待。因此，只有努力提高道德修养，才能使人的礼仪水平得到相应的提高。

三、学习礼仪的禁忌

（1）不要言而无信。言而无信，只是图了一时的方便和嘴上的痛快。长远来说，就会失去别人的信任，从而失去了朋友。

● 课外读物 ●

校园霸凌

某小学一个十岁男孩遇到了这样的事。两个同班同学趁他上厕所，把厕所里的脏纸篓扣到了他的头上。他为了清洗淋在头上的尿液，用冰冷的水洗头。孩子回到家后情绪特别激动。医生诊断为"急性应激性反应"。这件事被那两位同学的家长说成是一个玩笑。老师也说就是一个开过了的玩笑。学校里小打小闹很正常，家长不必小题大做。

到底什么是玩笑？这一事件到底该不该定性为校园霸凌？校方发出声明，把这件事定性为"偶发事件"，不构成校园霸凌或者暴力。但有一点可以确定，这绝对不是玩笑可以轻松概括的。

在国内，校园欺凌的性质总是被弱化。对于学生打人骂人，63%的处理方式都是老师口头训诫。在校园霸凌事件中，1/10会得到老师的干预。其大部分都被当成学生之间的开玩笑，或者以学生自行解决人际矛盾为理由而无视。

事实上，很多人都没有意识到校园霸凌的后果有多么严重——常常以人命为代价。2016年6月1日，青海省海东市的一名初中生，不堪同学的欺凌而喝农药自杀。他曾经向学校反映过这个问题，却因其成绩不好，被骂了回来。2016年7月1日，内蒙古乌海市第二中学，一个男生长期遭遇校园暴力，家长向学校反映，校方推脱说只是学生打闹，并称受害学生情绪稳定，结果男生上吊自杀。

美国一项调查显示，童年时期或青少年时期被欺凌是会影响孩子一辈子的。小时候被人长期欺凌的孩子，患抑郁症的概率是其他人的4.8倍，患焦虑症的概率是其他人的4.3倍，自杀率是其他人的18.5倍，被欺凌会让他们陷入自我否定的泥潭，怀疑自己是坏的、脏的、被讨厌的、不配得到爱和幸福的。他们对未来会格外悲观，很难对生活产生美好的期望。更重要的是，不要认为只是被施暴者会受影响，施暴者本身也会变本加厉，最后发展为暴力犯罪分子。

（2）不要恶语伤人。当对方脾气一触即发时，要临时回避，使对方找不到发泄对象，并逐渐使其消火。回避并不等于"妥协"，而是给对方冷静思考的空间，同时也证明自身的修养。

（3）不要随便发怒。医学认为，发怒时容易伤及自己的肝脾，易发怒的人的平均寿命明显低于正常的人，更容易衰老，而且还会伤了彼此的和气。所以，遇事要冷静思考，学会"换位"思考，冷静地站在对方的角度考虑问题。

（4）不要制造和传播谣言。在人后制造和传播谣言的做法，不仅会伤害朋友间的情谊，甚至会导致反目成仇，同时也会反映出低下的品格。所以要做到，不干涉他人的隐私，不传播小道消息，对他人的过失不要幸灾乐祸。

（5）不要开过分的玩笑。开玩笑是常有的事，但要适度。我们可以从以下几个方面来把握：性格开朗、大度的人，可以稍多一点玩笑，可以使气氛更加活跃。拘谨的人，少开甚至是不开玩笑。对异性，特别是对于女性，开玩笑一定要适当。不要拿别人的姓名开玩笑或是乱起绰号、乱叫绰号。在一些沉痛的气氛中或是严肃或庄重的集会、重大的社会活动中，不要开玩笑。即使开玩笑，也要注意内容健康、幽默和高雅。不要拿别人的缺陷开玩笑，不要开庸俗、下流的玩笑。

四、学习社交礼仪的好处

1. 学习社交礼仪有利于提高与人交往的能力

学生通过人际交往活动，在交往过程中获得友谊，是适应新的生活环境的需要。在校期间，能否与他人建立良好的人际关系，对一个人的成长和学习有着十分重要的影响。

社交礼仪就是一种特殊的语言，学生学习和掌握社交礼仪的基本知识和规范，就能顺利地开启各种交际活动的大门，建立起和谐融洽的人际关系。

2. 学习社交礼仪有利于提高社会心理承受力

礼仪是整个人生旅途中的必修课。任何一个生活在某一礼仪习俗和规范环境中的人，都会自觉或不自觉地受到该礼仪的约束。

自觉地接受社会礼仪约束的人，就被认为是"成熟的人"，符合社会要求的人。反之，一个人如果不能遵守社会生活中的礼仪要求，就会被视为"另类"，社会就会以道德和舆论的手段来对他加以约束。

一个具有良好的心理承受力的人，在交往活动中遇到各种情况和困难时，都能始终保持沉着稳定的心理状态，根据所掌握的信息，迅速采取最合理的行为方式，化险为夷，争取主动。相反，一些缺乏良好的心理承受力的人，在参加重大交际活动前，常会出现惊慌恐惧、心神不定、坐卧不安等状况，有的在交际活动开始后，甚至会出现心跳加快、四肢颤抖、说话声调不正常等状况。

学习社交礼仪，不仅可以满足学生走向社会的需要，而且还可以培养学习适应社会生活的能力，提高其社会心理承受力。

3. 学习社交礼仪有利于提高人文素质

人文素质主要是指通过人文学科的教育去塑造和培养内在品格和修养，也就是塑造高尚的精神境界和高品位的文化境界。人文教育有明显的教化功能。它作用于人的情感状态，影响和改变人的价值观、人生观、个性等，最终目标是教人学会与他人相处，学会做文明人。现在一般认为人文素质教育渗透在文学、艺术、历史文化、哲学、伦理学等学科中，而社交礼仪涵盖了中华民族的文化教育和道德教育。可见，社交礼仪更能直接地教会学生如何与人相处，如何做文明人。

4. 学习社交礼仪有利于促进学生的道德教育

通过学习礼仪课，可以让学生更好地认识社会，更好地理解社会生存法则、与人接触原则等，更好地认识到一个真正的人应该做出怎样的选择，人的素质是不断自我选择的结果。

5. 学习社交礼仪有利于促进社会主义精神文明建设

社交礼仪是社会主义精神文明教育体系中最基础的内容，因为讲文明、讲礼貌是人们精神文明程度的具体体现。普及和应用礼仪知识，是加强社会主义精神文明建设的需要。通过社交礼仪教育，可以明确言谈、举止、仪表和服饰能反映出一个人的思想修养、文明程度和精神面貌。每个人的文明程度不仅关系到自己的形象，同时也影响到整个社会的精神文明建设。

通过社交礼仪教育，可以进一步提高学生的礼仪修养，培养学生应对酬答的实际能力，养成良好的礼仪习惯，具备基本的文明素养，让文明之花遍地开放。如果人人讲礼仪，我们的社会将充满和谐与温馨。由此可见，教授社交礼仪的根本目标是要教育、引导全体公民自觉遵循社会主义礼貌道德规范以及相应的社交礼仪形式，提高人们的文明意识，使其养成文明行为的习惯，促使良好社会风尚形成，使人与人之间、人与社会之间达到高度和谐。

第三节 人际交往障碍及调适

❖ 心 灵 箴 言 ❖

友谊是我们哀伤时的缓和剂，激情的疏解剂，是我们的压力的流泄口，我们灾难时的庇护所，是我们犹疑时的商议者，是我们脑子的清新剂，我们思想的散发口，也是我们沉思的锻炼和改进。

——杰里米·泰勒

得不到友谊的人将是终身可怜的孤独者。没有友情的社会则只是一片繁华的沙漠。

——培根

在现代社会中，人际交往是人们社会生活的重要内容之一，自我发展、心理调适、信息沟通、各种不同层次需求的满足及人际关系的协调，都离不开人际交往。人与人的交往集中体现着心理上的交流，而人际关系就是建立在心理接触基础上的社会关系。

但在实际的交往过程中，总是或多或少地存在着一些不尽如人意之处，影响了人际交往的正常进行。大量资料显示，职业学校的学生的心理问题，有大约80%源于人际交往。在人际交往过程中，常因为一些时空、态度、需要等客观因素，以及认知、人格及情绪等心理因素的偏差而陷入心理误区，出现自卑、猜忌、嫉妒和社交恐惧等人际交往障碍。

一、人际交往中常见的心理障碍

1. 自卑心理障碍

自卑的浅层感受是别人看不起自己，而深层的理解是自己看不起自己，即缺乏自信。

心理学家阿德勒认为人天生就带有一种自卑的情绪，恰当的自卑能帮助激励人发奋图强，但是过于自卑则会使人慢慢堕落，甚至毁掉前程。对于学生而言，正处于青春期，内心敏感，承受力较差，很容易因为自卑心理而一蹶不振。在人际交往中产生自卑心理的原因主要有自身、家庭、环境三方面。

① 自身原因。职校生未能养成好的学习习惯，从而造成学习能力差，长此以往，逐渐形成自卑心理。② 家庭原因。父母忙于生计，无暇顾及孩子的生活与学习，加上社会地位、自身素质偏低，而滋生出自己家庭不如别人的自卑心理。单亲家庭的学生，也容易产生自卑心理。③ 环境原因。少数学生调皮、上课注意力不集中、成绩不理想，再加上一些老师的处理方法不恰当，将其归为差生之列，长此以往，学生就会产生自暴自弃的心理。

觉得自己什么也做不好。

2. 嫉妒心理障碍

适当的嫉妒能够促进学生进步，促使其不甘落后，如果能够通过正常的途径与他人进行公平的竞争，这无疑是一种很好的促进学生积极向上的方式。但是如果嫉妒心太重，学生过于看重面子与荣耀，一旦其在学习、能力、名声上稍微比别人差一点，就会心生不悦，甚至产生惭愧怨恨的心理，并伴有强烈的挫折感，又缺乏与对手开展竞争的勇气，此时，如果没有人对其展开积极的开导与劝解，则会使其意识产生偏差，对自己、对别人而言都是一种伤害，甚至会对其心理健康与交际能力造成严重的障碍，最终使其越来越封闭。可见，嫉妒会对一个人的正常思维与行动造成影响，在极端情况下，个别学生会做出具有攻击性、破坏性的行为。嫉妒作为一种情绪障碍，能够扭曲人的心灵，妨碍正常的人际交往。大学生产生嫉妒心理的条件十分充足，学习成绩、社交能力、家庭背景，甚至身体样貌都能够引发嫉妒心理。

◎ 课外读物 ◎

嫉 妒

高中前两年，小薛的成绩一直很好，但进入高三后，小薛成绩有所退步。可可从理科班转到目前的文科班，成绩拔尖。两个学业都可以用优秀来形容的学生，在10月10日傍晚，发生了令所有人都猝不及防的意外，小薛把可可带到洗手间，用水果刀猛刺后者身上6刀，事发后学校老师火速将可可送往医院，抢救近6个小时，仍然没能挽回可可的生命。目前小薛已经被警方拘留。

在家人、同学和老师的口中，可可是个懂事、幽默、人缘很好的孩子，小薛则是比较内向的学生。据周围人反映，小薛的刺杀动机很可能是出于对可可的嫉妒。此前，他们之间已经有过几次小摩擦，小薛也曾表示嫉妒可可的成绩。

嫉妒的特点是：针对性——与自己有联系的人；对等性——往往是和自己职业、层次、年龄相似而成绩或表现超过自己的人；潜隐性——大多数嫉妒心理潜伏较深，体现在行为上较为隐秘。

3. 报复心理障碍

报复心理是学生在人际交往中以攻击、破坏的方式来发泄给自己带来挫折、不快的一种心理，是一种比较极端、偏激的心理障碍。产生报复心理，甚至做出报复性行为的学生，心胸都比较狭窄，品质不良。报复心理的产生，一方面与报复学生本人的心理与性格有着密切的关系，另一方面也与报复学生本人所处的社会、生活环境密切相关。报复心理障碍会给报复者本人、他人及整个社会带来负面影响。就学生而言，其心理、性格正处于成长、发展的过程中，在学校里，学生众多，家庭背景复杂，在相互交往的过程中难免会发生摩擦、碰撞，事事不可能都令人满意，因此，教师要引导学生谨慎克服报复心理及行为。

4. 自负心理障碍

只关心个人的需要，强调自己的感受，在人际交往中表现为目中无人。与同伴相聚，不高兴时会不分场合地乱发脾气，高兴时则海阔天空，手舞足蹈讲个痛快，全然不考虑别人的情绪和别人的态度。另外，在对自己与别人的关系上，过高地估计了彼此的亲密度，随口讲一些不该讲的话。这种过于亲昵的行为，反而会使对方出于心理防范而与之疏远。

	依据（产生原因）	追求的目标	特点及表现	结果
自负	过高地评价自己（依据虚假事实）	过高，不可能达到	看不起别人，自以为是，意气用事	失败后，转向自卑
自信	正确认识自己（实事求是）	适当，努力后可以达到	积极主动地去应对生活中的各种问题，不断努力，走向成功	走近成功
自卑	过低地评价自己（依据虚假事实）	过低，甚至没有目标	轻视自己，不敢尝试	远离成功

5. 多疑心理障碍

这是人际交往中一种不好的心理品质，可以说是友谊之树的蛀虫。正如英国哲学家培根所说："多疑之心犹如蝙蝠，它总是在黄昏中起飞。这种心情是迷惑人的，又是乱人心智的。它能使你陷入迷惘，混淆敌友，从而破坏人的事业。"具有多疑心理的人，往往先在主观上设定他人是对自己不满的，然后在生活中寻找证据。带着以邻为壑的心理，必然把无中生有的事实强加于人，甚至把别人的善意曲解为恶意。这是一种狭隘的、片面的、缺乏根据的盲目想象。

6. 干涉心理障碍

心理学家研究发现，人人都需要一个不受侵犯的生活空间。同样，人人也需要一个自我的心理空间。再亲密的朋友，也有个人的内心隐秘，有一个愿向他人坦露的内心世界。有的人在与人相处时，偏偏喜欢询问、打听、传播他人的私事，这种人热衷于探听别人的情况，并不一定有什么实际目的，仅仅是为了满足以刺探别人隐私而沾沾自喜的低层次的心理而已。

7. 羞怯心理障碍

羞怯心理是绝大多数人都会有的一种心理。具有这种心理的人，往往在交际场所或大庭广众之下，羞于启齿或害怕见人。由于过分的焦虑和不必要的担心，使自己在言语上支支吾吾，行动上手足失措。长此下来，将不利于与他人的正常交往。

8. 敌视心理障碍

这是交际中比较严重的一种心理障碍。有着敌视心理障碍的人总是以仇视的目光对待别人。这种心理或许来自童年时期的家庭环境，由于受到虐待而产生别人仇视我，我仇视一切人的心理。对不如自己的人不宽容，以表示敌视；对比自己厉害的人用敢怒不敢言的方式表示敌视；对处境与己类似的人则用攻击、中伤的方式表示敌视，使周围的人随时有遭受其伤害的危险，因而不愿与之往来。

二、如何调适心理障碍

1. 消除自卑心理障碍

首先，要正确认识并接纳自己。要消除自卑心理，就要让学生从多方面、多途径去了解、认识自己，并且能够对自己进行正确的自我评价，接纳自己。在这样的情况下，鼓励学生勇敢地去接受自己的缺陷，集中精力去发展、完善自己，因势利导，以己之长补己之短。

其次，要正确地与他人进行比较。有自卑心理的学生常常拿自己的短处与他人的长处进行比较，导致其自卑心理的加剧。其实，每个人都有所不同，各有所长，也各有其短。

再次，要量力而行，循序渐进，积极开展人际交往实践锻炼。除了要对自己进行正确的评价，还要适当展示自己的才能。心理学家建议，自卑心理较强的学生，可以多做一些力所能及的事情，在这个过程中肯定自己的交往能力，以此来增强自信心。

2. 消除嫉妒心理障碍

在学生群体中，嫉妒心理是普遍存在的，适度的嫉妒心理能够刺激、激励学生奋发向上，但是过度的嫉妒心理则是一种心理疾病，甚至引起学生的怨恨情绪，从而做出具有破坏性的行为。要帮助学生消除嫉妒这一心理障碍，最为重要的就是要帮助学生建立一个良好的心态，能够更加客观、公平地对待自己。

将成绩比自己好、能力比自己强的学生，作为一种能推动自己进步的动力源泉，来不断鞭策自己前进。即便自己努力、奋斗之后，与同学之间仍然存在差距，也应该端正自己的态度。

3. 消除报复心理障碍

学会换位思考，站在他人的角度重新考虑一下事情发生的原因和经过，理解他人的苦衷，设想如果自己也和他人处境一样，自己又该如何做。正确看待他人对自己造成的不愉快，学

会宽容和接纳，从而消除不必要的报复心理，以免造成人际关系的恶性循环；加强自身修养，培养开阔的胸怀，提高自制能力，让自己的性格像阳光一样明亮，保持平静的心境，情绪不要受外界的干扰，这样的话就会避免报复心理；不要欺负别人，更不能欺负弱小者，如果别人欺负你，你可以在不违反原则的前提下，采取恰当的方式去应对，尽力维护自己的尊严，不要让自己的身体和心理受到伤害，但一定要注意尺度，不要太偏激，以免造成不可挽回的损失；要有法律意识，报复心强的人往往因为愤怒而淹没了理智，实施报复时，手段毒辣，给他人造成严重伤害的同时，自己也

触犯了法律，最终受到法律的制裁，追悔莫及；尝试理解他人采取某些过激行为或者伤害自己的行为，如果他人动机合理，自己就可以减少不良情绪的产生，将报复心理扼制在萌芽状态。

培养良好的自我意识，不要对他人他事过分关注、在乎，了解人与人之间的差异性，并且接纳这种差异，容许人与人之间存在不同的观念和习性，让自己在正常的旋律下舞动美丽的人生，而不要将自己囚禁在报复的牢房里苦心经营命运的悲剧。

4. 消除自负心理障碍

经历适当的挫折可使学生的心理机制健全起来，不至于过分自负，经受不住任何打击。要客观地认识自己的不足，不能以偏概全，也不能视而不见。

无论是自理能力差，还是意志软弱、自负心理严重，多半是家长过分溺爱孩子、保护孩子所导致的。因此，建议家长多带孩子出去走走，看看外面精彩的世界，而不要"坐井观天"，夜郎自大。让孩子在轻松愉快的氛围中感受到山外有山，楼外有楼。

5. 消除多疑心理障碍

首先，需要慢慢地有意识地去减少多疑的次数，多与人真诚地沟通，多聊一些比较感兴趣的话题，尽量避开自己的短板，正确认识自己，学会换位思考，增加自信心，善于发现事物的积极面，等等。

其次，可以多参加一些人际交往活动，因为多疑的产生往往是孤独寂寞的缘故。要接触更多的人，了解他们不同的想法，不要局限在自己的思维中。

最后，可以学习一些人际交往的技巧。当与别人沟通时，要尽量保持微笑，保持良好的社交状态，懂得如何给人以好的印象。

6. 消除干涉心理障碍

（1）思维阻断法。当有干涉别人隐私的念头出现时，要对自己说："停止！"同时把自己的注意力转移到感兴趣的活动中去。比如参加一些运动量大的体育活动，就能暂时抑制干涉别人的念头。

（2）升华法。可以把干涉他人的心理升华为对别人的关注或关心。干涉他人隐私是一种不道德的行为，会受到周围人的谴责。平时，少一点对他人的干涉，多一点对别人的关心，把自己的行为限制在恰当的范围内。

7. 消除羞怯心理障碍

羞怯是内心不安的一种反映，也是人的自卑感在作怪。应该正确认识到，人人都有其优势和长处，也有劣势和短处。那么不妨画一张表，标明自己的优缺点，牢记自己比他人优越的地方，确认自己是有才能的，然后充满自信地去参加社交活动。记住，要让别人认可自己，必须先得到自己的认可。不要对别人如何评价自己过于敏感、在意，要学会正确、客观地评价自己。

除此之外，还应尽量去除心理上的孤独感。多参加社交活动和文体活动，扩大人际交往的圈子，要学会与人交谈，特别是学会与陌生人交谈，千万不要采取回避态度。相信自己在陌生的环境中也能找到真正的朋友，而且还应看到其他人也同样在寻找朋友，寻找依托和帮助。当你确信自己与他人处于同样位置的时候，你就会消除孤独感，由不安走向坦然。

8. 消除敌视心理障碍

敌对心理往往因不了解而引起，要通过沟通了解彼此对问题的看法，知道双方都需要改进的地方，这样就可以化解误会，增进了解，消除敌对心理。

发挥自己的强项。任何人都不是一无是处的，也许你的学习成绩不好，但你能歌善舞或者能写会画，或者体育能力出众等，只要尽情发挥，这也是成功，也是胜利。

给自己积极的暗示。如果与家人或老师无法沟通，即使自己在各方面没有突出之处，也不用灰心，最佳的方法是给自己积极的暗示，常常对自己说"我很快乐""我很幸福"。拥有愉快的心态，不仅可以减轻敌对倾向，并且可以在学习生活中给予正面的影响。

第四节 人际交往的原则和技巧

----- ● 心 灵 箴 言 ● -----

友谊只能在实践中产生并在实践中得到保持。

——歌德

我们粗心的错误，往往不知看重我们自己所有的可贵的事物，直至丧失了它们以后，方始认识它们的真价。我们无理的憎嫌，往往伤害了我们的朋友，然后再在他们的坟墓之前捶胸哀泣。

——莎士比亚

如果我们想法交朋友，就要先为别人做些事——那些需要花时间、体力、体贴、奉献才能做到的事。

——卡耐基

一、人际交往的一般原则

1. 相互性原则

人际交往的基础是彼此间相互重视与支持。任何个体都不会无缘无故地接纳他人。喜欢是有前提的，相互性就是前提，我们喜欢那些也喜欢我们的人。人际交往中的接近与疏远、喜欢与不喜欢是相互的。

2. 交换性原则

人际交往是一个社会交换过程。交换的原则是：个体期待人际交往对自己是有价值的，即在交往过程中，得大于失，至少等于失。人际交往是双方根据自己的价值观进行选择的结果。

3. 自我价值保护原则

自我价值是个体对自身价值的意识与评价；自我价值保护是一种自我支持倾向的心理活动，其目的是防止自我价值受到否定和贬低。由于自我价值是通过他人评价而确立的，因此个体对他人的评价极其敏感。对肯定自我价值的他人，个体对其表示认同和接纳，并投以肯定与支持；而对否定自我价值的他人则予以疏离，激活个体的自我价值保护动机。

4. 平等原则

在人际交往中，总要有一定的付出或投入，双方对交往的需要和这种需要的满足程度必须是平等的，平等是建立人际关系的前提。人际交往是主动的、相互的、有来有往的。人都有获得友爱和受人尊敬的需要，都希望得到别人的平等对待，人的这种需要就是平等的需要。

5. 相容原则

相容是指人际交往中的心理相容，即人与人之间的融洽关系，与人相处时的容纳、包涵、宽容及忍让。要想做到心理相容，应注意增加交往频率，寻找共同点，做到谦虚和宽容。为人处世要心胸开阔，宽以待人。要体谅他人，遇事多为他人着想，即使他人犯了错误，或者冒犯了自己，也不要斤斤计较，以免因小失大，伤害相互之间的感情。

6. 信用原则

信用即指一个人诚实、不欺骗、信守诺言，从而取得他人的信任。人离不开交往，交往离不开信用。要做到说话算数，不轻许诺言，与人交往时要热情友好，以诚相待，不卑不亢，端庄而不过于矜持，谦逊而不矫揉造作，要充分显示自己的自信心。一个处事果断、富有主见、精神饱满、充满自信的人会很容易激发别人的交往动机，博取别人的信任，使人产生乐于与其交往的意愿。

7. 理解原则

理解主要是指体察了解别人的需要，明了他人言行的动机和意义，并帮助和促成他人合理需要得以满足，对他人生活和言行的有价值部分给予鼓励、支持和认可。

上述这些人际交往的基本原则，是处理人际关系不可或缺的几个方面。运用和掌握这些原则，是处理好人际关系的基本条件。

二、人际吸引的规律

如果把人际关系看成是一幅人们相互作用的动态图,那么它最直接的表现就是人们之间的相互吸引和排斥。从社会心理学的角度来看,人际吸引具有以下规律:

(1)接近吸引律。当交往的双方在时空、兴趣、态度及职业、背景等方面接近时,彼此之间易于相互吸引。

(2)对等吸引律。"敬人者,人恒敬之。"人们都喜欢那些喜欢自己的人,更喜欢那些对自己的喜欢程度不断增加的人,而不喜欢那些对自己的喜欢程度不断减少的人。

(3)相似吸引律。"物以类聚,人以群分。"人们通常喜欢那些在各方面与自己存在着某种程度上类似的人,主要是在态度、信仰、爱好、兴趣等方面的相似。

(4)互补吸引律。双方的个性与需要及满足需要的途径恰为互补关系时,会产生强烈的吸引力。因此,喜欢沉默的人往往会与爱说话的人成为朋友。

(5)能力吸引律。一般来说,一个人越有能力,就越受人喜欢。但是,能力与受喜欢的程度并不永远成正比。

(6)异性吸引律。男人和女人之间总比男人和男人之间,或女人和女人之间更易相互吸引,更易建立联系。

三、人际交往中悦纳他人的技巧

在社交中,人们希望给他人留下良好的印象,受人尊重,被人悦纳,这是一种多层次的追求。以下是悦纳他人的技巧。

(1)尊重别人。一个尊重他人的人,才是值得尊重的。尊重他人首先是尊重他人的人格,包括尊重其习惯、兴趣爱好、生活方式等。如在别人发表意见时,切忌随意打断话头,即使别人的见解一般,也要让别人把话讲完。其次是尊重别人的财产权,借了别人(哪怕是好朋友)的东西,要如期归还。再次是尊重他人的隐私权,对于他人不愿公开的秘密,不应打听和传播。

(2)信守承诺。信守承诺是做人的基本准则,体现了人格的魅力。俗话说"一诺千金",在人际交往中,许诺的事,应该是自己能够做到而且有必要去做的事;一经许诺,应设法兑现;有些诺言因条件所限一时难以兑现,则应向对方解释。

(3)善于发现人际交往中的自我视觉"盲点",也就是在社交中那些为当事人不易察觉的但有损其社交形象的不足之处,如讲话中的"口头禅",社交场合中一些不雅的习惯性动作等。要想克服视觉"盲点",就要从信息的反馈着手,善于从别人的异样反应中觉察自己的不当之处,随时予以纠正。

(4) 讲究分寸。此处的分寸是指社交中的适度性。社交的分寸感体现在很多方面，如与对方只是一般性的工作关系，相互志趣不一，则不妨保持一般的工作关系；初次见面，应以礼相待，一般不宜马上称兄道弟，打得火热，无话不说；开玩笑要看对象和场合等。实践证明，有分寸感的人，往往被认为是信得过的人。

四、培养良好的交际心理

人际交往活动中，心理品质直接、长久地影响着交往效果。因此，心理品质是交往的基础和重要因素。为了达到良好的交际效果，学生在人际交往中需要培养如下心理品质。

1. 真诚

真诚是一种对人实事求是的态度，是待人真诚友善的表现。"人之相知，贵相知心"。真诚的交往能使双方心心相印；真诚的付出能使交往双方友谊地久天长。相反，虚伪是交往最大的敌人。美国一位心理学家于1968年设计了一种表格，列出了550个描写人品的形容词，让一些学生说出最喜欢和最不喜欢的。结果，学生评价最高的品质是真诚。六个评价最高的形容词有：真诚、诚实、忠诚、真实、信赖和可靠。评价最低的品质是虚伪。由此可见真诚在人际交往中的意义和分量。

2. 信任

信任是一种对人持有肯定评价的态度。在人际交往中，信任就是要信任他人的真诚，从积极的角度去理解他人，而不是胡乱猜疑，相互设防。交往双方互不信任，人际关系迟早会出现裂痕，甚至造成严重的人际冲突和人际伤害。可见信任对人际交往是多么可贵。

3. 克制与宽容

克制是一种能够容忍他人或事的意志品质。与人交往，难免产生摩擦冲突。而有了克制，就会化干戈为玉帛。当然，克制并非是无条件的，而是有理有节的。如果只为一时苟安，忍气吞声地任凭他人无端攻击和指责，则是怯懦的表现，不是正确的交往态度。

与克制相连的是宽容。宽容是一种美德，是修养的一种高境界。在人际交往中，一定要心胸宽广，要高姿态，要大气量，遇事要衡量利弊，不能斤斤计较，苛求他人。要提高自我修养，达到交往的高境界。

4. 自信与谦逊

自信是对自身的一种具有肯定评价的态度。俗话说，自爱才有他爱，自尊而后有他尊。没有自信，就不会放手大胆地和他人交往，也就不容易取得交往的成功，其他的一切都无从谈起；没有成功的体验，反而会降低自信。自信绝不是孤芳自赏、盲目清高，而是对自己的不足有所认识，并善于听从别人的劝告，勇于改正自己的缺点和错误。

自信的同时也要谦逊。谦逊同样是有利于人际交往的一种必不可少的美德。谦逊之人，人们总是乐于与之交往，反之，狂妄自负、目中无人之人，人们只会避而远之。在人际交往中，拥有自信和谦逊的态度，才能建立起有利于自身发展的人际环境。

5. 热情主动

热情是一种高级的情感状态，热情能给人以温暖，能促进人的相互理解，能促进人的相互沟通。因此，热情待人是沟通情感、促进人际交往的重要心理品质。

热情的人在人际交往中往往采取主动的态度。要想建立和改善自己的人际关系，在人际交往中就一定要有主动精神。主动发表自己的意见，主动征求别人的意见，主动帮助他人，主动与对方言归于好，主动改善自己，这些都是有效的和必要的交往技巧。

五、拿捏最佳距离，保持最适度关系

一群刺猬在寒冷的冬天互相依偎，为的是通过彼此的体温取暖以免冻死，可是很快它们就被彼此身上的硬刺刺痛，因此相互分开；当取暖的需要又使它们靠近时，又重复了第一次的痛苦，以至于它们在两种痛苦之间忍受煎熬，直至它们发现一种适当的距离，使它们既能够互相取暖而又不被刺伤。由此可见，人与人之间也应有一定的距离，即"身体距离"和"心理距离"。"身体距离"即"私人空间"；"心理距离"即"孤独感"。

所谓"私人空间"，是环绕在人体四周的一个抽象范围，人们看不清它的界限，但它确确实实存在，而且不容他人侵犯。无论在拥挤的车厢还是电梯内，你都会在意他人与自己的距离。当别人过于接近你时，你可以通过调整自己的位置来避开这种不适感。

人与人之间需要保持一定的空间距离。任何一个人，都需要在自己的周围寻找一个自己把握的自我空间，它就像一个无形的"气泡"一样，为自己"割据"了一定的"领域"。而当这个自我空间被人触犯时，人们就会感到不舒服、不安全，甚至恼怒不已。

一般而言，交往双方的人际关系及所处情境决定了相互间自我空间的范围。美国人类学家爱德华·霍尔博士划分了四种区域或距离，各种距离都与双方的关系相契合。

1. 亲密距离

这是人际交往中最小的间隔，即我们常说的"亲密无间"，其范围约在15cm之内，彼此间可能肌肤相触、耳鬓厮磨，以至于相互能感受到对方的体温、气味和气息；其范围是15~44cm，身体上的接触可能表现为挽臂执手，或促膝谈心，仍体现出亲密友好的人际关系。

就交往情境而言，亲密距离属于私下情境，只限于在感情联系上高度密切的人使用。在社交场合，大庭广众之下，两个人（尤其是异性）如此贴切，就不太雅观。在同性别的人之间，往往只限于贴心朋友，彼此十分熟识而随和，可以不拘小节，无话不谈；在异性之间，只限于夫妻和恋人。因此，在人际交往中，一个不属于亲密距离范围内的人如果随意闯入这一空间，不管其用心如何，都是不礼貌的，都会引起他人的反感，也会自讨没趣。

2. 个人距离

这是人际间隔上稍有分寸感的距离，较少有直接的身体接触。个人距离的近范围为 46~76cm，恰好能互相亲切握手，友好交谈。这是与熟人交往的空间距离。陌生人进入这个距离范围，就会构成对别人的侵犯。个人距离的远范围是 76~122cm，任何朋友和熟人都可以自由进入。不过，在通常情况下，熟人之间交往时保持的距离更靠近远范围的近距离端，而陌生人之间谈话则更靠近远范围的远距离端。

3. 社交距离

这已超出了亲密的人或熟人的人际关系，体现出一种社交性或礼节上的较正式关系。其近范围为 1.2~2.1m，一般在工作环境和社会聚会上，人们都会保持这种程度的距离。

社交距离的远范围为 2.1~3.7m，表现为一种更加正式的交往关系。公司的领导者常用一个大而宽阔的办公桌，将来访者的座位放在离桌子一段距离的地方，这样与来访者谈话时就能保持一定的距离，增加了一种庄重的气氛。

4. 公众距离

这是公开演说者与听众所保持的距离。其近范围约 4~7m，远范围在 25m 之外。这是一个几乎能容纳一切人的"门户开放"的空间，人们完全可以对处于空间的其他人"视而不见"，不予交往，因为相互之间未必发生一定的联系。因此，这个空间的交往，大多是当众演讲之类，当演讲者试图与一个特定的听众谈话时，他就必须走下讲台，使两个人的距离缩短为个人距离或社交距离，才能够实现有效沟通。

人际交往的空间距离不是固定不变的，它具有一定的伸缩性，这依赖于具体情境、交谈双方的关系、社会地位、文化背景、性格特征、心境等。

我们了解了交往中所需的自我空间及适当的交往距离，就能有意识地选择与人交往的最佳距离；而且，通过空间距离的信息，还可以很好地了解一个人的实际社会地位、性格以及人们之间的相互关系，更好地进行人际交往。

◎ 课 外 读 物 ◎

颜色的含义

黑色人的性格：黑色具有自我压抑的性格成分，在神秘中藏有威严的气势，让人心生肃穆之感，对周围人的影响是极大的。黑色性格的人具有很强的抗压能力、持久的忍耐力，意志坚定，坚持不懈。同时，黑色下面隐藏的自卑与怯弱的负面影响也是不容忽视的，它们可能会让一个人变得毫无吸引力。喜欢黑色的人可以分为两类，一类是善于运用黑色的人，这类人很精明，他们拥有动人心弦的力量，能够很好地处理各种棘手局面。另一类是用黑色来逃避现实的人，他们很在乎别人的眼光，想用黑色来塑造自己的神秘感和威严感。这类人听不进他人的意见，个性易偏执。

黑色传达的信息："谁也别想指使我""我说的话不容反驳""我是个决绝的人"，等等，所以黑色特别适合用在命令别人的场合，但是黑色具有很强烈的拒绝意味，人们总会不自觉地远离那些经常穿黑色衣服的人。不过从另外一个角度来说，这样也就不会被一些烦琐的小事打扰，如果你总是喜欢接近黑色，那么就代表你压力过大，不想说话，甚至只想安安静静地休息。

白色人的性格：白色性格的人怀着一份好奇心去看待周围的世界，不容易相信别人，不会轻易表达自己丰富的感情体验。安静的性格会让他们用沉默来面对大多数的事情。上进心不够，想要按照自己的意愿去生活，却又不敢选择去冒险。喜欢白色的人有苛求自己的倾向，应该试着敞开心扉，为心灵减压，学会平静地接受理想和现实的差距。

白色传达的信息："我很诚实""我在认真听你说话""我很有个性""我是一个爱干净的人"，等等，白色非常适合用在那些需要取信于人的场合。但是在使用白色的时候需要注意，白色容易带来距离感，最好与其他的颜色搭配使用；使用白色的时候一定要保证干净，不要有斑点或者污渍，否则其正面效应就会削弱，甚至消失。

灰色人的性格：喜欢灰色的人情绪很少波动，他们不会给自己找麻烦，也不会去追求什么。他们通常知识丰富有教养，做事干练，善于平衡局面，能够把集体利益放在自己的利益之上。不过，喜欢灰色的人缺乏突破自我的精神，容易让自己陷入被动，也可能会被迫做出选择，听从他人意见行事。

灰色传达的信息："我不想争权夺利""我把组织利益放在私利之上""我是认真的""我和你的想法一致"，等等，所传达的都是正面信息，这种颜色比较适合阅历丰富的成熟人士使用，不适合年轻人，不过，灰色使用过多也会给人带来缺乏进取勇气的印象，所以要注意灰色的使用频率。

红色人的性格：喜欢红色的人性格开朗，做事风风火火，能够对自己的兴趣爱好全情投入。他们总是充满信心并且能够积极付诸行动。他们对人毫无戒心，有可能会被别人利用。喜欢红色的人情感起伏很大，做事很难坚持，常常三分钟热情。另外，他们很容易被善于奉承和巴结的人利用。红色性格的人对生活持开放的态度，这给他们带来丰富的人生体验。他们能够用活力与激情去感染周围的人，对自由有强烈的需求，懂得享受生命，享受赞美。他们的人生信条为：明天会更好。

红色传达的信息："请注意我""我想吸引别人的注意""我精神很好""我喜欢华丽的东西"，"我喜欢刺激"，等等。这些极具干劲和勇气的信息，决定了红色比较适合用在需要吸引别人注意力的场合，比如演唱会、企业宣传活动中，等等。红色是一种充满激情的颜色，这种颜色不仅能够让别人感受到你的信心，对于提高自己的自信心也有很好的作用。

粉色人的性格：粉色被认为是女性的颜色，喜欢粉色的女性通常生长在富裕的家庭中，一般性格温柔，善于照顾他人，总是对未来充满向往。喜欢粉色的男性则是温柔体贴、善解人意的典范。喜欢粉色的人期待着能够受到他人的呵护和关怀，有依赖别人的倾向。

粉色传达的信息："请爱护我""我很幸福""我能照顾别人"，等等，粉色适合一切需要获得安全感或者他人关注的心情或场合。粉色不仅可以平静对方的情绪，还可以激起对方的保护欲，同时粉色也是表现恋爱甜蜜的颜色，能够让人感觉到被浓浓的幸福包围着。

蓝色人的性格：蓝色性格的人对事物能够做出周密、完美的计策，答应别人的事情一定会做到。在不断地奉献中获得精神上的愉悦，情感体验细腻，容易陷入偏执的旋涡，交往中希望能够找到心有灵犀的朋友。喜欢淡蓝色的人比较感性，喜欢用感性的方式表达内心的想法。喜欢藏青色的人则比较理性，喜欢凌驾于别人之上的感觉。不过，喜欢蓝色的人过于看重别人的评价，这导致他们在做出决定的时候会犹豫不决，容易错失好时机。面对强硬的上司或对手时，他们会压抑自己，不敢表达出自己的真实想法。

蓝色传达的信息："我能够很好地解决问题""我是一个理性的人""请放心把工作交给我""我一定能够做好"，适合需要理性思考并且能够承担责任的工作场合，不过蓝色容易给人一种好欺负的印象，这样会给自己增添不少压力和麻烦。

黄色人的性格：黄色性格的人与快乐有着亲密的联系，这份快乐的心态能够帮助他们打开他人的心扉，拉近与他人心理上的距离，进而感染他人。黄色性格的人喜欢追求新奇一方面，这使他们拥有令人羡慕的创造力，另一方面如果没有坚持的勇气，则会止步于对事物表面的理解。对问题的看法偏激，喜欢成为团队中的传道者。喜欢黄色的人幽默乐观，喜欢热闹的气氛，讨厌孤独和做单调的事情。他们有着强烈的好奇心，追求自由随意的生活，讨厌陷入束缚。喜欢黄色的人善于从多个角度考虑问题，加上独特的性格魅力，经常成为团队中的核心，不过喜欢黄色的人也会经常产生脱离实际的想法，给别人留下任性的印象，因此应该注意培养自己的忍耐力和责任感。

黄色传达的信息："请尽情地沟通吧""请快乐地去做吧""我很高兴""我喜欢新鲜的事物"，等等，适合用于帮助别人进行调解或者想要改善与别人关系的场合。由于黄色可以促进沟通，所以闹纠纷的双方进行仲裁的时候，可以穿黄色衣服让双方自由地沟通，从而解开心结。黄色还是一种快乐的颜色，欢乐的心情可以影响到周围的人，让人们都喜欢与你交往，扩大自己的交际面。

绿色人的性格：绿色人最大的特点是没有鲜明的棱角。他们的内心大多平和，在无欲无求的状态中等待别人对自己的裁决。绿色性格的人在爱情上是个纯粹的被动者，渴望被怜爱。他们最大的期许是稳定，抱着随遇而安的心态看待周围的人群。追求简单随意的生活方式，善用中庸之道应变万物，惯于妥协，逃避冲突。他们不喜欢做决定，怕给别人带来麻烦，愿意听从别人的意见。绿色性格的人缺乏激情，也缺乏强烈的改变欲望。

绿色传达的信息：和平共处，保持平衡，稳重以及贴心，等等，适合用于建立信赖关系的环境中，不过绿色也会让人形成不愿意积极行动、凡事希望别人带头的气氛，所以在应用过程中一定要多加注意。

橙色人的性格：橙色是红色和黄色的混合色，橙色人的性格也或多或少含有这两者的特征。喜欢橙色的人精力充沛，性格直率，能够很快融入新的团体和环境中，并与他人建立起友好互信的关系。不过，他们不太懂得如何维护人脉关系，所以很难与他人保持长时间的友情。橙色人十分在意他人的看法，期望自己能成为众人的焦点。为了达到这个目标，他们会显得有些鲁莽，由此给自己带来不利的影响。

橙色传达的信息："我很快乐""我是一个随和的人，可以和我轻松交往""我有明确的目标"，等等，适合用在快乐的气氛场合。橙色不仅会给人带来阳光灿烂的印象，也会使人感觉到安心、亲近，给人一种温暖和信赖感，不过喜欢橙色的人一定要仔细分辨围绕在自己周围的人，防止被居心不良或者居心叵测的人利用。

紫色人的性格：紫色性格的人是优雅与高尚、细腻与敏感的并存体，他们具有丰富的情感体验、极高的审美趣味和超强的感知能力。紫色性格的人追求完美，对自己要求苛刻，能够与自己的性格缺点做斗争。对团体活动没有太大的兴趣，喜欢独自冒险。不过这些人有些自命不凡，有强烈的自恋倾向，期望别人能够理解自己。如果不能得到理解，他们也绝对不会反思，所以常常与他人产生隔阂。他们的性格阴晴不定，很难拥有知心朋友。

紫色传达的信息："请认可我的魅力""我与别人不同""我的直觉很敏锐"，等等，适合用在为了引起他人注意的场合中。不过在使用紫色的时候一定要控制好面积，最好作为装饰色出现，否则不但无法营造神秘的气氛，更会让人感觉到肤浅。

心灵测验室

人际关系量表

这是一份人际关系行为困扰的测验量表，共 28 个问题。每个问题做"是"（打"√"）或"非"（打"×"）两种回答。请认真完成，然后参看后面的评分方法，对测验结果做出解释。

1. 关于自己的烦恼有口难言。
2. 和生人见面感觉不自然。
3. 过分地羡慕和嫉妒别人。
4. 与异性交往太少。

5. 对连续不断的会谈感到困难。
6. 在社交场合，感到紧张。
7. 时常伤害别人。
8. 与异性来往感觉不自然。
9. 与一大群朋友在一起，常感到孤寂或失落。
10. 极易受窘。
11. 与人不能和睦相处。
12. 不知道如何与异性适度相处。
13. 当不熟悉的人对自己倾诉其生平遭遇以求得同情时，自己常感到不自在。
14. 担心别人对自己有什么坏印象。
15. 总是尽力使别人赏识自己。
16. 暗自思慕异性。
17. 时常躲避表达自己的感受。
18. 对自己的仪态（容貌）缺乏信心。
19. 讨厌某人或被某人所讨厌。
20. 瞧不起异性。
21. 不能专注地倾听。
22. 自己的烦恼无人可申诉。
23. 受别人排斥。
24. 被异性瞧不起。
25. 不能广泛地听取各种意见、看法。
26. 自己常因受伤而暗自伤心。
27. 常被别人谈论、愚弄。
28. 不知道与异性相处如何适可而止。

记分表

I	题目	1	5	9	13	17	21	25	小计
	分数								
II	题目	2	6	10	14	18	22	26	小计
	分数								
III	题目	3	7	11	15	19	23	27	小计
	分数								
IV	题目	4	8	12	16	20	24	28	小计
	分数								
评分	总分 =（打"√"计1分，打"×"计0分）								

测验结果的解释与辅导：

如果你得到的总分是在0~8之间，那么说明你与他人相处时困扰较少；你善于交谈，性格比较开朗，主动关心别人；你对周围的人都比较好，愿意和他们在一起，他们也喜欢你，你们相处得不错；而且你能够从与他人的相处中得到许多乐趣；你的生活比较充实，而且丰富多彩；你与异性朋友也相处得很好。一句话，你不存在或较少存在交友方面的困扰，善于与朋友相处，人缘很好。同时也获得了许多人的好感和赞同。

如果你得到的总分是在9~14之间，那么说明你与他人相处存在一定程度的困扰；你的人缘很一般，换句话说，你和他人的关系并不牢固，时好时坏，经常处在一种起伏波动的状态中。

如果你得到的总分是在15~28之间，那就表明你和他人相处上的困扰较严重；分数超过20分，则表明你的人际关系行为困扰程度很严重，而且在心理上出现了较为明显的障碍。你可能不善于交谈，也可能是一个性格孤僻的人，不开朗，或者有明显的自高自大、讨人嫌的行为。

以上是从总体上评述你的人际关系。下面将根据你在每一栏上的小计分数，具体指出你和他人相处的困扰行为及可参考的纠正方法。

记分表中Ⅰ横栏上的小计分数，表明你在交谈方面的行为困扰程度。

如果你的得分在6分以上，说明你不善于交谈，只有在需要的情况下才会同别人交谈，你总难于表达自己的感受，无论是快乐还是烦恼；你不是一个很好的倾听者，往往无法专心听别人说话或只对单独的话题感兴趣。

如果你的得分在3~5分之间，说明你的交谈能力很一般，你会诉说自己的感受，但不能做到条理清晰；你努力使自己成为一个好的倾听者，但还做得不够。如果你与对方不太熟悉，开始时你往往表现得拘谨与沉默，不太愿意跟对方交谈，但这种局面在你面前一般不会持续太久。经过一段时间的接触与锻炼，你可能会主动与同学谈话，同时这一切来得很自然，而非造作。此时表明你的交谈能力已经大为改变，在这方面的困扰也会逐渐消除。

如果你的得分在0~2之间，说明你有较高的交谈能力和技巧，善于利用恰当的谈话方式来交流思想感情，因而在与别人建立友情方面，你往往比别人获得更多的成功。这些优势不仅为你创造了良好的心境，而且常常有助于你成为伙伴中的领袖人物。

记分表中Ⅱ横栏上的小计分数，表示你在交际与交友方面的困扰程度。

如果你的得分在6分以上，说明你在社交活动与交友方面存在着较大的行为困扰。比如，在正常集体活动与社交场合，你比大多数伙伴更为拘谨；在有陌生人或教师的场合，你往往感到更加紧张；你常因过多地考虑自己的形象而使自己处于越来越被动、越来越孤独的境地。总之，交际与交友方面的严重困扰，会使你陷入"感情危机"和孤独的状态。

如果你的得分在3~5分之间，往往说明你在积极寻找被人喜爱的突破口。你不喜欢独自一个人待着，你需要和朋友在一起，但你又不善于创造条件并积极主动地寻找朋友，而且你常心有余悸，生怕主动行为后的"冷"体验。

如果得分低于3分，说明你对人较为真诚和热情。总之，你的人际关系较和谐，在这些问题上，你不存在明显持久的行为困扰。

记分表中Ⅲ横栏上的小计分数，表示你在待人接物方面的困扰程度。

如果你的得分在6分以上，说明你缺乏待人接物的机智与技巧。在实际的人际关系中，你也许常有意无意地伤害别人，或者你过分地羡慕别人以至于在内心嫉妒别人。因此，其他一些同学可能回报给你的是冷漠、排斥，甚至是愚弄。

如果你的得分在3~5分之间，说明你是一个多侧面的人，也许可以算是一个较圆滑的人。对待不同的人，你有不同的态度，而且不同的人对你也存在不同的评价。你讨厌某人或被某人所讨厌，但你却喜欢另一个或被另一个人所喜欢。因此，你的朋友关系在某些方面是和谐的、良好的，而在某些方面却是紧张的、恶劣的。因此，你的情绪很不稳定，内心极不平衡，常常处于矛盾状态之中。

如果你的得分在0~2分之间，表明你较尊重别人，敢于承担责任，对环境的适应性强。你常常以你的真诚、宽容、责任心等个性获得众人的好感与赞同。

记分表中Ⅳ横栏上的小计分数，表示你跟异性朋友交往的困扰程度。

如果你的得分在5分以上，说明你在与异性交往的过程中存在较为严重的困扰。也许你存在着过分的思慕异性或者对异性存有偏见，这两种态度都有它的片面之处；也许因为你不知如何把握好与异性交往的分寸而陷入困扰之中。

如果你的得分是3~4分，说明你与异性交往的程度一般。有时你可能会觉得与异性交往是一件愉快的事，有时又会认为这种交往似乎是一种负担，你不懂得如何与异性交往最适宜。

如果你的得分是0~2分，说明你懂得如何正确处理与异性朋友之间的关系，对异性同学持公正的态度，能大大方方地、很自然地与他们交往，并且在与异性朋友的交往中，得到了许多从同学、朋友那里不能得到的东西，不仅增加了对异性的了解，而且丰富了个性。你可能是一个较受欢迎的人，无论作为同性朋友还是作为异性朋友，多数人都较喜欢你、赞赏你。

心灵拓展营

一、人际交往的心理效应

1. 首因效应

首因效应由美国心理学家洛钦斯首先提出的，也叫首次效应、优先效应或第一印象效应，即交往双方形成的第一次印象对今后交往关系的影响，也就是"先入为主"的效果。人们对一个人的态度、行为，很大程度上取决于对其的第一印象。第一印象好，继续交往的积极性就高，于是就有可能"一回生，二回熟，三回成朋友"。为什么会有首因效应？因为任何最先出现的因素都会让人产生一种心理定式，这种定式将影响着人们对于后来出现的信息的知觉，首因效应是一种正常的心理偏差。

2. 晕轮效应

晕轮效应也叫光环效应或月晕效应，是指由知觉对象的有关特征推及到对象的总体特征，从而产生美化或丑化对象形象的心理倾向。美国社会心理学家阿希做过一个实验，他给受试的中学生看一张列有五种品质的表格（聪明、灵巧、勤奋、坚定、热情），要求被试者想象一个具有这五种品质的人。被试者普遍把这个人想象为一个理想的、友善的人。然后，他把这张表格中的"热情"换成"冷酷"，再要求被试者想象，结果发现，这些中学生普遍推翻了原来的想象，而产生了一个完全不同的形象，这表明"热情"和"冷酷"这两种品质产生了晕轮效应。

3. 近因效应

近因效应是指当人们识记一系列事物时对末尾部分项目的记忆效果优于中间部分项目的现象。在人的知觉中，如果前后两次得到的信息不同，但中间有无关工作把它们分隔开，那么后面的信息在形成总印象中起更大的作用。这种现象是近因效应的作用。前后信息间隔时间越长，近因效应越明显。原因在于前面的信息在记忆中逐渐模糊，从而使近期信息在短时记忆中更为突出。在交往过程中，我们对他人最近的、最新的认识占了主体地位，掩盖了以往形成的对他人的评价，故近因效应也称为"新颖效应"。

4. 刻板印象

刻板印象指对某一类人或事物产生的一种比较固定、概括而笼统的看法。有些人一见面就马上把人归类，并把对该类人的评价强加给他。如：对方介绍自己是上海人，你马上就把对方与精明、能干联系在一起。

5. 互酬效应

生活中那些相互帮忙的人，其关系总是比较密切的，这是互酬效应的体现。在人际交往中，互酬效应主要有以下几方面：

能力互酬：在人际交往中，能力比较强的人一般总是比较容易成为人们交往的对象。

性格互酬：那些乐观、幽默、豁达大度、热情、乐于助人的人总是受欢迎的，因为他们给人们带来快乐，而且乐意提供帮助。

感情互酬：同情他人、关心他人，能够听别人倾诉，善于安慰别人，往往朋友比较多，因为他们能给别人带来感情上的满足和补偿。

兴趣互酬：兴趣相似会增强彼此交往的欲望。

信息互酬：在人际交往中，那些见识广、知识面宽、掌握信息多的人往往成为人们喜欢交往的对象，因为他能让人觉得跟他交往有收获，能开阔眼界。当然，人际交往是一种双向性的信息、感情传导过程，单方面的"酬"，只能表现为单方面的受欢迎；只有双方面的"互酬"，人际关系才能在密切的互动中逐渐深化。

6. 期待效应（也称为皮格马利翁效应）

此效应源自古希腊的一个神话故事。传说，古希腊有一位年轻的国王叫皮格马利翁，擅长雕塑。有一次，他雕塑了一尊美丽少女的雕像，并把它当作有生命的人那样和她说话，爱她。结果发生了奇迹：雕像活了！变成了一位真正的美丽少女，并与他结为伉俪。心理学家把这种因高期望值带来的积极性反馈，以皮格马利翁的名字命名，称为"皮格马利翁效应"。由此我们可以这样通俗地诠释人际关系中的"皮格马利翁效应"：当你努力发现某人的优点和长处并且由衷地赞美他时，你就会看到他表现得越来越符合你所赞美的那种形象；而你若将某人视为小人或恶棍的话，那么这个人就会以你所给他"画"的嘴脸来对待你。这就是为什么同一个人会被不同的群体做出各异甚至相反的评价的原因。因此"皮格马利翁效应"是有正负的。

7. 投射效应

投射效应指在人际交往中，人们会不知不觉地把自身的缺点或优点投射到其他人身上，认为他们也是如此。比如善良的人较容易相信周围的人都是善良的，有害人之心的人整天提心吊胆，怀疑周围人要害他。

二、如何增强与他人的亲密感

如果彼此有着共同的目标，就会迅速拉近彼此之间的距离。在人际交往中也是一样，若你与对方有共同的目标，则很容易增加彼此之间的亲密感。除了共同目标能够增强亲密感之外，还有其他一些增强亲密感的技巧。

1. 与人初次相见，坐在他的旁边，较易进入友好状态。

相信每个人都有过这样的经验，就是与人面对面谈话时，往往会特别紧张。因为与人一旦面对面，眼睛的视线难免会碰在一起，容易造成彼此间的紧张感。

相反，与人肩并肩谈话，绝对比面对面谈话来得轻松。因此与人初次相见，坐在他的旁边，往往较容易进入友好状态，这一点同样适用于与异性的交往。

2. 找到共同点

人与人之间一旦有了共同点，就可以很快地消除彼此之间的陌生感，产生亲近感，拉近彼此之间的距离。例如两个陌生人一旦发现彼此曾经就读同一所小学，顷刻间就会产生"自己人"的感觉，立刻会亲近起来。因而与人交往时，找到一些共同点并强调一下，往往会收到意想不到的效果。

3. 常用"我们"

我们在听演讲时，对方说"我认为……"带给我们的感受，远不如采用"我们……"的说法，因为采用"我们"这种说法，可以让人产生亲近感。

心灵电影院

《心灵捕手》

成长于波士顿南区贫民窟的威尔·杭汀，是位绝顶聪明却叛逆不羁的年轻人。平日除了在麻省理工学院担任大楼的清洁工之外，便是与三五好友在酒吧喝酒、泡妞、整整哈佛的"聪明小孩"；一人独处之时，就一目十行地了解各式人文与科学的新知。某天轻易解答出数学系蓝勃教授所留下的数学难题，随即引起学校师生们的惊叹；在与他人打架滋事，并宣判送进少年看护所之后，蓝勃教授费心地将他保释出来，要求他参与数学研讨并接受心理辅导。蓝勃教授期望威尔能重视并发挥自己的天赋异禀，不再恶作剧、耍蠢、吹擂，耗费生命；不过，威尔却毫无不在意，经常耍弄前来为他辅导治疗的心理专家。

　　蓝勃教授在无计可施的情况下，只好求助与他有爱恨交织心结的大学好友尚恩，开导并救助前途岌岌可危的威尔。尚恩秉持"信任是突破心防的重要关键，彼此不信任就无法坦诚相待"的信念，认真倾听威尔对知识求问、人际互动、爱情探索、人生信念以及亲情伤害等知性问难与情绪宣泄；日渐抚慰他受创的心灵，帮助他重新拾回对人的信任，并鼓起勇气向女友表达爱意。与此同时，难忘丧妻之痛的尚恩在与威尔彼此角力互动的过程中，受到来自威尔莽撞的生命力冲击，也逐渐开启因丧妻而封闭的心房，重新追寻情感的归宿。

第六章 恋爱心理学

心灵启明灯

1. 理解爱情的含义
2. 掌握爱情的特点
3. 理解恋爱心理的特点和常见问题
4. 掌握正确的性心理调节方法

心灵故事会

陈某，女，19岁，珠宝专业学生。陈某入校前文化课成绩比较优异。入学时比较内向，除了与宿舍同学及个别同学交往外，较少与他人交流；平时遇到不开心的事情都是用哭来发泄。

高二时，陈某交了一个男友，对他用情专一且付出很多，后因男友用情不专，最终分手。失恋给陈某带来极大的伤害，为此陈某经常哭泣。同班同学感觉到了她的变化，几位关系较好的同学开导陈某，但见效不大；进而陈某不稳定的情绪给宿舍的同学带来了困扰，舍友表示宿舍愉快的气氛经常因陈某的哭泣而被破坏；此时，陈某与舍友的人际关系已相对紧张，成绩也出现滑坡。

陈某已存在大量的情绪和认知困扰。爱情上失意，常常沉浸在过去的恋爱时光，心里极度矛盾与痛苦，不知如何从失恋中走出来；失恋也导致了学业上的荒废，不知如何进入学习状态，心里非常着急；陈某自身也认识到自己的心理承受能力较差，其性格导致与班上同学，甚至舍友的关系越来越差。她还告知，自己从小与爷爷奶奶一起居住，由他们抚养长大，父母长年在外打工，对她的关心相  对较少。尤其是母亲一直强烈要求她不要与男生交往，造成她从不与父母交流在校的感情生活，这也导致她与母亲之间存在一定的矛盾。

【启示】面对类似案例中的失恋学生，我们应怎样帮助她呢？

第一，积极与陈某谈心，多给予她关怀。通过宿舍走访、面谈、网络聊天方式与陈某谈心，耐心与她交流，倾听她的心事。建立起信任关系，展开对陈某的开导工作。谈话重在倾听，适时引导陈某不要主观认为失恋是自身原因造成的，使自己过分消极压抑，帮助陈某从失恋中重新认识自己，增强其信心。

第二，加强宿舍间交流，缓解人际关系。在平时，遇到陈某热情地打招呼；在宿舍，多主动与陈某聊天，谈谈生活和学习方面的事情。同学可以通过自己身边朋友的案例，有意无意的点拨和建议帮助陈某正视现实，战胜逆境，理性处理失恋所带来的伤害。同学的帮助和关心有利于陈某控制激动的情绪，调节自身心态。

第三，转移注意力，寻找精神寄托。在情绪低落、烦闷的时候，寻找适合自己的解压方式，及时消除内心的不愉快。

第四，帮助陈某树立信心，端正学习态度。积极关注陈某的学习情况，安排班上专业成绩较好的学生主动与她接触，不让其沉溺于往事中；同时，专业课教师加强与陈某的沟通交流，给予她一定的肯定和鼓励，使其重拾学习的信心。

第五，改善家庭支持系统。学校应积极联系家长，与家长交流陈某的在校情况，希望家长多主动地与陈某交流，但对陈某的态度要温和，特别是涉及情感方面时更要注意方式，不能批评和强制。这样，陈某才能在满足被父母关爱的同时，明白父母是关心她的，家庭的管束也是爱的表现。

心灵百科屋

第一节 爱情的概述

> **心灵箴言**
>
> 爱是一门需要知识和努力学习的艺术。
>
> ——弗洛姆
>
> 人的需要涉及给予和接受爱，我们必须懂得爱，必须能教会爱、创造爱、预测爱。
>
> ——马斯洛

爱情，是人类永恒的话题。爱情极富魅力，德国诗人歌德说过，"天下哪个偶傥少年不善钟情？天下哪个妙龄少女不善怀春？"可见爱情拨动着每个少男少女的心弦。校园中的爱情一直颇受争议。正如一个硬币的两面，不能说正面就比反面好，因为爱情是我们内心最美好和最深沉的感情。

从古至今，爱情都披着一层神秘的面纱。有人说，爱情就像一场梦，最后落得一场空；有人说，爱情必须依附金钱和地位；还有人说，爱情是两颗心的碰撞……爱情是世界上最纯洁、最复杂的情感，它随时可能发生，不管你有没有钱，不管你地位高低；它也可能随时消失，不管你的车有多好，房子有多大。爱情可能是醇美佳酿，也可能苦涩滋味。但无论怎样，爱都让人欲罢不能。那么如何爱得充盈、爱得从容，便成了我们必须面对和学习的人生课题。

一、爱情概述

首先看看心理学家们都是怎么描述爱情的。

罗兰·米勒，美国萨姆休斯敦州立大学心理学教授，曾获美国心理协会（APA）和国际心理学荣誉学会的埃德温新人奖，他指出：

1. 我们总是喜欢那些喜欢我们的人。
2. 亲密关系满足的秘诀：欣赏你的伴侣、表达你的感激。
3. 伴侣能一起玩乐就能更长久地在一起。
4. 男人专注于长相，女人专注于资源，但都期望伴侣友善、随和、可爱、亲切。

西格蒙德·弗洛伊德说：

（1）精神健康的人，总是努力地工作及爱人。只要能做到这两件事，其他的事就没有什么困难。

（2）人生有两大悲剧：一个是没有得到你心爱的东西；另一个是得到了你心爱的东西。

（3）人生有两大快乐：一个是没有得到你心爱的东西，于是可以寻求和创造；另一个是得到了你心爱的东西，于是可以去品味和体验。

（4）人的内心，既求生，也求死。我们既追逐光明，也追逐黑暗。我们既渴望爱，有时候却又近乎自毁地扔掷手中的爱。人的心中好像一直有一片荒芜的空地，留给那个幽暗又寂寞的自我。

（5）我们爱的时候对痛苦最不设防。

艾瑞克·弗洛姆，美籍德国犹太人，人本主义哲学家和精神分析心理学家，毕生致力修改弗洛伊德的精神分析学说，以契合西方人在两次世界大战后的精神处境。他的精神分析学说对世界有着很大的影响力。

（1）爱情与成熟度无关。如果不努力发展自己的全部人格，那么每种爱的努力都会失败；如果没有爱他人的能力，如果不能真正谦恭地、勇敢地、真诚地和有纪律地爱他人，那么人们在自己的爱情生活中永远也得不到满足。

（2）如果我爱他人，我应该感到和他一致，而且接受他本来的面目，而不是要求他成为我希望的样子。

（3）最重要的是学会一个人单独地待着，而且不看书、不听广播、不抽烟、不喝酒。独处是学会爱的一个条件。

（4）正因为我们不能自力更生，所以只能把自己同另一个人连在一起，这个人也许就是我们生命的拯救者，但是这种关系同爱无关。

（5）爱首先不是同一个特定的人的关系；它是一种态度，一种性格倾向。这种态度、性格倾向决定了一个人同整个世界的关系，而不是同一个"爱的对象"的关系。

（6）如果一个人只爱一个人，而对其他人漠不关心，他的爱就不是爱，而是一种共生性依恋或者是一种放大的自我主义。

（7）不成熟的爱：因为我需要你，所以我爱你。成熟的爱：因为我爱你，所以我需要你。

卡尔·荣格，瑞士心理学家，1907年开始与弗洛伊德合作，发展及推广精神分析学说长达6年之久，之后与弗洛伊德理念不和，分道扬镳，创立了荣格人格分析心理学理论。他的理论和思想至今仍对心理学研究产生深远影响。

（1）不管你是谁，你掉下，我愿陪你掉下。一种是勇敢，不入虎穴，焉得虎子。另一种是笃定，就算掉落又有何妨。

（2）两个灵魂的相遇就像两种化学物质的接触，一丁点的反应就会彻底改变它们。

（3）孤独并不是来自身边无人，感到孤独的真正原因是无法与他人交流对其最要紧的感受。

课堂讨论：请在以上心理学家的爱情理论中画出你最喜欢的语句，并说明原因。

对于爱情，我们通常采用的定义是人际吸引的强烈形式和最高形式。它有广义和狭义之分。广义的爱情是指存于各种亲近关系中的爱，意味着人际关系中的接近、悦纳、共存的需要，以及持续和深刻的同情，以及共鸣的亲密感情。狭义的爱情是指心理成熟到一定程度的异性个体之间的强烈的人际吸引。

二、爱情理论

迄今为止，心理学家、行为科学家都没有能够客观地解释人类的爱情。人们常常将亲密的情感分为两种：伴侣的爱和罗曼蒂克的爱。伴侣的爱由相互关照并通过共同度过时光产生了感情。罗曼蒂克的爱有以下特点：一是存在于文化概念中，二是存在生理唤醒，三是存在与文化相适应的爱的对象。

1. 爱情三角理论

美国心理学家斯腾伯格认为：爱情包括亲密、激情、承诺三种成分。

亲密是指与伴侣间心灵相近、互相契合、互相归属的感觉，属于爱情的情感成分；激情是指强烈地渴望与伴侣结合，促使关系产生浪漫和外在吸引力的动机，也就是与性相关的动机驱力，属于爱情的动机成分；而承诺则包括短期和长期两个部分，短期的部分是指个体决定去爱一个人，长期的部分是指对两人之间亲密关系所做的持久性承诺，属于爱情的认知成分。仅仅有情感的爱是一种迷恋，仅有承诺的爱是一种"空洞的爱"，只有接近性的爱只是喜欢。情感与承诺结合是迷恋的爱，情感与接近性结合是罗曼蒂克的爱，承诺与接近性结合是伴侣的爱，三个维度结合在一起才是圆满完美的爱。

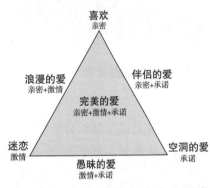

随着认识的时间增加及相处方式的改变，上述三种成分将有所改变，爱情的三角形会因其中所组成元素的增减，其形状与大小也会跟着改变。三角形的面积代表爱情的质与量，面积越大，三角形越大，爱情就越丰富。

斯腾伯格进一步提出，在三种成分下有八种不同的爱情关系组合，其分别为：①无爱：三种成分俱无；②喜欢：只包括亲密部分；③迷恋的爱：只存在激情成分；④空爱：只有承诺的成分；⑤浪漫之爱：结合亲密与激情；⑥友谊之爱：包括亲密和承诺；⑦愚爱：激情加上承诺；⑧美满的爱：三种成分同时包含在关系当中。

2. 爱情态度理论

罗宾认为爱情是对某一特定的他人所持有的一种态度。这种理论将爱情归为社会心理学的人际吸引，并能使用一般测量方法研究爱情。他假设爱情是可以被测量的独立概念，将其视为一个人对特定他人的多面性态度，他从文艺著作、普通常识及人际吸引的文献资料中，寻找拟定叙述感情的题目，经过项目分析、信度、效度考验而建立起爱情量表和喜欢量表，他发现爱情与喜欢有质的差别，而其中爱情量表中包含三种成分：①亲和与依赖的需求；②帮助对方的倾向；③排他性与独占性。

3. 爱情依恋理论

爱情依恋理论将爱情与童年依恋联系在一起研究。婴儿时期与人建立的依恋关系，会使个体形成一个持久且稳定的人格特质，这项特质在个体与异性建立亲密关系时自然流露出来。哈赞和谢弗将成人的爱情关系视为一种依恋的过程，分三种类型：

（1）安全型依恋。这是理想型，当你已经形成安全型依恋，一旦有问题，你会自行解决。当你的伴侣表现得很脆弱，你不会为之惊讶，能够积极地看待他人的行为。与伴侣的关系良好、稳定，能彼此信任、互相支持。大多数人的爱情属于安全型依恋。

（2）焦虑型依恋。这种类型的人不停地与对方联系，持续地监视，不由自主地想确认另一半是否还爱自己。焦虑型依恋的人会强迫他人实现自己的愿望，专注于自身需求而不是伴侣的愿望。焦虑型的人易怒，因为太过敏感。时常情绪不稳、反应极端，希望跟伴侣的关系是互惠的。稍稍的看不起，或是小小的忽视，对于一个焦虑型依恋的人来说都是巨大的威胁，在他们看来，这些举动就是恋情即将结束的标志。

（3）回避型依恋。回避型依恋的人常常选择自由而不是情感亲密。要接近别人的时候，总会因为太亲密而感觉不自在，所以会试图让伴侣保持在一臂之遥。回避型依恋的人很多时候不会向伴侣敞开心扉，所以另一半常常会抱怨其疏远冷漠。在亲密关系中，对伴侣的控制或侵犯等迹象，常常会保持高度警惕。回避型依恋常常和焦虑型依恋混在一起，几乎没有人是彻底的焦虑型或者回避型，而是有时候这样有时候那样，这种组合很有"危险性"。

4. 爱情阶段理论

爱情的阶段理论是由心理学家伯纳德·默斯坦提出的，主要探讨亲密关系是如何发展的，注重爱情的阶段性。他提出的阶段理论认为亲密关系的发展依双方接触的次数多寡分为刺激阶段（S）、价值阶段（V）和角色阶段（R）三阶段。

（1）刺激阶段。通常双方第一次的接触即属于刺激阶段。在这个阶段，双方彼此间互相吸引，主要建立在外在条件上，例如被对方的外貌或身材所吸引。

（2）价值阶段。一般而言，双方的第二次至第七次的接触，便属于价值阶段。在这个阶段，彼此情感上的依附主要建立在彼此价值观和信念的相似基础上。

（3）角色阶段。通常双方大约第八次以后的接触，便开始进入角色阶段。在这个阶段，彼此对对方的承诺，主要建立在个体是否能成功地扮演好在此关系中对方对自己所要求的角色。

一位心理学家曾写道，一个成熟的且称得上真爱的爱情必须经过四个阶段，那就是共存阶段、反依赖阶段、独立阶段、共生阶段，阶段之间转换所需的时间不一，因人而异。

1）共存阶段。这是热恋时期，不论何时何地，两人总希望在一起。

2）反依赖阶段。等到感情稳定后，至少会有一个人想要做自己想做的事，这时另一方就会感到被冷落。

3）独立阶段。这是第二个阶段的延续，要求更多的独立自主的时间。

4）共生阶段。这时新的相处之道已经形成，另一方已经成为自己最亲、离不开的人，两人在一起相互扶持，不会互相牵绊，而是会共同成长。

不管阶段怎么划分，每个阶段都会有不同的特性，看似每个特性都是独立存在的，其实每种特性又是相互影响的。特性占的比重会随着生理和心理的成熟而变化，会随着人生经历不同而变化，开始占比大的特性也许到最后比重值会变低，开始无足轻重的特性到后来也许起着决定性作用，但所有特性的比重都会维持一个较为平衡的值。所以阶段的变化时间不确定，特性的比重值也不能固定。

> 课外读物
>
> **恋爱态度测试**
>
> 情人节时，你喜欢送些什么呢？如果你想把毛衣送给异性朋友的话，你会选择什么颜色的毛衣？
>
> A. 白色毛衣　　B. 红色毛衣　　C. 蓝色毛衣　　D. 粉红色毛衣　　E. 紫色毛衣
>
> 测试答案：
>
> A 型——你非常向往交异性朋友，或者你正刚刚谈恋爱，你将爱情的一切都看得非常美好，怀着一颗单纯的赤子之心，好好地享受甜美的爱情未尝不是一件好事，但是提醒你，双方意见相左时，也是互相了解的时候。
>
> B 型——你过着自由自在的生活，率性健康又快活，很少为杂事而烦恼，但是有时难免因贪玩而误了事。你的爱情发展方向，最好是来自友情，对方必须与你志同道合，才能由友谊发展到爱情甚至步入婚姻生活。
>
> C 型——你生性活泼外向又爱热闹，但是不易与异性建立稳定的关系，不喜欢让人掌控你，也不愿掌控别人，你与异性交往的时机还没有到，因为你宁可将生活重心放在大多数朋友身上。
>
> D 型——你与家庭的关系比较密切，爱与关怀都放在自己家人身上，你是很孝顺、乖巧的孩子，却不是浪漫的情人。对强烈的追求者，总是提高警觉，以防受伤害。应该与家庭观念较重的异性伴侣交往，比较容易获得幸福。
>
> E 型——你会不轻易信任亲人及朋友，相信每个人都应该有个人隐私，保留小小的秘密是你的天性，因为你较担心受到伤害，所以容易和宠物培养起很好的感情。你虽然很爱你的情人，但是却认为你比对方更需要呵护、关爱。

第二节　爱情的分类

> ◎ 心灵箴言 ◎
>
> 爱本质上是给予而非获取。
>
> ——弗洛姆
>
> 爱就是丰富的生命，就像装满了酒的酒杯。
>
> ——泰戈尔

一、恋爱的分类

加拿大社会学家约翰·李将男女之间的爱情分成六种形态：情欲之爱、游戏之爱、友谊之爱、依附之爱、现实之爱及利他之爱。

（1）情欲之爱。建立在理想化基础上的外在美，是罗曼蒂克、激情的爱情，其特点是一见钟情式，以貌取人、热烈而专一，但缺少心灵沟通，多靠激情维持。

（2）游戏之爱。视爱情为一场让异性青睐的游戏，并不会投入真实的情感，常更换对象，且重视的是过程而非结果，不承担爱的责任，寻求刺激与新鲜感。

（3）友谊之爱。如青梅竹马般的感情，是一种细水长流型、稳定的爱。这种爱情以友谊为基础，在长久了解的基础上成长，能够协调一致，共同解决分歧，是宁静、融洽、温馨和共同成长的爱情。

（4）依附之爱。对于情感的需求非常大；依附、占有、妒忌、猜疑、狂热，在恋爱中情绪不稳定。控制对方情感的欲望强烈，希望将两人牢牢地捆在爱情这条绳索上。

（5）现实之爱。会考虑对方的现实条件，以期让自己的酬赏增加且减少成本付出。这类爱情理性高于情感，带有功利主义色彩。

（6）利他之爱。带着一种牺牲、奉献的态度，追求爱情且不求对方回报。利他爱情是无怨无悔、纯洁高尚的爱情。

二、职校生的爱情

1. 职校生恋爱的特点

据辽宁师范大学的调查研究显示，有超过50%的学生有恋爱经历或者正在恋爱，并且女生多于男生；有88%的学生存在恋爱动机；93%的恋人之间有不同程度的性接触；50%以上的学生在失恋时悲伤、难过、不知所措，女生明显多于男生；恋爱者中，家庭和谐度较差、父母文化程度低的女生恋爱比例高。

目前职校生的恋爱特点主要表现为：①恋爱的普遍性；②恋爱的盲目性；③恋爱的公开性；④恋爱的随意性。

2. 职校生恋爱的分类

职校生由于心理还没完全成熟，在思考问题的时候常常是理想化、感性化和本能化的，在对待恋爱和爱情的时候主要有以下几种类型。

（1）浪漫型。这样的学生情感丰富，对于爱情追求完美，追求浪漫，认为爱情就是花前月下，常常沉浸在两人世界中，对爱情理想化，对未来的生活盲目乐观或无暇顾及，对困难挫折等逆境缺乏心理准备等。

（2）玩伴型。这类学生在精神上不太充实，朋友较少，适应新环境的能力较差，时常感到空虚、孤独。为了弥补精神上的空缺，急欲与异性交往。于是恋爱便成为重要的生活目标，花大量的时间陶醉在与异性朋友的交往中,学习一落千丈。

(3) 占有型。此类学生一旦确立恋爱对象,对所爱对象投入极其强烈的感情,并要求对方以自己要求的方式响应。这样的学生通常是缺少家庭上的温暖及呵护,对别人的感情要求非常高,有极强的占有欲,对恋爱对象常存有猜忌和防备的心理。

(4) 攀比型。这一类型的学生自尊心极强,当周边的同学有了异性朋友时,这些男生或女生为了证明自身的魅力与能力,也匆匆谈起了恋爱。由于目的性强,缺少认真的态度,常常把恋爱当作精神上的补偿及生活中的炫耀。

(5) 世俗型。这类学生是以互惠互利为恋爱目的的。找恋爱对象时以经济、地位为标准,以获得纯粹的感官满足,虚荣心强。通常这类学生安全感低,人生观和价值观不稳定,缺少主见。这类爱情很难持久。

所以,我们要树立正确的价值观和爱情观,不能过分地理想化恋爱对象,恋爱不能带有冲动性和盲目性,在恋爱中也不可出于嫉妒而不允许恋人与其他异性正常交往,这会给双方带来高度的心理压迫感。

三、爱情的表现形式

1. 单恋与暗恋

一位20多岁的小伙子,手捧100多支鲜艳玫瑰,在门外足足站了3个多小时,为的只是想与暗恋已久的女孩见一面。据心理学家说少男少女,像小伙子这样的人在生活中并不少见,很多成年人都饱尝过单相思的苦涩和尴尬。

单相思的原因很简单,处于青春期的少男少女,特别爱沉湎于幻想,又不善于自我控制。所谓单恋或者暗恋都是指对另一个人心存爱意或好感,可由于种种原因,这种爱意没法说出口。

单相思,也叫单恋,男女之间只有单方面的爱恋思慕,若对方一直不回应,则只会以痛苦和无奈收场。很多人在恋爱之前总有那么一段单相思,可大多数人要么直接求爱,要么认识到这种爱不切实际而转移方向。如果你正处在一种淡淡的、甜甜的单相思中,这是很正常的,并不是一种病,但患相思病的人却把自己淹没在苦海里而不能自拔。他们喜欢沉迷于幻想之中,有夸大对方、贬低自我的倾向,他们在恋爱中较少采取切实有效的行动,这是不良的思维方式。

茨威格在他的名著《一个陌生女人的来信》中便记录了一则悲剧式的单相思故事。故事主人翁著名小说家R收到了一封女人的来信,她向他诉说了13岁时就开始对他的爱情。这个女子为了获得爱情,不惜冒充妓女与作家R度过了三个销魂之夜,最终为了这无望而纯洁的爱情自杀。可直到她死,小说家都蒙在鼓里,酿成一出非理性化的悲剧。

2. 网恋

人们和异性的交往,从最早的媒人介绍,到后来的书信、电话联系,到现今的网络交友,它跟电话、书信等恋爱或沟通的方式一样。恋爱总归是要走向现实的。在现实生活中,网恋总归有成功的也有失败的,网恋已经成了人们潜意识可以接受的恋爱方式。与相亲相比,网恋少了一份尴尬,多了一份神秘,与现实自由恋爱相比,择友的范围扩大了。

------◉ 课 外 读 物 ◉------

网恋的故事

案例描述:"我很喜欢上网,和一位网友很聊得来。有一天他告诉我,他爱上我了,同时我也发现自己爱上了他。就这样我们开始了网恋。我们在网上聊天感觉很快乐。他很诚恳,也很真诚。可是有一天,他说他有女朋友了,很漂亮,还说他不想欺骗我。我非常沮丧失望,这样的结果该怪谁呢?谁也不怪,就怪我自己吧!"

案例分析:这位女生的经历是网恋失败非常典型的例子。网恋其实就像水晶球,看上去很美。网络的出现给人们的沟通和交流提供了一种全新的方式。首先,它方便快捷;其次,网络的虚拟空间给人们的心理投射提供了空间。越是不真实的,想象的空间就越大。在网络交往中,人们可以把自己理想中的完美异性投射在对方身上,而这种完美的感觉在现实世界是找不到的。这就是网络的魅力所在。网恋是一种特别的恋爱方式。

网恋降临到我们身边时,我们要正确地认识到它的一些本质与危害。为什么这么多的人会进行网恋?它的本质在于网络的虚幻,这也是它的魅力所在。从心理学上来说,我们会把网恋的对象过于理想化,这就会造成我们对对方的了解不够客观与全面,由此出现了危害。所以,我们一定要意识到网络的隐瞒性、欺骗性、堕落性和虚伪性等。

虽然现在科技很发达,网络很发达,但是隔着屏幕,我们永远不知道屏幕对面究竟是什么样的人,所以我们不要轻易相信别人的花言巧语,应该保护好自己,不要陷入别人的陷阱之中,所谓害人之心不可有,防人之心不可无,所以我们不能放松警惕。

人们总是在自己最寂寞的时候想要跟别人聊天,这个时候非常希望有人能够关心和爱护自己,如果恰巧有人此时对你表达关心和好感,往往很容易让你感动,可是这算不算爱情,还是要你自己弄清楚。

在人的脑海中,会存在一个自己喜欢的人的模型。在适合的时间,他闯入了你的生活,你就把他当作了那个自己喜欢的人。其实,他本身真的是这样吗?你喜欢的是他本身原来的样子,还是成为你想象中的样子呢?

网络相识，但也仅仅是认识而已，你对网络那端的人的生活环境一无所知，你不知道他的家庭，不知道他的朋友圈子，甚至不知道他在什么地方，这样的感情是非常脆弱的，经不起现实的考验。

网络恋爱还存在很多骗局，不要上当受骗，果断拒绝接受别人转钱的要求，不要轻易跟网友见面，更不要独自出去约会，我们要时时保持警惕，要有自我保护意识，因为我们不知道他到底是不是骗子。

当然，现实生活中也有一部分网恋是成功的，而且他们生活得很甜蜜，但是这毕竟是少数，我们不能拿个别案例来对比我们自己的生活，因为我们未必会这么幸运。

总而言之，网恋没有好坏、对错之分，最主要的是如何把握好自己。

3. 同性恋

同性恋又称同性爱，是指两个同性产生的爱情。在人类以外的其他动物中，也普遍存在同性性行为，但这与基于高级情感的人类同性恋不可同日而语。

同性恋和双性恋曾经被看作是变态。因为他们在性取向上不同于大多数人，受认同感和社会文化环境的影响，大多数人排斥这种性取向，将他们划为异类。但随着社会的进步和思想的解放，人们开始接受并宽容这种现象，同性恋不再被视为性变态和心理疾病。

性取向是一个复杂的问题，各种性取向并无优劣之分。当今绝大多数科学家、心理学家、医学专家认为性取向是先天决定的，是无法改变的，同时也是无法被"矫正"的。

部分同性恋者在12岁时，就已经清楚地意识到自己的性取向了，另一部分同性恋者要在12~16岁这一阶段继续探索自己的性取向并逐步确定下来，绝大部分同性恋者在20岁的时候都能清晰地知道自己的性取向了，但是也有一些同性恋者可能在40~50岁时，才突然意识到自己的性取向并对此深信不疑。

这些情况都是正常的，同性恋者意识到自己性取向的早晚，与个人经历及所处的社会和文化环境有很大的关联。这是因为异性恋在数量上占据绝对性的优势，同性恋者很难在周围充满异性恋者的环境下，像异性恋者一样从小就能认知自己的性取向。

一般认为有以下几个因素导致了同性恋：

（1）先天因素。比如性染色体异常。

（2）父母的教养方式。有些家长很想生男孩。就会把女孩当男孩养，从小让女孩穿男孩的衣服，或者有些家长严格控制孩子与异性交往，抑制了其对异性恋认知的形成与发展。

（3）特殊经历。比如小时候有过和同性的性接触，而且还是被动的，这种性体验可能导致其性取向偏向同性。

爱慕同性对象，但这不一定是同性恋。从人的心理发展过程来看，个体强调归属感，也就是被同伴接纳和接受，而同伴中同性比较多。同时，社会文化对学生的异性交往比较敏感，而对同性交往更加宽容和肯定。社会的认同和看法，强化了同性之间的交往。而如果学生在青春期和异性交往的愿望被压抑和限制的话，注意力就会被转移到同性身上。是否是真的同性恋，要看其性取向和情感对象。同学们要积极扩大自己的交往圈子，多与异性交往，多和信赖的朋友沟通交流成长中的烦恼。

第三节 爱情的误区

> ——— 心灵箴言 ———
>
> 真实爱情的途径并不平坦。
>
> ——莎士比亚
>
> 没有青春的爱情有何滋味？没有爱情的青春有何意义？
>
> ——拜伦

人一辈子会遇到许多你爱的和爱你的人，但唯有一人能与你白头偕老。爱情是一项复杂的高级心理活动，恋爱给职校生带来了幸福感，同时也带来了烦恼，使其陷入爱情误区。

一、爱情的误区的分类

（1）爱情就是浪漫，就是鲜花。很多女孩更容易相信爱情就是鲜花，就是浪漫，没有花前月下就不是爱情。"如果你爱我，就要每天送上你的殷勤，不然就是不爱我"。很多人对爱情浪漫期过后的平淡期感到失望，甚至认为爱情已离去。其实爱情中的浪漫是有时段性的，或者说是生活中的调味品，不是必备品。

（2）爱情要单方面付出。都说爱情可遇而不可求，"失落的人永远那么多，找不到我爱的人就找一个爱我的人吧"。这种想法是片面的，找一个自己不爱的人怎么可能过一辈子？爱，其实是很简单的事情，爱了就爱了，就像种田一样，你种下芝麻，不要想着能收获西瓜。爱情是双方努力和付出的结果，强调单方面付出，结果只会是空欢喜一场。

（3）不断拿前任对比现任。人的一生也许会经历几场爱情，不管多少，都是人生的一种阅历和财富，但有许多人存在着这样的行为：喜欢将前女友或前男友身上的优点和现女友或现男友对比，往往得出的结论是现任恋人满身缺点。要知道花有百种，人各不同，世界上没有完全相同的两片树叶。要学会爱一个人，就要学会欣赏他的优点，包容他的缺点，这样才能共同走下去。

（4）牺牲自己，成全爱情。现在的学生思想开放，越来越多的职校生认为两个人相爱就可以发生性关系。而发生性关系的原因也非常多，有的为了证明爱情，有的为了挽留爱情，有的出于好奇，还有的为了满足性欲。其特点表现为：突发性，在没有任何心理准备的情况下发生；自愿但非理性，对后果没有理性思考；反复性，一旦身体的最后一道防线被突破，就会反复发生。

（5）友情就是爱情。首先要明白的是，爱情的基础是异性间的友谊，但异性间的友谊并不一定能发展为爱情。从友谊到爱情，不仅要有思想、志趣上的一致，而且脾气、性格等要相投。爱情本身毕竟还有许多友谊不能到达的地方，不可否定友情为爱情开拓了道路，但要真正走到爱情的道路上去，还要具备爱情本身所应有的许多特殊的条件。其次，爱情是高层次的异性间的友谊，爱情关系应该包括友谊关系（指恋人间的）。纯洁的友谊是恋爱发展的生命力所在。恋爱的过程是友谊不断深化的过程。爱情的成功，往往是友谊和恋爱互相交融、互相促进的结果。由这种交融和促进作用产生的爱情占主导地位时，友谊也不会从此退出。可以说，友谊伴随着爱情始终，友谊失却之时，正是爱情萎缩之际。

日本一位心理学家专为区别友情与爱情提出了五个指标：一是支柱不同：友情的支柱是"理解"，爱情的支柱则是"感情"。二是地位不同：友情双方的地位是"平等的"，爱情却是"一体化"。三是体系不同：友情是"开放的"，爱情却是"关闭的"。四是基础不同：友情的基础是"信赖"，爱情却是纠缠着"不安"。五是心境不同：友情充满"充足感"，爱情则充满"欠缺感"。总之，绚丽的友谊之花，可以向一切知己奉献。

二、正确面对失恋

失恋，就像沙漏，悲伤的记忆就像悄无声息的沙子，每一次意外的翻转，就会引发一次心灵的决堤。失恋是每个人都可能遇到的伤痛，却没有医院收治，需要自己疗伤。

许多学生进入职校后，在从众心理影响下急于谈恋爱，导致校园恋爱十分普遍，但在一定程度上讲，恋爱是把双刃剑，能带来美好的情感体验，也可能会带来极大的伤害。职校生心理承受能力有限，感情又特别纯真，一旦失恋，要么失魂落魄；要么痛不欲生；要么恋爱不成，便反目成仇……那么该如何消除失恋的苦涩呢？

课堂讨论：你是怎样看待单相思问题的？遇到单相思的困惑，你认为应该怎样排解？

（1）情感宣泄。不要过分埋藏和压抑失恋的痛楚，也不必觉得"没面子"，失恋其实是人生中很正常的事。可以找亲朋好友倾诉一番，或者大哭一场，你会感觉轻松好多。

（2）勇敢面对。爱情是双向的、互相的，以双方的爱为基础，失去任何一方，感情就失去了平衡，恋爱即告终止。这时，失恋的一方无论对另一方爱得多深，恋爱再也不能成立。爱情不是同情、怜悯，更不是强求。恋爱既然有成功，也就有失败，所以应该正视失败。

（3）换位思考。要设身处地地为对方着想，这样做将有助于你理解对方终止恋爱关系的原因，接受失恋的事实。特别对于职校生来说，正处在身心尚未成熟的阶段，对爱情的选择表现得不够稳定，充满变数，这些都增加了恋爱失败的可能性。因此，职校生在面对"失恋"时，更应学会换位思考。

（4）情景转移。失恋后暂时离开触动恋爱回忆的景、物、人，主动置身于欢乐、开阔的环境之中，心胸也会随之宽广起来，很快就会摆脱失恋的痛苦。

（5）升华。要尽快把精力引入学习之中，把失恋升华为一种奋发向上的动力，不断完善、超越自己。爱情固然重要，但不是生活的全部。尤其对于职校生来说，切不可因为盲目的爱而将美好的人生弃之而不顾。

◉ 课外读物 ◉

为何爱会伤人

一切情绪都是迷人的。快乐迷人，而忧郁和痛苦也同样有感染力。

于是，童年习惯了快乐的人，以后会不断重复着快乐；童年习惯了忧郁的人，以后会不断地重复忧郁；童年习惯了痛苦的人，以后就会不断地重复痛苦。

在意识层面，我们都在追求快乐和幸福，并且一定有相应的人生哲学；但在潜意识层面，我们都在追求自己所习惯的情绪或情感，这是致命的诱惑。

这一点在恋爱方面体现得最为彻底。

爱情中，我们都在追求感觉，而这种爱的感觉，就源自这致命的诱惑。

一见钟情是不可靠的，但一见钟情又是可靠的。

之所以说不可靠，是因为我们容易执着于源自父母的恋人原型，我们拿着这个模子到处去套，套中了一名异性，就一见钟情了。但对方和你想象的往往不一样，你以为他/她是你的恋人原型，但这不过是你潜意识中对父母的执着追求的替代品而已。

之所以说可靠，是因为我们的确难以摆脱过去，源自父母的恋人原型在我们的潜意识中深深扎下了根。但比这一切更重要的，是自己要做一个"好的恋人"，也要去找一个"好的恋人"。

在幼儿心目中，只有"我"是唯一的主体，而将父母视为客体。如果父母爱他、接受他，就是"好的客体"，他就会最终懂得父母和他一样，都是主体。于是，他不仅学会了爱自己，也学会了爱父母，并最终学会了爱其他人。从此，他对于别人而言，也是一个"好的客体"了。

在恋爱中，如果你找到了一个"好的客体"，而自己也做了"好的客体"，那么双方就会进一步成长，真正从孩子变为成人，把对父母原型的执着化为对情侣的爱。

我们至少有两次童年，一次是0~6岁这个阶段，一次是恋爱阶段。爱情，是对童年的再一次憧憬。

日本小说家村上春树在其《挪威的森林》中描绘了这种憧憬。他写道，小说的男主人公渡边有一天突然明白了初美。

初美是一个凄婉的女子。她爱永泽，而永泽不停地与一个又一个女子发生性关系。对此，初美感到受伤，但又好像并不在乎，她只想和永泽在一起。然而，即便这个愿望，她也得不到满足，因为永泽不想结婚，他甚至明确地对初美说，她很好，她太好了，但他不爱她，他谁都不爱。

最后，初美嫁给了另一个男子。结婚两年后，她自杀了。

村上春树在《挪威的森林》中描绘了多名光彩照人的女孩，对初美的用墨并不多，但将她描绘得极其美好，而最感人的描绘，是初美自杀多年后，男主人公渡边在新墨西哥州的一家意大利烧饼店，眺望美丽的夕阳时，"才领悟到她带给我的心灵震颤究竟是什么东西。"

那是什么东西呢？村上春树描绘道：

"它类似一种少年时代的憧憬，一种从不曾实现而且永远不可能实现的憧憬。这种直欲燃烧般的天真烂漫的憧憬，我在很早以前就已遗忘在什么地方了，甚至在很长时间内我连它曾在我心中存在过都未曾记起，而初美所摇撼的恰恰就是我身上长眠未醒的'我自身的一部分'。"

恍然大悟后，渡边"悲怆之极，几欲涕零"，认为初美"的确、的的确确是位特殊的女性，无论如何都应该有人向她伸出援助之手"。

我极喜欢《挪威的森林》这本书，然而，在我看来，仅仅就"少年时代的憧憬"这一点而言，初美一点都不特殊，怀有这种"少年时代的憧憬"的人，比比皆是。

在我看来，任何人，当深深地陷入爱情，并有着强烈的感觉时，可能都是"少年时代的憧憬"强烈地被唤醒了。

——节选自武志红《为何爱会伤人》

第四节 性心理与艾滋病

● 心灵箴言 ●

在我看来，真正的爱情是表现在恋人对他的偶像采取含蓄、谦恭甚至羞涩的态度，而绝不是表现在随意流露热情和过早的亲昵。

——马克思

性和美是一回事，就像火焰和火一样。如果你憎恨性，那就是憎恨美，性和美是不可分割的，就像生命和意识一样。

——劳伦斯

一、性心理的发展

弗洛伊德的性心理发展阶段理论是弗洛伊德精神分析中的主要理论之一。他把人的动力发展分为五个阶段，分别如下：

（1）口欲阶段（0~1岁）。这一时期婴儿的主要活动为口腔的活动，快感来源为吸吮、吃手指，长牙后，快感来自咬牙、咬东西。

（2）肛欲阶段（1~3岁）。这一时期婴儿要接受排泄大小便方面的训练。主要为肌紧张的控制，快感表现为忍受和排便。

（3）性器欲阶段（3～6岁）。这一时期儿童已能够分辨两性，产生对异性双亲的爱恋和对同性双亲的忌妒。

（4）潜伏期阶段（6～12）。这一时期儿童性欲倾向受到压抑，快感来源主要是对外部世界的兴趣。在此阶段，性心理比较平静。

（5）青春期阶段（12～20岁）。这一时期，兴趣逐渐转向异性，幼年的性冲动复活，性生活继续沿着早期发展的途径进行着。青春期一段始于11～13岁时，其生理标志为男子梦遗或手淫，女子则为月经初潮。由于躯体、内分泌系统的迅猛发展，第二性征也日益明显。此时青少年的性心理也开始迅猛发展，青少年对异性感兴趣，产生朦胧与不甚明确的情意。

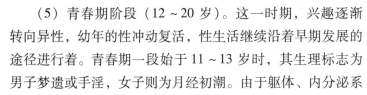

口欲阶段　肛欲阶段　性器欲阶段

潜伏期阶段　青春期阶段

这就是恋爱的开始，但职校生还缺乏社会经验，理智发展不足。他们的性器官发育逐渐成熟，但其整体心理水平还较幼稚，意志也较薄弱，易受外界不良诱惑而导致性罪错，因此被视为"青春期危机"。弗洛伊德认为，性心理成熟的标志，是力比多集中于与异性性器官的结合（性交），故此阶段称为"生殖欲期"，在此之前则称为"前生殖欲期"。

弗洛伊德认为，性心理的发展过程如不能顺利进行，停滞在某一发展阶段，即发生固着；或在个体受到挫折后从高级的发展阶段倒退到某一低级的发展阶段即产生了退行，就可能导致心理的异常，成为各种神经症、精神病产生的根源。

二、树立正确的性观念意识

（1）懂得爱与责任。懂得爱别人是神圣的责任，而不是仅仅以自我为中心，异性交往意味着对异性的尊重和爱护，意味着对异性的责任和义务。爱对方更要有责任保护对方，学会对异性的尊重和爱护，不能以自我为中心，为了一时的激情，而破坏了完美的爱情。

（2）学会自律。要增强自我控制力，明白在与异性交往中善于自我控制，不仅是对异性的保护，还可以保护自己，避免不必要的麻烦和受到性侵害或者成为性侵害者。

（3）培养高尚的性道德。性道德是人类调整两性性行为的社会规范的总和。通常可以把性道德的内容概括为：性道德规范；正确的爱情观、贞操观和生育观。它的核心是爱与尊重。

三、学会自我保护

1. 请保护自己（女孩篇）

（1）不要轻易与男生发生性关系。贞操是宝贵的，是女生自尊、自爱、自重的表现之一。特别对于职校生来说，年龄尚小，血气未定，更要洁身自爱，对自己的身体负起责任，不要轻易与异性发生性关系。在恋爱过程中，当男方提出这类要求

时，要及时转换话题，学会拒绝和自我保护。

（2）要了解性知识。女生在面对恋人的要求时，"不"字很难说出口，加之缺乏基本生理常识，没有做好防范措施，意外怀孕率随之增高。学会正确使用安全套很重要，安全套可以有效避孕，可以有效防止性病的传染，可以防止包皮垢与宫颈的接触，减少女生罹患宫颈癌的风险。

（3）要抵制住金钱的诱惑。有些女孩爱慕虚荣，面对金钱的诱惑不能自拔，甚至用身体和自尊换取自己想要的锦衣玉食。社会上有些不法分子甚至抓住女孩的虚荣心理进行诈骗，例如"裸贷"等现象，因此，职校生要树立正确的人生观、价值观和恋爱观，通过自己的努力创造幸福。

（4）遇到危险的时候要懂得自助。根据调查，在强奸和性骚扰案中，受侵害的对象主要是25岁以下的女性，而14岁左右的幼女占相当大的比例，所以提高自我保护意识刻不容缓。

2. 请保护自己（男孩篇）

不要过早地发生性行为。过早的性行为对男孩是有很大危害的。

第一，损伤生殖器官。青少年身体发育不成熟，如果发生过早的性行为，生殖器官可能会出现有尿频、尿痛、尿急等症状。

第二，产生性心理障碍。一般青少年发生性行为的环境欠佳，如果受到惊扰，很容易发生阳痿、早泄。

第三，导致经济问题。女友意外怀孕后，流产手术及术后营养的费用，一般都由男孩支付，从而给男孩带来经济问题。

四、学会正确使用安全套

据调查表明，在有报告的艾滋病病毒感染者中，19岁以下的儿童、青少年已占到约7.4%，1/3的受感染者和病人在15～24岁，性行为是艾滋病传播的重要途径。安全套可以在很大程度上降低意外。

五、远离艾滋，珍爱生命

艾滋病，简称AIDS，中文全称是获得性免疫缺陷综合征。它是人体感染了艾滋病病毒，即人类免疫缺陷病毒（英文简称HIV）后引起的一系列症状的总称。当前，艾滋病已演变成一个非常严重的全球性问题，每年死亡人数高达几百万。

国内艾滋病传播途径示意图

61.6% 静脉注射毒品
18.7% 性接触
9.4% 母婴
8.4% 血液和血制品
1.6% 采血
0.3% 原因不详

艾滋病是怎样传播的呢？经大量研究和流行病学资料证实，艾滋病的传播途径主要有三种：性传播、血液传播、母婴传播。而近几年的调查发现，艾滋病通过性传播的比例在逐年增大，而通过毒品注射、血液传播和母婴传播的比例在逐年减小。

我们应主要从以下三个方面防御艾滋病。

第一，树立正确的人生观、价值观、审美观，努力学习，追求进取，避免空虚无聊，正确交友，把握自己的行动，做到洁身自好，以免感染艾滋病；发生危险性行为时正确使用避孕套。

第二，娱乐场所是艾滋病传播的高危地带。因此要养成良好的生活习惯、行为习惯，不喝酒，不吸毒，不涉足青少年不宜进入的场所，包括歌舞厅、游戏厅、网吧、酒吧等场所。

第三，还要注意马路卫生，不到街边小店扎耳孔，不找街头牙医拔牙补牙，不到没有消毒措施的诊所注射，不使用他人的剃须刀等。

心灵测验室

一、测试题目：测测你的恋爱观

爱为人生提供巨大的动力，使人们的感情需求得到充分满足。对于自己的恋爱观，你了解多少？通过下面的小测试，你将会对它有更深的了解。

1. 你想象中的爱情是（   ）
   A. 具有令人神往的浪漫色彩　　B. 能满足自己的情欲
   C. 使人振奋向上　　　　　　　D. 没想过
2. 你希望与恋人是怎样结识的？（   ）
   A. 在工作和学习中逐渐产生感情　　B. 从小青梅竹马
   C. 一见钟情　　　　　　　　　　　D. 随便
3. 你对未来妻子的要求是（   ）
   A. 别人都称赞她的美丽　　B. 善于理家
   C. 顺从自己的意见　　　　D. 能在多方面帮助自己
4. 你对未来丈夫的要求是（   ）
   A. 有钱有地位　　　　　　B. 为人正直，有上进心
   C. 没有不良嗜好，体贴自己　　D. 英俊，有风度
5. 你认为完美的婚姻应该是（   ）
   A. 门当户对　　B. 郎才女貌
   C. 心心相印　　D. 情趣相投
6. 你认为巩固爱情的最好途径是（   ）
   A. 满足对方的物质要求　　B. 用甜言蜜语取悦对方
   C. 对爱人言听计从　　　　D. 努力使自己变得完美
7. 下列爱情格言中，你最喜欢（   ）
   A. 生命诚可贵，爱情价更高
   B. 爱情的意义在于帮助对方提高，同时也自我提高
   C. 有福同享，有难同当

D. 为了爱，我什么都愿意做

8. 你希望恋人与你在兴趣爱好上（　　）

　　A. 完全一致　　　　　　　　　　B. 虽不一致但能相互照应

　　C. 服从自己的兴趣　　　　　　　D. 互不干涉

9. 你对恋爱中的意外曲折是怎样看的？（　　）

　　A. 最好不要出现　　　　　　　　B. 自认倒霉

　　C. 想办法分手　　　　　　　　　D. 把它当作对爱情的考验

10. 当你发现恋人的意外缺点时，你的态度是（　　）

　　A. 无所谓　　　　　　　　　　　B. 嫌弃对方

　　C. 内心十分痛苦　　　　　　　　D. 帮助对方改进

11. 你对家庭的向往是（　　）

　　A. 能同爱人天天在一起　　　　　B. 人生有了归宿

　　C. 能享受天伦之乐　　　　　　　D. 激励对生活的追求

12. 自己有一位异性朋友时，（　　）

　　A. 告诉恋人，并在对方的同意下继续同异性朋友交往

　　B. 让对方知道，但不允许对方干涉

　　C. 不告诉对方，因为这是自己的权利

　　D. 可以告诉也可以不告诉，要看恋人的气量和态度

13. 一位比恋人条件更好的异性对自己有好感，你会（　　）

　　A. 讨好对方

　　B. 保持友谊，在必要时向对方说明真实情况

　　C. 十分冷淡

　　D. 听之任之

14. 当你迟迟找不到理想的恋人时，你会（　　）

　　A. 反省自己的择偶标准是否切合实际　　B. 一如既往

　　C. 心灰意懒　　　　　　　　　　D. 随便找一个

15. 当你所爱的人不爱你时，你会（　　）

　　A. 愉快地同对方分手　　　　　　B. 毁坏对方的名誉

　　C. 千方百计缠住对方　　　　　　D. 不知所措

16. 你的恋人对你变心时，你会（　　）

　　A. 采取"你不仁我不义"的报复手段　　B. 到处诉说对方的不是

　　C. 只当自己瞎了眼　　　　　　　D. 从中吸取择偶交友的教训

17. 当你发现你所爱的人已有恋人时，你会（　　）

　　A. 更加热烈地追求

　　B. 用尽一切手段拆散他们

　　C. 若对方尚未确定关系，就进行合理的竞争

D. 不管对方是否确定关系，自己都主动退出

18. 你认为理想的婚礼应该是（　　）
    A. 能留下美好而有意义的回忆的　　　　B. 有排场、为人所羡慕的
    C. 亲朋满座、热闹非凡的　　　　　　　D. 双方父母满意的

19. 人们通常认为恋爱过程是个互相了解、互相适应和培养感情的过程。既然如此，了解适应就需要花时间，那么你希望恋爱的时间是（　　）
    A. 越短越好，最好是"闪电式"　　　　　B. 时间依进展而定
    C. 时间要拖长些　　　　　　　　　　　D. 自己无主张

20. 谁都希望完整全面地了解对方，你觉得了解对方的最佳途径是（　　）
    A. 精心布置特殊场面，对恋人进行考验　B. 坦诚恳切地交谈，细心地观察
    C. 通过朋友打听　　　　　　　　　　　D. 没想过

21. 随着时间的推移，你十分倾心的恋人暴露出一些缺点和不足，这时你会（　　）
    A. 采用婉转的方式告知并帮助对方改进　B. 因出乎意料而伤脑筋
    C. 嫌弃对方，犹豫动摇　　　　　　　　D. 不知如何是好

22. 当你已有恋爱对象，一位条件更好的异性对你表示爱慕时，你会（　　）
    A. 说明实情，钟情于恋人　　　　　　　B. 对其冷淡，但维持友谊
    C. 瞒着恋人与其来往　　　　　　　　　D. 感到茫然无措

23. 当你倾慕已久一异性并发出爱的信息时，你忽然发现他（她）另有所爱，你会（　　）
    A. 静观其变，进退自如　　　　　　　　B. 参与角逐，继续穷追
    C. 抽身止步，成人之美　　　　　　　　D. 不知道

24. 恋爱进程很少会一帆风顺，你对恋爱中出现的矛盾、波折是怎么看的？（　　）
    A. 最好平顺些，既然已经出现，也是件好事，双方正好趁此了解和考验对方
    B. 感到伤心难过，认为这是不幸
    C. 疑虑顿生，就此提出分手
    D. 束手无策

25. 由于性情不和或其他原因，你们的恋爱搁浅了，对方提出分手，此时你会（　　）
    A. 千方百计缠着对方　　　　　　　　　B. 到处诋毁对方名誉
    C. 说声再见，各奔前程　　　　　　　　D. 不知所措

评分标准

题号／选项	A	B	C	D
1	2	1	3	0
2	3	2	1	1
3	1	2	1	3
4	0	3	2	1

（续）

题号 选项	A	B	C	D
5	1	1	3	2
6	1	0	2	3
7	2	3	2	1
8	1	3	1	2
9	1	2	0	3
10	1	0	2	3
11	2	1	1	3
12	3	2	1	1
13	0	3	2	1
14	3	1	0	1
15	3	0	1	1
16	0	1	2	3
17	1	0	3	2
18	3	0	2	1
19	1	3	2	0
20	1	3	2	0
21	3	2	1	0
22	3	2	1	0
23	2	1	3	0
24	3	2	1	0
25	2	1	3	0

57分以上，说明你的恋爱观是科学的、正确的。你是一个成熟的青年，你懂得爱是什么和为什么去爱，你如果一直能保持着这样的恋爱观，一定能让自己的爱情美满幸福。

39～56分，说明你的恋爱观尚可。你向往真挚而美好的爱情，然而一时却难以如愿。你不妨多看看身边的朋友，不断校正爱情之船的航线，你一定会到达幸福之地。

38分以下，说明你在恋爱方面还需认真学习，你的恋爱观存在着一些问题。它使你辛勤播撒的爱情种子难以萌发，更难结出甜蜜的果实。

如果有一半的问题不知道怎么回答，表明你的恋爱观游离不定，暂时不适宜恋爱。

二、测试题目：这糖你吃吗？

老师手里有10块糖，10块糖里有两块是做过记号的。老师对学生说：这些糖里有两块是被人舔过的，但又重新包装好了，并混在这些糖里，很难分辨。现在让大家选择，你会不会选里面的糖吃？

讨论分享：

（1）你选择了拿糖，你是怎么想的？

（2）你正好拿到了这两块的其中之一，你会怎么想？
（3）怎么能避免吃到被人舔过的糖？
（4）如果这糖代表着艾滋病，你又会怎么想？

心灵拓展营

爱情是化学反应

脑科学及心理学研究发现，浪漫、轰轰烈烈的爱情是一种生物程序。有关爱的行为都源于多种吸引力。生物学对爱情的解释是通过进化的力量进行主导，通过激素起作用，所有疯狂的行为只为了把基因传递给后代。而其中起到主导作用的激素则是多巴胺。最新科学研究发现，共度20年的伴侣中，大约1/10的人在看到爱人的照片后，脑部迅速分泌大量化学物质多巴胺。

多巴胺是一种神经传导物质，不仅能左右人们的行为，还参与情爱过程，促进人对异性（也包括同性）情感的产生。

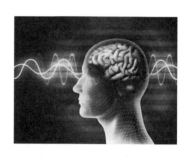

大脑中心丘脑是人的情爱中心，其间贮藏着"丘比特之箭"——多种神经递质，也称为恋爱兴奋剂，包括多巴胺、肾上腺素等。当一对男女一见钟情或经过多次了解产生爱慕之情时，丘脑中的多巴胺等神经递质就源源不断地分泌，势不可挡地汹涌而出。于是，人们就有了爱的感觉。

在多巴胺的作用下，我们感觉到爱的幸福。人们品尝巧克力时或烟民在"吞云吐雾"时所体验到的那种满足感，都是同样的机制在发生作用。幸好，我们的大脑能够区别彼此之间的不同。多巴胺好像一把能打开许多锁的万能钥匙，根据所处情景不同，在体内产生不同的反应。巧克力的气味、口味告诉大脑，我们正在吃东西；情侣的体味和香味提醒大脑，我们正在身陷爱中，并促使我们进行交配，以此繁衍后代。

多巴胺带来的"激情"，会给人一种错觉，以为爱可以永久狂热。不幸的是，我们的身体无法一直承受这种像可卡因一样的刺激，也就是说，一个人不可能永远处于心跳过速的巅峰状态，总会有一段冷淡期。所以大脑只好取消这种念头，让那些化学成分在自己的控制下自然新陈代谢。这样一个过程，通常会持续一年半到三年。随着多巴胺的减少和消失，激情也由此变得平静，从而进入冷淡期。

梁祝化蝶

这一个美丽、凄婉、动人的爱情故事。

东晋时期，浙江上虞县（现上虞市）祝家庄，玉水河边，有个祝员外之女英台，美丽聪颖，自幼随兄习诗文，具有慕班昭、蔡文姬的才学，恨家无良师，一心想往杭州访师求学。祝员外拒绝了女儿的请求，祝英台求学心切，伪装卖卜者，对祝员外说："按卦而断，还是让令爱出门的好。"祝父见女儿乔扮男装，一无破绽，不忍使她失望，只得勉强应允。英台女扮男装，远去杭州求学。途中，邂逅了赴杭求学的会稽（今绍兴）书生梁山伯，一见如故，相读甚欢，在草桥亭上撮土为香，义结金兰。不一日，二人来到杭州城的万松书院，拜师入学。从此，同窗共读，形影不离。梁祝同学三年，情深似海。英台深爱山伯，但山伯却始终不知她是女子，只念兄弟之情，并没有特别的感受。祝父思女，催归甚急，英台只得仓促回乡。梁祝分手，依依不舍。在十八里相送途中，英台不断借物抚意，暗示爱情。山伯忠厚纯朴，不解其故。英台无奈，谎称家中九妹品貌与己酷似，愿替山伯做媒，可是梁山伯家贫，未能如期而至。待山伯去祝家求婚时，岂知祝父已将英台许配给家住鄞城（今宁波市鄞州区）的太守之子马文才。美满姻缘，已成沧影。二人楼台相会，泪眼相向，凄然而别。临别时，立下誓言：生不能同衾，死也要同穴！后梁山伯被朝廷招为鄞县（今宁波市鄞州区）令。然山伯忧郁成疾，不久身亡。遗命葬鄞城九龙墟。英台闻山伯噩耗，誓以身殉。英台被迫出嫁时，绕道去梁山伯墓前祭奠，在祝英台哀恸感应下，风雨雷电大作，坟墓爆裂，英台翩然跃入坟中，墓复合拢，风停雨霁，彩虹高悬，梁祝化为蝴蝶，在人间蹁跹飞舞。

心灵电影院

《滚石爱情故事》

每个人生命中的暗恋、初恋、热恋、失恋，都有一首专属主题曲。由经典情歌触发，说当代爱情故事，是影片的特点。影片中的20个故事单元恋爱类型各异（青春校园、社会熟男熟女、姐弟恋、老少恋等），展现了当代社会的生活脉动、感情面貌、新世代价值观。经典情歌曾为每个人带来救赎与疗愈的力量，这20个故事单元重新审视了每个人爱情中都可能遇到的跌跌撞撞，给予正向支持；对那些在边缘迷失的恋人给予温暖。

该剧没有刻意为收视率服务，滚石公司也没有干预剧本内容，不做植入广告，不找赞助商，由滚石公司独资完成，是以一种抱着做艺术品的心态来拍摄的。它不是偶像剧，没有那么不食人间烟火。写实是《滚石爱情故事》的一大特色。

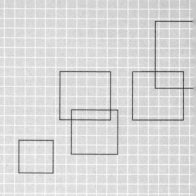

第七章 职业规划

心灵启明灯

1. 理解职业兴趣
2. 掌握气质类型的特点
3. 掌握职业规划的方法
4. 掌握择业中心理问题的调试

心灵故事会

美国弗吉尼亚州有一位普通的农妇,她每天都在做农活,忙于擦地板、挤牛奶、装蔬菜罐头等琐事。直到76岁因关节炎不得不放弃刺绣,她勇敢地拿起了画笔开始绘画。80岁在纽约举办个人画展,并成为美国著名的原始派画家之一。这位普通的农妇就是大名鼎鼎的"摩西奶奶"。

在华盛顿国立女性艺术博物馆,曾举行过一场名为"摩西奶奶在20世纪"的画展。该展览除展出摩西奶奶的作品外,还陈列了一些来自其他国家有关摩西奶奶的私人收藏品。其中最引人注目的是一张明信片,它是摩西奶奶1960年寄出的,收件人是一位名叫春水上行的日本人。

这张明信片是第一次公布于众,上面有摩西奶奶画的一座谷仓和她亲笔写的一段话:做你喜欢做的事,上帝会高兴地帮你打开成功之门,哪怕你现在已经80岁了。

摩西奶奶为什么要写这段话呢?原来这位叫春水上行的人很想从事写作,他从小就喜欢文学。可是大学毕业后,一直在一家医院里工作,这让他感到很困惑。马上就30岁了,他不知该不该放弃那份令人讨厌却收入稳定的职业,以便从事自己喜欢的行当。于是他给耳闻已久的摩西奶奶写了一封信,希望得到她的指点。对于春水上行的信,摩西奶奶很感兴趣,因为过去的大多数来信都是恭维她或向她索要绘画作品的,但这封信却是谦虚地向她请教人生问题。虽然当时她已100岁,还是立即做了回复。

那么，到底是什么原因让人们异常关注那张明信片呢？原来，那张明信片的主人春水上行，正是在日本乃至全世界都大名鼎鼎的作家渡边淳一。也许正是这个原因，每当讲解员向参观者讲解这张明信片时，总要附带地说上这么几句话："你心里想做什么，就大胆地去做吧！不要管自己的年龄有多大和现在的生活状况如何，因为，你想做什么和你能否取得成功，与这些没有什么关系。"

【启示】你最愿意做的那件事，才是你真正的天赋所在。人到底该在什么时候做什么事，并没有明确规定。如果我们想做，就从现在开始。有人总说："已经晚了。"实际上，"现在"就是最恰当的时候。对一个真正有追求的人来说，生命的每个时期都是年轻的、未过时的。

心灵百科屋

第一节 性格与气质

> **心灵箴言**
>
> 在职业发展的道路上，重要的不是你现在所处的位置，而是迈出下一步的方向。佛前的灯，不必刻意去点，最重要的是，点亮自己的心灯，知道自己的起跑点及目的地，找出最适合自己的方式，有规划地跑向目的地。

诗人海子有一首诗写道：从明天起，做一个幸福的人，喂马，劈柴，周游世界；从明天起，关心粮食和蔬菜，我有一所房子，面朝大海，春暖花开。

明天，多么诱人的字眼；明天的幸福，多么令人神往，为了明天，让我们就从现在开启职业生涯规划吧。

每个人都可能在某个方面具有自己的才能，蒲松龄屡试不第，写作《聊斋志异》却身手不凡；柯南·道尔行医无所作为，创作《福尔摩斯》却让世界顶级的侦探叹为观止；陈景润笨嘴拙舌，却摘取了数学皇冠上的明珠……问题是一个人找准自己的才能生长点绝非易事。所以在择业前要认真分析自己的性格和气质，了解自己、分析自己。

一、性格与职业

性格是在现实生活中个人稳定的状态和习惯化的行为方式所表现出的个性心理特征，它是最能体现个体差异的一种特质。人的性格千差万别，有的热情外向，有的羞怯内向，有的沉默冷静，有的火爆急躁。虽然每个人的性格都不能百分之百地适合某种职业，但可以根据自己的职业倾向来培养、发展相应的职业性格。不同的性格特征，对企业而言，决定了每个员工的工作岗位和工作业绩；对个人而言，决定着自己的事业是否成功。

心理学研究者从四个维度来综合考查人的性格或个性特征，每个维度又有两个方面，通常每个人的性格都处于这四个维度的分界点的这一方面或那一方面,我们称之为"倾向"。

内向	我们如何与世界相互作用	外向
倾向于内部世界,喜欢独处和享受冥思		倾向于外部世界,乐于与人交往,积极行动
直觉	我们关注哪些事物	直感
倾向于将来可能发生的事,喜欢想象和创造		倾向于当前发生的事,注重事实、脚踏实地
理智	我们如何思考问题	情感
倾向于理性与逻辑,坚持原则,讲究条理		倾向于人性化,乐于包容他人,营造和谐环境
独立	我们如何做事	依存
倾向于有组织、有规划,喜欢按计划行事		倾向于弹性和灵活,喜欢随性而行

根据人的性格差异可以划分出八种性格类型。

(1) 刚毅型:刚毅性格的人适合开拓性和决策性的职业,如政治家、社会活动家、行政管理者等,不适宜从事机械性、服务性的工作,也不适宜从事要求细致的工作。

他们的优点是意志坚定、行为果断、勇猛顽强、敢于冒险,善于在逆境中顽强拼搏。阻力越大,个人的力量和智慧就越能发挥得淋漓尽致。他们喜欢独立思考、独立工作。缺点是易于冒进,权欲重,有野心。这种人常常盛气凌人、争强好胜,喜欢争功而不能忍,为人霸道,与人共事缺乏谦让和商量。

(2) 温顺型:温顺性格的人适合从事文学艺术、幼儿教育、财务和护理等多种职业,不适合从事要求能做出迅速、灵活反应的工作。

温顺性格的人逆来顺受,缺乏主见,不果断,常常因优柔寡断而痛失良机。但是,这种性格的人又有性情温和柔顺、慈祥善良、亲切和蔼、处事平和稳重的优点,更重要的是,这种人有丰富的内心世界和敏锐的观察力,他们在文学艺术领域常常会如鱼得水。同时,他们还擅长技能型、服务型工作,如秘书、护士、办公室职员、翻译人员、会计师、税务和社会工作者,或专家型工作,如咨询人员、幼儿教师等。

(3) 固执型:固执性格的人擅长独立和负有职责的工作,他们特别适合科研、技术、财务等工作,不适合需与人打交道、变化多端的工作。

他们比较谨慎,抱住自己认为正确的东西,不肯向对方低头,不善于变通。他们有些惰性,不够灵活,而且不善于转移注意力。但他们擅长于理性思考,办事踏实稳重,兴趣

持久而专注,又有立场坚定、直言敢说、倔强执着的优点。他们行得端、走得正,为人正统;他们善于忍耐,沉默寡言,情绪不轻易外露;他们具有较强的自我克制能力。

(4) 韬略型:韬略性格的人适合去做一些挑战性的工作,却不适合从事细致单调、环境过于安静的职业。这种人机智多谋而又深藏不露,思维缜密。他们善于权变,反应快,能够自制自律。缺点是诡计多变,因而不容易控制,不宜选派这种人掌管财务、后勤供应等事务。

具有这种性格的人,在紧张和危险的情况下能很好地执行任务,他们适宜从事具有关键作用和推动作用的工作。典型的职业有政府官员、企业领导、行政人员、管理人员、新闻工

作者等。

（5）谨慎型：性格谨慎的人思维缜密，办事精细、周全。他们做起事来一丝不苟、小心谨慎；他们讲究章法、井井有条。他们适合做办公室和后勤等突变性少的工作。喜欢有规则的具体劳动和需要基本操作技能的工作，但缺乏开拓创新能力。缺点是疑心重、顾虑重重；缺少决断，不敢承担责任。典型的职业有高级管理者、秘书、参谋、会计、银行职员、法官、统计、研究人员、行政和档案管理等工作。

（6）沉静型：性格沉静的人内心沉静、沉稳，沉得住气，办事不声不响。工作细致入微，认真勤恳，有锲而不舍的钻研精神，因此往往能成为某一个领域的专家和能手。他们感情细腻，做事小心谨慎，善于察觉别人观察不到的微小细节。他们喜欢探索和分析自己的内心世界，一般来说，性格略为孤僻，容易过分地全神贯注于自己的内心体验。在别人看来，可能显得冷漠寡言，不喜欢社交。

缺点是行动不够敏捷，容易错过生活中擦肩而过的机会。兴趣不够广泛，除自己感兴趣的事外，不太关心身边的事物。适应能力较差，虽然体验深刻，但反应速度慢，相对刻板而不灵活。这种人喜欢按照一个机械的、别人安排好的计划和进度办事，爱好重复的、有计划的、有标准要求的工作。适合从事稳定的、不需与人过多交往的技能性或技术性职业。典型的职业有医生、印刷校对、装配工、工程师、播音员、出纳、机械师及教师、研究人员等。他们不适合做富于变化和挑战性大的工作。

（7）耿直型：这种人胸怀坦荡，性情质朴敦厚，没有心机。情感反应比较强烈和丰富，行为方式带有浓厚的情绪色彩。他们富有冒险精神，反应灵敏。他们常常被认为是喜欢生活在危险边缘、寻找刺激的人。缺点是过于坦白真诚，心中藏不住事，城府不深，脾气暴躁，做事往往毛手毛脚。具有这种性格的人适合从事具有冒险性、探索性或独立性的职业，比如演员、运动员、航海、航天、科学考察、野外勘测、文学艺术等。但不适宜从事政治、军事等原则性强、保密性强的职业。

（8）善辩型：善辩性格的人具有较强的社交能力，适合从事公关、营销、广告、经纪人、调解员等与外界广泛接触的职业，但不适宜从事科研、财务等要求严谨细致的工作。

这种人勤于独立思考，知识面广，脑子转得快，主意多，是出谋划策的好手。他们不愿循着前人的路子，因此多有标新立异的见解；他们能言善辩，能说会道，口才好，富有鼓动性、煽动性，与人交谈或演讲时往往旁征博引，滔滔不绝，常让一般人大开眼界；他们具有友善、善社交、善言谈、洞察力强等性格特征，有较强的社会交往能力和感染力。缺点是博而不精，专一性不够，有时候难免自吹自擂，夸夸其谈，常给人云山雾罩之感，令人不知所云。

二、气质与职业

气质对人的职业活动具有一定的影响，是职业选择的依据之一。气质主要表现在人的情绪体验的强度、速度、深度、动作的灵敏程度，以及语言的速度和节奏等方面，它使人的整个心理活动带有个人的独特色彩。

职业活动对人的心理特点提出一定要求，气质对职业活动的影响，大体概括为三个方面：一是气质影响职业活动进行的性质，二是气质影响职业活动的特征，三是气质影响职业活动的效率。所以职校生在选择职业时应考虑自己的气质类型与特性，使气质特点符合职业活动的要求，这对从事职业活动及将来的发展更为有利。

古希腊医生希波克拉底认为，人的气质有四种类型，系胆汁质、多血质、黏液质和抑郁质。人的体内有四种液体，即黏液、黄胆汁、墨胆汁和血液。其中黏液生于脑，黄胆汁生于肝，墨胆汁生于胃，血液生于心脏。

如果在液体的混合比例中血液占优势，是湿和热的配合，其特点是湿而润，好像春天一样，这就是多血质型；黏液占优势是冷和湿的配合，其特点是冷酷无情，像冬天一样，这就是黏液质型；黄胆汁占优势是热和干的配合，热而燥，像夏天一样，这就是胆汁质；墨胆汁占优势是冷和干的配合，像秋天一样冷而燥，这就是抑郁质。

1. 胆汁质

胆汁质的特点是强而不平衡。这样的人情感和情绪发生迅速，爆发力很好。同时，情感和情绪消失得也快，性格趋于外向。智力活动灵敏有力，但理解问题容易粗枝大叶。意志力坚强，不怕挫折，勇敢果断，但容易冲动，且难以抑制。工作热情高，表现得雷厉风行，顽强有力。

胆汁质

神经特点：感受性低；耐受性高；不随意反应性强；外倾性明显；情绪兴奋性高，控制力弱，反应快但不灵活。

心理特点：坦率热情，精力旺盛，容易冲动，脾气暴躁，思维敏捷，但准确性差，情感外露，持续时间不长。

典型表现：胆汁质又称不可遏止型或战斗型。具有强烈的兴奋过程和比较弱的抑郁过程，情绪易激动，反应迅速，行动敏捷，暴躁而有力；在语言、表情、姿态上都有一种强烈而迅速的情感表现；在克服困难上有不可遏止和坚韧不拔的劲头，而不善于考虑是否能做到；性急，易爆发而不能自制。这种人的工作特点带有明显的周期性，埋头于事业，也准备去克服通向目标的重重困难和障碍，但是当精力耗尽时，易失去信心。

适合职业：管理工作、外交工作、驾驶员、服装纺织业、餐饮服务业、医生、律师、运动员、冒险家、新闻记者、演员、军人、公安干警等。

2. 多血质

多血质的特点是强而平衡，灵活性高。这种人情感和情绪发生迅速，表露于外，极易变化，灵活而敏捷，活泼好动，但往往不求甚解。工作适应性强，讨人喜欢，交际广泛。容易接受新事物，也容易见异思迁而显得轻浮。

多血质

神经特点：感受性低；耐受性高；不随意反应性强；具有可塑性；情绪兴奋性高；反应速度快而灵活。

心理特点：活泼好动；善于交际；思维敏捷；容易接受新鲜事物；情绪情感容易产生和外露，也容易变化和消失；体验不深刻。

典型表现：多血质又称活泼型，敏捷好动，善于交际，在新的环境里不感到拘束。在工作学习上富有精力而效率高，表现出机敏的工作能力，善于适应环境变化。在集体中精神饱满，朝气蓬勃，愿意从事合乎实际的事业，能对事业心驰神往，能迅速地把握新事物，在有充分自制能力和纪律性的情况下，会表现出很高的积极性。兴趣广泛，但情感易变，如果事业上不顺利，热情可能消失，其速度与投身事业一样迅速。从事多样化的工作往往成绩卓越。

适合职业：导游、推销员、节目主持人、演讲者、外事接待人员、演员、市场调查员、监督员等。

3. 黏液质

黏液质的特点是强而平衡，灵活性低。这种人情绪比较稳定，兴奋性低，变化缓慢，内向，喜欢沉思。思维和言行稳定而迟缓，冷静而踏实。对工作考虑细致周到，不折不扣，坚定地执行自己已经做出的决定，往往对已经习惯了的工作表现出高度热情，不容易适应新的工作和环境。

黏液质

神经特点：感受性低；耐受性高；不随意反应性低；外部表现少；情绪具有稳定性；反应速度快且灵活。

心理特点：稳重，考虑问题全面；安静，沉默，善于克制自己；善于忍耐。情绪不易外露；注意力稳定而不容易转移，外部动作少而缓慢。

典型表现：这种人又称为安静型，在生活中是一个坚持而稳健的辛勤工作者。由于这些人具有与兴奋过程相均衡的强抑制力，所以行动缓慢而沉着，严格恪守既定的生活秩序和工作制度，不为无谓的动因而分心。黏液质的人态度持重，交际适度，不做空泛的清谈，情感上不易激动，不易发脾气，也不易流露情感，能自制，也不常常显露自己的才能。这种人能够长时间坚持不懈，有条不紊地从事自己的工作。其不足是处理有些事情不够灵活，不善于转移自己的注意力。惰性使其因循守旧，表现出固定性有余而灵活性不足的特点，从容不迫和严肃认真的品德，以及性格的一贯性和确定性。

适合职业：外科医生、法官、管理人员、出纳员、会计、播音员、话务员、调解员、教师、人力资源管理等。

4. 抑郁质

抑郁质的特点是呈弱性，易抑制。这种人情绪体验深刻，不易外露。对事物有较高的敏感性，能体察到一般人所觉察不到的东西，观察事物细致。行动缓慢，多愁善感，也易于消沉，干工作常常显得信心不足，缺乏果断性。交往面较窄，常常有孤独感。

抑郁质

神经特点：感受性高；耐受性低；不随意反应性低；情绪兴奋性高；反应速度慢，刻板固执。

心理特点：沉静，对问题感受和体验深刻、持久；情绪不容易表露；反应迟缓但是深刻，准确性高。

典型表现：有较强的感受能力，易动感情，情绪体验的方式较少，但是体验持久而有力，能观察到别人不容易察觉到的细节，对外部环境变化敏感，内心体验深刻，外表行为非常迟缓、忸怩、怯弱、怀疑、孤僻、优柔寡断，容易产生恐惧。

适合职业：校对、打字、排版、检察员、雕刻工作、刺绣工作、保管员、机要秘书、艺术工作者、哲学家、科学家等。

需要指出的是，气质不能决定一个人活动的社会价值和成就的高低，因为在同一领域做出杰出成就的人，有各种气质类型的代表苏联心理学家经分析认为，普希金属胆汁质，赫尔岑属多血质，克雷洛夫属黏液质，果戈里属抑郁质，他们都是大文豪。气质不同的人都可以成为高尚的人，都可以成为某一领域的杰出代表。

◉ 课 外 读 物 ◉

气质类型自测

下面60道题可以帮助你大致确定自己的气质类型。在回答这些问题时，你认为很符合自己的情况的记2分，比较符合的记1分，介于符合与不符合之间的记0分，比较不符合的记–1分，完全不符合的记–2分。

1. 做事力求稳妥，不做无把握的事。_____
2. 遇到可气的事就怒不可遏，把心里话全说出来才痛快。_____
3. 宁肯一个人干事，不愿很多人在一起。_____
4. 到一个新环境很快就能适应。_____
5. 厌恶那些强烈的刺激，如尖叫、噪声、危险镜头等。_____
6. 和人争吵时，总是先发制人，喜欢挑衅。_____
7. 喜欢安静的环境。_____
8. 善于和人交往。_____
9. 羡慕那种善于克制自己感情的人。_____
10. 生活有规律，很少违反作息制度。_____
11. 在多数情况下情绪是乐观的。_____
12. 碰到陌生人觉得很拘束。_____
13. 遇到令人气愤的事，能很好地自我克制。_____
14. 做事总有旺盛的精力。_____
15. 遇到问题常常举棋不定，优柔寡断。_____
16. 在人群中从不觉得过分拘束。_____
17. 情绪高昂时，觉得干什么都有趣，情绪低落时，又觉得干什么都没有意思。_____
18. 当注意力集中于一事物时，别的事物很难使自己分心。_____
19. 理解问题总比别人快。_____
20. 碰到危险情景时，常有一种极度恐怖感。_____
21. 对学习、工作、事业怀有很高的热情。_____
22. 能够长时间做枯燥、单调的工作。_____
23. 做自己感兴趣的事情，干起来劲头十足，否则就不想干。_____
24. 一点小事就能引起情绪波动。_____

25. 讨厌做那种需要耐心、细致的工作。_____
26. 与人交往不卑不亢。_____
27. 喜欢参加热烈的活动。_____
28. 爱看感情细腻,描写人物内心活动的文学作品。_____
29. 工作学习时间长了,常感到厌倦。_____
30. 不喜欢长时间谈论某一个问题,愿意实际动手干。_____
31. 宁愿侃侃而谈,不愿窃窃私语。_____
32. 别人总是说自己闷闷不乐。_____
33. 理解问题常比别人慢些。_____
34. 疲倦时只要短暂的休息就能精神抖擞,重新投入工作。_____
35. 心里有话,宁愿自己想,不愿说出来。_____
36. 认准一个目标就希望尽快实现,不达目的,誓不罢休。_____
37. 和别人学习、工作一段时间后,常比别人更疲倦。_____
38. 做事有些莽撞,常常不考虑后果。_____
39. 老师或师傅讲授新知识、技术时,总希望他讲慢些,多重复几遍。_____
40. 能够很快忘记那些不愉快的事。_____
41. 做作业或完成一件工作总比别人花的时间多。_____
42. 喜欢运动量大的剧烈体育活动,或参加各种文艺活动。_____
43. 不能很快地把注意力从一件事转移到另一件事上去。_____
44. 接受一个任务后,就希望迅速完成。_____
45. 认为墨守成规比冒风险要稳妥些。_____
46. 能够同时关注几件事物。_____
47. 当烦闷的时候,别人很难让自己高兴起来。_____
48. 爱看情节起伏跌宕、激动人心的小说。_____
49. 对工作抱有认真严谨、始终如一的态度。_____
50. 和周围人们的关系总是很紧张。_____
51. 喜欢复习学过的知识,重复做自己已掌握的工作。_____
52. 希望做变化大、花样多的工作。_____
53. 小时候会背的儿歌,似乎比别人记得清楚。_____
54. 别人说自己"出语伤人",可自己并不觉得这样。_____
55. 在体育活动中,常因反应慢而落后。_____
56. 反应敏捷,头脑机智。_____
57. 喜欢有条理而不甚麻烦的工作。_____
58. 兴奋的事常常使自己失眠。_____
59. 老师讲新概念,常常听不懂,但是弄懂之后就很难忘记。_____
60. 假如工作枯燥无味,马上就会情绪低落。_____

气质类型确定标准：

（1）如果某一类气质得分明显高出其他三种，均高出 4 分以上，则可定为该气质类型，如果该型气质得分超过 20 分，则为典型型，该型得分若在 10～20 分，则为一般型。

（2）两种气质类型得分接近，其差异低于 3 分，而且又明显高于其他两种，高出 4 分以上，则可定为两种气质的混合型。

（3）三种气质得分均高于第四种，而且接近，则可定为这三种气质的混合型。

气质类型计分表

	题号														
胆汁质	题号	2	6	9	14	17	21	27	31	36	38	42	48	50	54	58	总分
	得分																
多血质	题号	4	8	11	16	19	23	25	29	34	40	44	46	52	56	60	总分
	得分																
黏液质	题号	1	7	10	13	18	22	26	30	33	39	43	45	49	55	57	总分
	得分																
抑郁质	题号	3	5	12	15	20	24	28	32	35	37	41	47	51	53	59	总分
	得分																
结 果	你的气质类型是：																

第二节 职业兴趣与能力

> ◎ 心灵箴言 ◎
>
> 兴趣是最好的老师。
>
> ——爱因斯坦
>
> 学问必须合乎自己的兴趣，才可能从中收获益处。
>
> ——莎士比亚

古人说："知之者不如好之者，好之者不如乐之者。"这里的"好"就是爱好，"乐"就是在爱好的基础上乐意去做。两者说的都是兴趣，只是程度不同罢了。所谓兴趣就是指一个人力求认识、掌握某种事物并经常参与该活动的心理倾向。而能力是指一个人顺利完成某种活动所具备的一种心理特征。

一、职业兴趣

职业兴趣是指人们在心理上对某个职业和工作所抱的一种积极的态度和强烈的追求。职业兴趣在个体职业生涯规划过程中发挥着重要作用。首先,它影响人们的职业定向和职业选择。其次,职业兴趣能开发人的工作能力,激发人们去探索、创新。职业兴趣可以帮助个体更快地适应职业环境和职业角色。可见职业兴趣贯穿于职业生涯的全部过程。

美国著名的心理学家、职业理论专家霍兰德提出职业性向理论,把人格分成六大类型,即研究型、艺术型、现实型、社会型、企业型和传统型。而职业环境也可以分为相应的同样名称的六大类。人格与职业环境相匹配是形成职业满意度、成就感的基础,如果一个人的人格类型与职业环境类型都属于同一个类型,那么其职业满意度和成就感就会高一些。

霍兰德职业人格类型

- 现实型:有运动或机械操作的能力,喜欢机械、工具、动植物,偏好户外活动
- 研究型:喜欢观察、学习、研究、分析、评估和解决问题
- 艺术型:艺术感强、具有创造的能力,喜欢运用想象力和创造力,适合在自由的环境中工作
- 社会型:善于与人相处,喜欢教导、帮助、启发或训练别人
- 企业型:喜欢和人群互动,自信,有说服力,领导力,追求政治和经济上的成就
- 传统型:喜欢从事资料工作,有写作或数据分析的能力,能够听从指示完成细致的工作

1. 研究型:好奇心永远驱动着你

性格解析:喜欢观察、研究、评估并解决问题,探寻万物的本真,通常可以从自然界变化等各种事物中发现奥妙之处,并迫不及待地想要追根究底;他们通常喜欢做统计分析工作,具备从事调查、观察、评价、推理等方面活动的能力;他们对事物惊人般的观察力和充沛的设问能力总能够使他们加速认知水平,催促他们不断地自我完善。

职业方向:主要是科学研究和科学实验工作。

主要职业:自然科学和社会科学方面的研究人员、专家;化学、冶金、电子、无线电、电视、飞机等方面的工程师、技术人员;飞机驾驶员、计算机操作员等。

专业定位:数学与应用数学、数理基础科学、计算机科学、物理学、应用物理学、化学、生物科学、地质学、考古学、冶金工程、微电子制造工程、中医学等专业。

2. 艺术型:灵感之门为你而开

性格解析:有艺术直觉、想象力和创造力,不拘泥于常规。属于艺术型的人通常内心活动比较复杂、敏感,善于表达且富有想象力,却相对缺乏实际性。他们可能听一首抒情的歌会流泪,看一场精彩的电影会倍感喜悦。他们具备艺术性、独创性的表达和直觉能力,他们具有强大的直觉反应系统,对美的追求无法穷尽并相对苛刻。诚然,他们不喜欢结构性强的活动,但他们精力充沛,情感充盈,适合从事艺术创作。

职业方向：主要是各类艺术创作工作。

主要职业：音乐、舞蹈、戏剧等方面的演员、艺术家编导、教师；文学、艺术方面的评论员；广播节目的主持人、编辑、作家；绘画、书法、摄影家；艺术、家具、珠宝、房屋装饰等行业的设计师等。

专业定位：影视编导、汉语言文学、编辑出版学、广告学、音乐学、绘画、摄影、动画等专业。

3. 现实型：产业的主力军

性格解析：尊重事实，他们是唯物主义者。通常具备机械操作能力或一定的体力，适合与机械、工具、动植物等具体事物打交道，具有实干家的精神，喜欢乐此不疲地对具体事物进行研究。他们坦率，所以易于接受现实中的挫败，并且谦逊地对不足之处进行修改。他们善于操作工具和完成实体性工作，并从中得到巨大的启迪和能量。

职业方向：主要是各类工程技术工作、农业工作，这类工作通常需要一定体力，需要运用工具或操作机器。

主要职业：工程师、技术员；机械操作、维修和安装工人、矿工、木工、电工、鞋匠；司机；测绘员、描图员；农民、牧民、渔民等。

专业定位：机械设计及其自动化、电气工程、车辆工程、给水排水工程、测绘工程、农业机械化及其自动化等专业。

4. 社会型：跨越心灵的沟壑

性格解析：善于与人相处，天生的组织者。社会型的人拥有一颗活跃的心，他们通过自己润滑的社会关系使自己左右逢源，成为别人倾诉苦恼的最佳听众；他们融情感和理性为一体，为他人提供精妙而有意义的建议，安慰他人。

职业方向：主要是指各种直接为他人服务的工作，如医疗服务、教育服务、生活服务等。

主要职业：教师、保育员、行政人员；医护人员；衣食住行服务行业的经理、管理人员和服务人员；福利人员等。

专业定位：社会学、学前教育、特殊教育、政治学、文秘教育、行政管理、公共事业管理、劳动与社会保障、临床医学、康复治疗学等专业。

5. 企业型：征服繁杂的疑惑

性格解析：有领导气质，热衷于研究政治和经济。无疑，企业型的人适合当领导。他们对自己的才能很自信且勇于表现，同时又有一定的集权性倾向，具备劝说、管理、监督、组织和领导等能力，并以此来获得政治、经济和社会利益。他们擅长管理凌乱的社会秩序或者企业中的人员事务。他们时常有统揽大局的慧根，有大将之风。

职业方向：主要是那些组织与影响他人共同完成组织目标的工作。

主要职业：经理企业家、政府官员、商人、行业部门和单位的领导者、管理者等。

专业定位：人力资源管理、工商管理、投资学、市场营销、国民经济管理、信用管理等专业。

6. 传统型：享受从容的姿态

性格解析：踏实与稳重型，他们永远是值得信赖的伙伴。传统型的人谦逊、平和，却有些缺乏竞争意识。他们能完成上司交付的任务，严守纪律，却不太奢求更高的职位和工作形式。传统型的人默默耕耘，是一个集体不可缺少、弥足珍贵的一分子，是不可或缺的贤内助式帮手。

职业方向：主要是与文件档案、图书资料、统计报表之类相关的各类科室工作。

主要职业：会计、出纳、统计人员；打字员；办公室人员；秘书和文书；图书管理员；旅游、外贸职员、保管员、邮递员、审计人员、人事职员等。

专业定位：物流管理、物联网工程、师范类专业、会计学、财务管理、旅游管理、图书馆学、档案学、信息资源管理等专业。

人们通常倾向于选择与自我兴趣类型匹配的职业环境，如具有现实型兴趣的人希望在现实型的职业环境中工作，可以更好地发挥个人的潜能。但在职业选择中，个体并非一定要选择与自己兴趣完全对应的职业环境。一则因为个体本身常是多种兴趣类型的综合体，单一类型显著、突出的情况不多，因此评价个体的兴趣类型时也时常以其六大类型中得分居前三位的类型组合而成，组合时根据分数的高低依次排列字母，构成其兴趣组型（参考霍兰德职业兴趣量表）；二则因为影响职业选择的因素是多方面的，不完全依据兴趣类型，还要参照社会的职业需求及获得职业的现实可能性。因此，在职业选择时要学会不断妥协，寻求与之相邻的职业环境，甚至相隔的职业环境，在这种环境中，个体需要逐渐适应工作环境。但如果个体寻找的是相对的职业环境，则意味着所进入的是与自我兴趣完全不同的职业环境，则工作起来可能难以适应，或者难以在工作中感觉到快乐，相反，甚至可能会每天工作得很痛苦。

二、职业与能力

随着市场竞争的加剧，人才市场的竞争也日益激烈，用人单位越来越看重人才的能力。职业能力是完成各种工作都需要具备的能力，但每个人的能力又有所不同，如有的人善于思辨，有的人善于操作，有的人善于分析，有的人善于沟通等。

我们一般把职业能力分为一般职业能力、特殊职业能力和综合职业能力。

（1）一般职业能力：一般职业能力主要指一般的学习能力、文字和语言运用能力、数学运用能力、空间判断能力、形体知觉能力、颜色分辨能力、手的灵巧度、手眼协调能力等。此外，任何职业岗位的工作都需要与人打交道，因此，人际交往能力、团队协作能力、对环境的适应能力，以及遇到挫折时良好的心理承受能力都是我们在职业活动中不可缺少的能力。

（2）特殊职业能力：特殊职业能力主要指从事某一职业的专业能力。在求职过程中，招聘方最关注的就是求职者是否具备胜任岗位工作的专业能力。例如你去应聘数控的工作岗位，对方最看重你是否具备最基本的机床操作能力。

一般职业能力与特殊职业能力是相互关联的。从事某种职业既要有一般职业能力，又要有特殊职业能力。一般职业能力是特殊职业能力的组成部分；特殊职业能力又是一般职业能力的强化。在此之中，思维能力是人对事物进行分析、综合、抽象、概括、推理的能力，所有的职业都要求从业者必须具备一定的思维能力，因此思维能力是所有能力的核心。

（3）综合职业能力：这里主要介绍国际上普遍注重培养的"关键能力"，主要包括三个方面：

专业能力目标：掌握专业技能和专业知识，属于基本生存能力

方法能力目标：学会学习和学会工作，属于基本发展能力

社会能力目标：学会共处和学会做人，属于基本发展能力

1）跨职业的专业能力。从三个方面可以体现出一个人跨职业的专业能力：一是运用数学和测量方法的能力；二是计算机应用能力；三是运用外语解决技术问题和进行交流的能力。

2）方法能力。一是信息收集和筛选能力；二是掌握制订工作计划、独立决策和实施的能力；三是具备准确的自我评价能力和接受他人评价的承受力，并能够从成败经历中有效地汲取经验教训。

3）社会能力。社会能力主要指一个人的团队协作能力、人际交往和沟通的能力。在工作中能够协同他人共同完成工作，对他人公正宽容，具有准确裁定事物的判断力和自律能力等，这是岗位胜任和在工作中开拓进取的重要条件。

三、"工匠精神"的传承

中国陶行知研究会副会长聂圣哲曾呼吁："中国制造"是世界给予中国的最好礼物，要珍惜这个练兵的机会，决不能轻易丢失。"中国制造"熟能生巧了，就可以过渡到"中国精造"。"中国精造"稳定了，不怕没有"中国创造"。要有工匠精神，从"匠心"到"匠魂"。那么什么是大国"工匠精神"呢？

1. "工匠精神"的定义

"工匠精神"，它是一种职业精神，同时又是职业道德、职业能力、职业品质的体现，是从业者的一种职业价值取向和行为表现。工匠需具备敬业、精益、专注、创新等不断突破自我的优良品质。

2. "工匠精神"的内涵

（1）敬业精神。敬业是从业者基于对职业的敬畏和热爱而产生的一种全身心投入的认认真真、尽职尽责的职业精神状态。从业者把工作当修行，通过工作，提高心性，修炼灵魂，将工作当成一生的信仰和追求。而这一切都要从敬业开始，让敬畏和热爱充斥工作始末，立足本职，不慕虚荣，每一份工作都值得珍惜，干一行爱一行，以寻找人生最大的乐趣。"敬业乐群""忠于职守"，这也是中华民族历来的传统，敬业是中国人的传统美德，也是当今社会主义核心价值观的基本要求之一。

（2）精益精神。精益就是精益求精，就是要超越平庸，选择完善。老子曰："天下大事，必作于细。"作为从业者，要认准目标，执着坚守，耐得住工作上的枯燥与寂寞，经得起职场上的诱惑，执着于自己的意念，切不可浅尝辄止，半途而废。以匠人之心，追求技艺的极致，大胆创新和突破，练就令人叹为观止的完美技艺。因此，要想做出成绩，只能专心致志地做一件事情，把其做精、做到极致，方能成就无限完美。

（3）专注精神。专注就是要踏实严谨，一丝不苟。在职场上就应该严格遵循工作标准，杜绝粗心大意，认真处理好工作的每一个细小环节。严格遵循工作标准，每个步骤、每个环节都按要求做到位，因为细节决定成败，细节成就伟大。杜绝粗心大意，"差不多"就是差很多，要细致入微，把每个细节都做到极致、做到完美，这是一切"大国工匠"所必须具备的精神特质。

（4）创新精神。创新就是要追求突破、追求革新。"工匠精神"强调执着、坚持、专注，强调把"匠心"融入生产的每个环节，既要对职业有敬畏之心，对质量有精准之要求，又要富有追求突破、追求革新的创新活力。事实上，古往今来，热衷于创新和发明的工匠们一直是世界科技进步的重要推动力量。

工匠们心无旁骛，专心致志，把不可能变成可能，一心紧盯着自己的工作，杜绝了见异思迁。作为从业者，我们也应该专注于所在行业，专注于自己的工作岗位，一心做好自己的本职工作。只有专注才能专业，只有摒除杂念，专于其中，方能成为行业不可或缺的人才。

● 课外阅读 ●

职业能力倾向测试

前10题为a组，后10题为b组。每组各题答案为"是"的得1分，答案为"不是"的得2分，然后比较两组答案的分值。

1. 当你正在看一本有关谋杀案的小说时，你是否常常能在作者未交代结果之前知道作品中哪个人物是罪犯？
2. 你是否很少写错别字？
3. 你是否宁可参加音乐会而不愿待在家里闲聊？
4. 墙上的画挂歪了，你是否想去扶正？
5. 你是否常常谈论自己看过和听过的事物？

6. 你是否宁可读一些散文和小品文，也不愿看小说？
7. 你是否宁愿少做几件事，也一定要做好，而不想马马虎虎地多做几件事？
8. 你是否喜欢打牌或者下棋？
9. 你是否对自己的消费预算有所控制？
10. 你是否喜欢学习钟表、开关、马达等的工作原理？
11. 你是否很想改变一下日常生活中的习惯，使自己多一些充裕的时间？
12. 闲暇时，你是否比较喜欢参加一些活动，而不愿意看书？
13. 你是否认为数学并不难？
14. 你是否喜欢与比你年轻的人在一起？
15. 你能否列出五个你自己认为够朋友的人？
16. 对于你能办到的事情，别人求你的时候，你是乐于帮忙，还是怕麻烦而拒绝？
17. 你是否不喜欢太琐碎的工作？
18. 你看书是否很快？
19. 你是否相信"小心谨慎，稳扎稳打"是至理名言？
20. 你是否喜欢新朋友、新地方和新的东西？

积分与解释

若 a 组分值比 b 组高，那么说明你是个精细的人。需要耐心和谨慎的工作，比如医生、律师、科学家、机械师、维修员、编辑、哲学家、工程师等。

若 b 组分值比 a 组高，那么说明你是学识渊博的人，最大的长处在于能成功地与人交往。你喜欢有人来帮助实现你的想法。适合做人事顾问、运动教练、服务、演员、广告宣传员、推销员等工作。

若 a、b 两组分值大体相等，则表明你不但能够处理琐碎细节，而且能维持良好的人际关系。适合的工作包括护士、教师、秘书、商人、美容师、艺术家、图书管理员、政治家等。

第三节 求职中的心理障碍与调适

◆ 心灵箴言 ◆

　　一个人只要愿意改变，事情就有转机，改变的意念越强，胜算就越大，成功的机会，永远留给拥抱变化、渴望改变的人。
　　正确的角色定位需要理智，及时的角色转换需要智慧。

如今的毕业就业是一个十分复杂的心理变化过程。在当前经济的总体形势下，面对严峻的就业形势，面对众多的竞争对手，学生的心理是复杂而多变的。他们的喜悦和忧虑交织，渴望和恐惧交融，既有积极的心态，也有消极的心态，这两种不同的心态使学生在心理上备受折磨而出现各种心理问题。

一、求职中的心理障碍

1. 自卑问题

自卑心理是个人对自己评价过低的一种心理倾向，是个人由于某种心理和生理缺陷而产生轻视自己的心理。表现为对自己评估过低，胆小畏缩，面对挑战无力应对，选择逃避。在竞争激烈的求职场上，部分学生因所学专业不景气，或因自己专业知识技能不如其他学生，和因屡次求职受挫，产生了强烈的自卑感，进而转化为自卑心理。

有的同学学业比较顺利，也具备了一定的实力和优势，面对激烈的竞争，却觉得自己这也不行，那也不如别人，自卑心理使自己缺乏竞争的勇气，缺乏自信心，走进就业市场就心里发怵，参加招聘面试，心里就会忐忑不安。一旦中途受到挫折，更缺乏心理上的承受能力，更觉得自己确实不行。从心理学角度上分析，自卑的学生往往不是真的不如别人，只是过低的自我评价压制了能力的发展和表现，因此，在求职过程中克服自卑是走向成功的必经之路。

2. 自负问题

现在的学生一般都是顺境中成长起来的，他们从中学到职业学校，没有经过大的坎坷和复杂的经历，更没有经历过真正的挫折。一些学生认为既然过去事事能顺利，这次择业依然应当顺利，他们盲目乐观，过于自信，不做认真的心理准备。结果往往在择业中碰壁，于是意志消沉，一蹶不振。

有些学生不能够正确认识自己，在求职时常常过高地评估自己的能力，把自己的愿望和社会需要割裂开来认识问题，由于与社会接触不多，一些学生对用人单位的要求知之甚少，对自己在求职市场中真实的位置搞不清楚，把自己的学历知识作为资本，常常挑

都是考80分

剔攀比，提出过分的要求，给用人单位留下极差的印象，导致最终无法就业。市场经济条件下所需要的人才要求个人素质和综合能力相结合，而拥有的学历并不是决定因素。如果学生不能及早认清社会需要的形势，不能对自己有一个客观公正的评价，将会错失良机，耽误自己的前程。

3. 焦虑问题

面对竞争激烈的就业市场，绝大部分学生在求职过程中或多或少地出现过焦虑。优秀的学生焦虑的问题是能否找到实现人生价值的理想岗位；学业成绩不理想的学生焦虑的是没有单位选中自己怎么办；来自边远地区的同学为不想回本地而焦虑；还有一些学生优柔寡断，

不知自己毕业后应向何处去。

一般来说,适度的焦虑会使学生产生压力,适当的压力可以增强人的进取心,从而产生奋发向上的精神。但是如果焦虑不能得到及时缓解,就有可能向病态发展,出现情绪紧张、心烦意乱、注意力不能集中、身体疲劳、头晕眼花、心悸失眠等症状。这种焦虑使学生在毕业时负担沉重,精神紧张,心绪不宁,萎靡不振。此时,焦虑不但影响了学生的正常生活、学习和娱乐,还成为择业的绊脚石。

4. 攀比问题

职校生在求职过程中还会表现出虚荣攀比的心理。受虚荣心的驱使,有的同学在选择就业单位时往往把注意力集中在社会知名度高、待遇好的就业岗位上。徒慕虚荣,不从实际出发,不考虑自己的竞争能力和真实水平,甚至不考虑自己的专长爱好,他们选择职业只是为了让别人羡慕,而不是为自己寻找用武之地。

建议同学们在选择职业时首先自问——我需要什么样的工作?我适合做什么样的工作?我能得到什么样的工作?只有经过冷静思考得出结论,并付诸行动,才能真正丢掉虚荣心、攀比心的心理包袱,选择真正属于自己的职业。

5. 依赖问题

有些职校生不愿把自己推向市场参与竞争,而是把希望寄托在父母、亲戚、朋友身上,依赖他们找工作,产生一种非常不积极的求职态度。依赖心理在求职就业中又具体表现为两种倾向:一种是依赖大多数的从众心理,自己缺乏独立的见解,不是从自己的实际情况做出切合实际的选择,而是人云亦云,见别人都往大城市挤,自己也跟着凑热闹;另一种是依赖政策、依赖他人的倾向,不主动选择,不积极竞争,与激烈竞争的社会现实格格不入。

6. 诚信问题

职校生法律意识淡薄,在社会各方面都有所表现。有的毕业生视诺言和就业协议为儿戏,虽然与用人单位签订协议,但并不是真心想去工作,而是把用人单位当作跳板;还有的毕业生,虽然在签订协议时是真心的,一旦找到更好的单位,就毁掉之前已签好的协议。以上这两种人在某种程度上忽略了"双向选择"的对等性和就业协议的法律制约性,不仅挫伤了用人单位接收应届毕业生的积极性,而且不利于毕业生就业市场的稳定和发展,还会给学校和毕业生本人带来很多后遗症。毕业生必须认识到,一旦与用人单位签订了就业协议,就产生了法律效力,毕业生在

没有征得原单位或学校就业部门同意的前提下，不得随意单方面私自解除协议及更换单位，否则将受到处罚。

二、求职过程中的心理调适

毕业生在求职过程中，应该充分认识自我心理调适的作用，提高自我调适的自觉性，保持一种稳定安详、乐观进取的良好择业心态。自我心理调适可以通过以下几个方面得以实现。

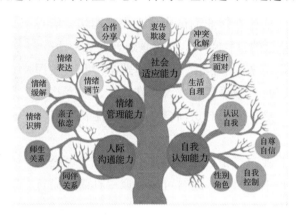

1. 正确认识自我，正视现实，树立正确的求职观念

正确地认识和评价自己是职校生自我调适的基础。职校生要清楚自己的个性特点、自己的求职意向、家人的期望、自己的专业适合什么工作，明白自己在竞争中的实际状况。正确看待自己的优势与不足，尽量做到扬长避短，不能因为一时的挫败而自怨自艾，要善于取长补短，及时调整好自己的身心状态。

人离不开社会，人只有适应社会才能生存和发展。一方面，随着社会主义市场经济的发展，社会越来越尊重知识，尊重人才，社会为求职者提供较好的环境；另一方面，我国目前待业人数多，社会为毕业生提供的工作岗位不可能令人人都满意。毕业生应该面对现实，从实际出发，处理好理想与现实的关系。

2. 敢于竞争，不怕挫折，从容面对

人生就是一场竞争，改革开放给社会带来的最大变化就是增强了国人的竞争意识。"毕业生与用人单位双向选择"，与过去的分配制度相比，充分体现了竞争机制。职校生可以结合实际，通过适当的途径和方式推荐自己，要敢想、敢说、敢干，充满信心地迎接挑战。敢于竞争，还要善于竞争，单靠"勇"不行，还要"有谋"，面对职位、面对对手，要深思熟虑，掌握技巧，抓住重点。

敢于竞争，还要准备经受挫折，迎难而上，这样才能成为竞争中的强者。有些同学遭受挫折后，就抱怨社会不公，自暴自弃，丧失信心。以这样的心态去求职，一般都不会成功。试想：连自己都不相信自己，谁还能相信你？因此，必须保持平衡的心态，寻找自己失败的原因，汲取教训，保持稳定而进取的心态去面对新的竞争。

3. 增强心理承受能力，掌握心理调适方法

毕业生在求职失败的时候要注意调整个人的心态。下面介绍几种心理调适的方法。

（1）合理宣泄法。毕业生在择业中处于焦虑、抑郁等消极情绪状态时，不能一味地把不良情绪藏在心底，而应进行适当的宣泄。如接受他人的劝解，尝试着让自己换个角度去思考；或向知心朋友、老师倾诉，把心中的不快说出来；可以大哭一场或者到户外参加体育锻炼等。这些做法对焦虑心理、自卑心理等都可以起到一定的作用，使心情得到改善。

（2）自我激励法。毕业生在择业面试中常常出现胆怯、信心不足等现象，可以通过积极的自我暗示、自我激励等方法来调节。如运用心理语言和书面语言来调节情绪，在心里默念"我会发挥得很好！""我一定能成功！"等语句，或者写在纸上，或者找个空旷的地方大声喊出来。这些方法对走出自卑、消除胆怯都有一定的作用。

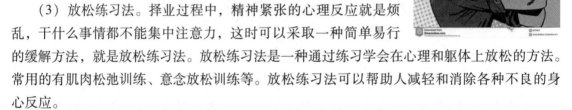

（3）放松练习法。择业过程中，精神紧张的心理反应就是烦乱，干什么事情都不能集中注意力，这时可以采取一种简单易行的缓解方法，就是放松练习法。放松练习法是一种通过练习学会在心理和躯体上放松的方法。常用的有肌肉松弛训练、意念放松训练等。放松练习法可以帮助人减轻和消除各种不良的身心反应。

（4）咨询求助法。咨询的实质是一种职业性的帮助，咨询关系是由受过专门训练的人员为求助者提供帮助。在日趋激烈的就业市场中，更多的毕业生自主选择的积极性、主动性被释放出来，同时责任、心理问题也接踵而至，主动地寻求心理帮助，进行职业心理咨询是毕业生释放心理压力、调适不良心理状态的有效途径。

◉ 课 外 读 物 ◉

自我表现分寸

游戏目的：为了检测你是否能恰到好处地表现自己，通过完成题目，来了解自我表现力。

游戏步骤：请在与你相符的题目后画"√"，并计1分，然后算出总分。

1. 你喜欢对电影或者电视连续剧做出评论。（   ）
2. 你曾经想要成为小说家或者词作者。（   ）
3. 舞会前，你会积极地调查对方队伍的情况。（   ）
4. 学生时代，在文艺会演时，你基本上都是主角。（   ）
5. 你一次都没有被男性甩过。（   ）
6. 朋友经常对你说："好时髦啊！"（   ）
7. 学生时代，你是舞蹈队的一员。（   ）
8. 你认为自己并不是一个很积极的人。（   ）

9. 你不喜欢因为"约会次数太少"而跟恋人分手的人。（　　）
10. 舞会上，即使不是有意表现，你也会成为注目的对象。（　　）
11. 你大致上知道自己的优点和缺点。（　　）
12. 求职时，比起笔头考试，你更擅长面试。（　　）
13. 你有时候会对不会好好说话的朋友感到很不耐烦。（　　）
14. 即使在家你也经常打扮一番。（　　）
15. 不知道为什么，你周围的人经常会为你担心。（　　）
16. 你正在过你自己希望的人生。（　　）
17. 你洗澡时会先洗脸。（　　）
18. 你很擅长化妆。（　　）
19. 即使做了妈妈，你也想继续保持年轻的面孔。（　　）
20. 你认为随着年龄的增长，应当学会根据交谈对象而改变说话的态度。（　　）

5分以下：你非常不喜欢自我表现，众人关注的目光只会令你如坐针毡。

你几乎从来没有站在队伍的最前面去做某些事情，而是经常躲藏在人群后面，极少被人发现和注意。你不会去干涉任何人，同时也不希望谁来干涉你。你的私人空间是块神圣不可侵犯的领地，你只想独享自我的世界，在你看来，那才是一个最舒适的地方。

6~10分：你表面看上去很温顺，但在家人面前却自我意识很强。

你不太善于自我表现，很多时候都会压抑自我、默默无闻，更多时候只是配角，在外人面前很内向，在家人面前却又显得很任性。你会将在外面积聚的郁愤发泄在家人身上。虽然家人会包容你的一切，但这种不分青红皂白的态度却不值得欣赏。建议你寻找一些能消除压力的兴趣爱好。

11~15分：你能够恰如其分地表现自己，令人欣赏又让人印象深刻。

你掌握了自我表现的分寸，既能有效地表现出自己的优势，又能被别人普遍接受，这样的你，经常被周围的人环绕和瞩目。你非常了解自己的优点和缺点，所以虽说表现力很强，但也不是那种喜欢显摆自己的类型，能够很有效地给他人留下"好印象"。

16分以上：你极擅长自我表现，抢尽他人风头。

你非常善于自我表现，在人群中显得很抢眼，但是这类型的人，也很喜欢"我如何如何"地尽说自己的事情，希望把大家的注意力都集中在自己身上。与其说你喜欢自我表现，不如说你喜欢自我主张更为恰当。所以很多时候你会让人讨厌。在单纯地自我介绍的时候，你的自我表现力会发挥很好的效果。但在集体生活中，要注意避免被认为是个任性的人。

【游戏心理分析】

一个人的表现能力很容易在日常生活中表现出来。自我表现能力强的人，很容易在人群中突显自己。其实，生活中恰如其分地表现自己是最合适的，这样既可以很好地将自己的优势表现出来，又可以获得他人的认可。

第四节 科学地规划人生

> ● 心灵箴言 ●
>
> 春蚕到死丝方尽，人至期颐亦不休。一息尚存须努力，留作青年好范畴。
>
> ——吴玉章
>
> 人生的价值，并不是用时间，而是用深度去衡量的。
>
> ——列夫·托尔斯泰

当今时代，求职择业是每位毕业生都会面临的人生重大课题，也是学生最关注的关乎切身利益的问题。虽然环境的发展给每个人带来了越来越多的职业选择机会，但环境的变化也给学生带来了更大、更复杂的职业风险和择业困难。尽管你不能改变现实环境，但你可以调整和改变自己，通过科学规划自己的职业生涯，扬长避短，确定适合自己的人生职业目标，获得最适合自己成长和发展的职业生涯路径。所以对个人而言，做好职业生涯规划是开启成功的大门，确立适宜的职业目标是通往成功职业之路的关键。

一、职业生涯规划的定义

要进行职业生涯规划，首先必须了解生涯的概念。美国职业管理学家舒伯提出"生涯是终其一生，不同时期不同角色的组合"，每个人在成长的各个阶段都会担当不同的角色，这就构成了生涯形态。

职业生涯规划又叫职业生涯设计，是指个人与组织相结合，在对一个人职业生涯的主客观条件进行测定、分析、总结的基础上，对自己的兴趣、爱好、能力、特点进行综合分析与权衡，结合时代特点，根据自己的职业倾向，确定最佳的职业奋斗目标，并为实现这一目标做出行之有效的安排。

职业生涯设计的目的不只是帮助个人按照自己的资历条件找到一份适合的工作，达到个人目标，更重要的是帮助个人真正了解自己，为自己定下事业大计，筹划未来，拟定一生的发展方向，根据主客观条件设计出合理且可行的职业生涯发展方向。

舒伯将人生划分为以下几个阶段：

（1）成长阶段（出生至14岁）：在该阶段，孩童开始发展自我概念，开始以各种不同的方式来表达自己的需要，且经过对现实世界不断的尝试，修饰自己的角色。这个阶段的发展任务是发展自我形象，发展对工作的正确态度，并了解工作的意义。

（2）探索阶段（15～24岁）：该阶段的青少年，通过学校的活动、社团休闲活动及打工等机会，对自我能力及角色、职业做了一番探索。因此选择职业时有较大弹性。这个阶段的发展任务是职业偏好逐渐具体化、特定化，个体实现职业偏好。

（3）建立阶段（25～44岁）：经过上一阶段的尝试，合适者会谋求升迁或者做其他探索。这个阶段的发展任务是统合整理，稳步求上进。

（4）维持阶段（45～65岁）：个体仍希望继续维持自己的位子，同时会面对新人的挑战。这一阶段的发展任务是维持成就与地位。

（5）衰退阶段（65岁以上）：由于生理及心理机能日渐衰退，个体不得不面对现实，从积极参与到隐退。这个阶段往往注重发展的新角色，寻求不同方式以满足需求。

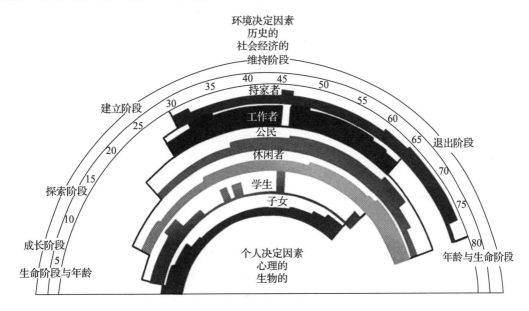

生涯彩虹图的解析

在生涯彩虹图中，最外的层面代表横跨一生的"生活广度"，又称为"大周期"，包括成长阶段、探索阶段、建立阶段、维持阶段和退出阶段。里面的各层面代表纵观上下的"生活空间"，由一组角色和职位组成，包括子女、学生、休闲者、公民、工作者、持家者等主要角色。各种角色之间是相互作用的，一个角色的成功，特别是早期角色的成功，将会为其他角色提供良好的基础；反之，某一个角色的失败，也可能导致另一个角色的失败。舒伯进一步指出，为了某一角色的成功而付出太大的代价，也有可能导致其他角色的失败。

彩虹图中的阴影部分表示角色的相互替换、盛衰消长。它除了受到年龄增长和社会对个人发展、任务期待的影响外，往往跟个人在各个角色上所花的时间和投入感情的程度有关。从这个彩虹图的阴影比例中可以看出，成长阶段（0～14岁）最显著的角色是子女；探索阶段（15～24岁）是学生；建立阶段（25～44岁）是家长和工作者；在维持阶段（45～65岁），工作者的角色突然中断，又恢复了学生角色，同时公民与休闲者的角色逐渐增加，这时"中年危机"出现，同时暗示这时必须再学习、再调适，才有可能处理好职业与家庭生活中所面临的问题。

对就业和求职来说，职业生涯规划可以分为认知、探索、规划、准备和就业这几部分。

（1）职业认知及职业导向：从幼儿园或小学开始到初中属于这个阶段，其主要任务是使学生对自己的能力、兴趣有所了解，开始意识到工作对个人的重要性，认识各种行业，以便为将来选择职业做准备。

（2）职业试探：初中阶段的后期和高中阶段的初期都是职业试探时期。在这个时期，学生可以利用各种机会，尝试了解一些自己感兴趣的工作，以便真正了解自己的能力和兴趣，了解自己适合哪些工作。

（3）职业生涯规划：通过之前两个阶段对自己兴趣、能力的了解，以及对职业的认识，再辅以职业人员的咨询、辅导，学生可以制订一个职业生涯计划。

（4）职业准备：根据自己的职业生涯计划，学生可以选择适当的教育、训练机构来习得职业的技能，如果学生想从事的工作仅需职业学校或专科学校的教育，他们就该进入高职或专科学校进行职业准备；如果学生有兴趣的工作需要更高的学历，他们就该进入大学或更高的教育机构。

（5）就业安置与职业发展：学生职业准备阶段结束之后，学校及有关职业辅导机构应辅助他们获得适当的职业。而在其就业之后，也应随时提供各种训练，以顺应技术的发展变化、工作的升迁及职业的转换。

二、职业生涯规划的准则

1. 选择自己感兴趣的职业

从事一项你所喜欢的工作，工作本身就能带给你一种满足感，你的职业生涯也会变得妙趣横生。兴趣是最好的老师，是成功之母。调查表明，兴趣与成功率有着明显的正相关性，所以学生在规划自己的职业生涯时，务必考虑自己的特点和兴趣，选择自己喜欢的职业。

2. 选择自己能够发挥一技之长的职业

任何职业都要求从业者掌握一定的技能，具备一定的能力条件。而一个人的一生中不可能将所有的技能都全部掌握。所以在进行职业选择时择己所长，以便发挥自己的优势。一个人的能力对职业的选择起着筛选的作用，是求职择业及事业成功的重要保障。学生在选择职业的时候，应当运用优势原则充分分析别人与自己，尽量选择冲突较少的优势行业。在对自己正确评价的基础上，根据自己的真才实学和能力进行职业生涯规划。

3. 选择符合社会需求的职业

择业作为一种社会活动，必然会受到一定的社会制约。如果择业脱离社会需要，将很难被社会所接纳，但社会的需要是不断演化的，旧的需要不断消失，新的需要不断产生，新的职业也不断产生。所以在设计职业生涯时，一定要分析社会需求。最重要的是，目光要长远，能够准确预测未来行业或者职业发展的方向，然后再做出选择，要将社会需要作为出发点和归宿，以社会对个人的要求为准则，实现个人利益与长远利益的有机统一。

4. 选择有所发展的职业

职业是个人谋生的手段，也是人们谋求发展的一种方式，其目的在于追求个人幸福与个人发展。所以在择业时，首先需要考虑的是自己的预期收益。考虑个人幸福最大化的同时，也要考虑职业的发展前途，使自己的能力有所展现，同时也能为社会的发展尽自己的一份力量。

三、科学规划职业生涯的步骤

职业生涯规划是一个漫长的动态过程。一个完整的职业生涯规划过程可以分以下几个步骤完成。

1. 评估

学生职业生涯规划的第一个关键环节就是进行正确的自我评估，包括自我评估和生涯机会评估，也就是知己知彼的过程，正所谓知己知彼，百战不殆。

（1）正确的自我评估。首先，要认识到自己的性格特征，这是职业生涯规划的首要任务。不同的职业有不同的性格，学生可以根据自己的职业倾向来培养和发展相应的职业性格。

其次，要了解自己的职业兴趣。兴趣可以促使人以积极的心态投入到工作中去。学生在学校应该积极参与各种社会实践，提高自己的职业技能，并对自己的能力有清楚的认识。通过分析，学生可以认识自身的特点，形成一个良好的自我意识，为整个生涯规划奠定基础。

（2）客观的生涯机会评估。生涯机会评估是学生对自身以外的环境及各种类型的职业兴趣的分析和评价。宏观的环境包括国家的经济发展现状和趋势、国家的人事政策和改革制度、社会的稳定性及劳动市场的供需情况等。微观的环境包括可选择的职业前景，具体职业和机构的要求、待遇及能够获得的机会等。

2. 职业定位和确立目标

职业定位就是要为职业目标与自己的潜能及主客观条件谋求最佳匹配。良好的职业定位是以自己的最大爱好、最有利的环境等信息为依据的。职业定位过程中要考虑性格与职业的匹配、爱好与职业的匹配、特长与职业的匹配、专业与职业的匹配等。

确立目标是制定职业生涯规划的关键，通常目标有短期目标、中期目标、长期目标和人生终极目标之分。长远目标需要个人经过长期艰苦努力、不懈奋斗才有可能实现，确立长远目标时要立足现实，慎重选择，全面考虑，使之既有现实性又有前瞻性。短期目标更具体，对人的影响也更直接，也是长远目标的组成部分。

3. 制定实施职业生涯目标的行动方案

在确立了职业生涯目标后，行动便成了关键的环节。没有行动，职业目标就是一种梦想。要制定周详的行动方案，更要注重去落实行动方案。按照规划的短期、中期、长远发展目标制定出阶段性的行动方案，再将阶段性的方案细化到日常可操作的层面，以便定时检查。行动贵在坚持，坚持就会养成习惯，良好的习惯是成功的保障。

4. 再评估

俗话说"计划赶不上变化快"。影响职业生涯规划的原因有很多，在此情况下，职业生涯规划就要在实施中去检验效果，及时诊断生涯规划各个环节出现的问题，找出相应对策，对规划进行调整与完善。整个规划流程中，正确的自我评价是最为基础、最为核心的环节，这一环节如果做不好或出现偏差，就会导致整个职业生涯规划各个环节出现问题。

四、制定职业生涯规划的意义

职业生涯是人生的重要组成部分，而且职业生涯的状况直接影响着人生的质量，所以，职业生涯的成功与否不单纯是职业生活的成功与否，而是我们人生成功与否的重要参照系，也就决定了我们必须对自己的职业生涯进行提早准备和规划。制定职业生涯规划的意义可以体现在以下几个方面。

第一，制定职业生涯规划有助于帮助自己确定职业发展目标。通过分析，认识自己，了解自己，估计自己的能力、智慧及性格；找出自己的特点，明确自己的优势，正确设定自己的职业发展目标，并制订行动计划，使自己的才能得到充分发挥，以实现职业发展目标。

第二，制定职业生涯规划有助于鞭策自己努力工作。对许多人来说，制定和实现规划就像一场比赛，随着时间的推移，你在实现规划的过程中，思维方式和工作方式又会渐渐改变。有一点很重要，规划必须是具体的，并且可以实现的。

第三，制定职业生涯规划有助于自己抓住重点。制定职业生涯规划的一个最大的好处是有助于我们安排日常工作的轻重缓急。通过职业生涯规划，能使我们紧紧抓住工作的重点，增加我们成功的可能性。

第四，职业生涯规划有助于引导个人发挥潜能。职业生涯规划能帮助我们集中精力，全神贯注于自己的优势并且会有高回报的方面，这样有助于我们发挥尽可能大的潜力，最终实现目标。

第五，制定职业生涯规划有助于评估目前的工作成绩。职业生涯规划的一个重要功能是提供自我评估的重要手段。我们可以根据规划的进展情况评价目前取得的成绩。

> 课外阅读
>
> ### 未来之旅
>
> 请同学们闭上眼睛,放飞自己的想象。现在大家乘坐一架时光机器走向我们的未来,一条人生大路向我们慢慢展开,路上会看到一些我们曾经向往的事情变成现实。现在,来到了我们职业学校的毕业典礼上。"我看到了毕业时的自己,在做什么?心里在想什么?"时光机器继续向未来开去?毕业几个月后,"这时我在哪里?正在做什么?已经工作了吗?从事什么职业?还是到大学继续读书?"我们继续向前,时光机器转眼就驶到了我们30岁的时候。"我所从事的职业是什么?有没有取得一定的成绩?有没有实现自己年轻时的理想?过得幸福吗?……"时光机器回到现实中,睁开眼睛。
>
> 想一想,对你的未来之旅有何感想?写下来,与同伴讨论分享。

心灵测验室

霍兰德职业兴趣测量表

人的个性与职业有着密切的关系,不同的职业对从业者的人格特征的要求是不同的。如果通过科学的测试,可以预知自己的个性特征,将有助于我们选择适合自己个人发展的职业。

请根据对题目的第一印象作答,不必仔细推敲,答案没有好坏、对错之分。根据自己的情况填写。如果答案为"是",就打"√",答案为"否",就打"×"。

1. 我喜欢把一件事情做完后再做另外一件事。
2. 在工作中,我喜欢独自策划,不愿受别人干涉。
3. 在集体讨论中往往保持沉默。
4. 我喜欢从事戏剧、音乐、歌剧、新闻采访等方面的工作。
5. 每次写信我都一挥而就。
6. 我经常不停地思考某一个问题,直到想出来正确的答案。
7. 别人借我的和我借别人的东西我都记得很清楚。
8. 我喜欢抽象思维的工作,不喜欢动手的工作。
9. 我喜欢成为别人注意的焦点。
10. 我喜欢不时地夸耀一下自己取得的好成绩。
11. 我曾经渴望有机会参加探险。
12. 当我一个人独处的时候会感到更愉快。
13. 我喜欢在做事前,对此事做出细致的安排。
14. 我讨厌修理自行车、电器一类的工作。
15. 我喜欢参加各种各样的聚会。
16. 我愿意从事虽然工资少,但是比较稳定的职业。
17. 音乐能使我陶醉。

18. 我办事时很少思前想后。
19. 我喜欢经常请示上级。
20. 我喜欢需要运用智力的游戏。
21. 我很难从事那种需要持续集中注意力的工作。
22. 我喜欢亲手制作一些东西,从中得到乐趣。
23. 我的动手能力很差。
24. 和不熟悉的人交谈对我来说毫不困难。
25. 和别人谈判时我总是很容易放弃自己的观点。
26. 我很容易结识同性朋友。
27. 对于社会问题,我通常保持中庸的态度。
28. 等我开始做一件事情后,即使碰到再多的困难,我也要执着地干下去。
29. 我是一个沉静而不易动感情的人。
30. 工作的时候,我喜欢不被打扰。
31. 我的理想是当一名科学家。
32. 与言情小说相比,我更喜欢推理小说。
33. 有些人太霸道,有时候自己明明知道他们是对的,也要和他们对着干。
34. 我爱幻想。
35. 我总是主动地向别人提出自己的意见。
36. 我喜欢使用榔头一类的工具。
37. 我乐于解除别人的痛苦。
38. 我更喜欢自己下了赌注的比赛和游戏。
39. 我喜欢按部就班地完成要做的工作。
40. 我希望能够经常换不同的工作来做。
41. 我总留有富裕的时间去赴约。
42. 我喜欢阅读自然科学方面的书籍和杂志。
43. 如果掌握一门技术,并能以此为生,我会感到非常满意。
44. 我渴望当一名汽车司机。
45. 听别人谈家中被盗一类的事情时,很难引起我的同情。
46. 如果待遇相同,我宁愿当商品推销员,而不愿当图书管理员。
47. 我讨厌跟各类机械打交道。
48. 我小时候经常把玩具拆开,把里面看个究竟。
49. 当接受新的任务后,我喜欢以自己独特的方式去完成它。
50. 我有文艺方面的天赋。
51. 我喜欢把一切安排得整整齐齐、井井有条。
52. 我喜欢当一名教师。

53. 和一群人在一起的时候，我总想不出恰当的话来说。
54. 看情感影片时，我常禁不住眼圈红润。
55. 我讨厌学数学。
56. 在实验室里独自做实验会令我寂寞难耐。
57. 对于急躁、爱发脾气的人，我仍然能以礼相待。
58. 遇到难解答的问题时，我常常放弃。
59. 大家公认我是一名勤劳而且愿为大家服务的人。
60. 我喜欢在人事部门工作。

职业人格的类型：（符合以下答案的记 1 分，不符合的不计分。）

常规型："是"（7，19，29，39，41，51，57）；"否"（5，18，40）
现实型："是"（2，13，22，36，43）；"否"（14，23，44，47，48）
研究型："是"（6，8，20，30，31，42）；"否"（21，55，56，58）
管理型："是"（11，24，28，35，38，46，60）；"否"（3，16，25）
社会型："是"（26，37，52，59）；"否"（1，12，15，27，45，53）
艺术型："是"（4，9，10，17，33，34，49，50，54）；"否"（32）

心灵拓展营

学生职业生涯规划（例文）

姓名：徐某　性别：男　出生日期：1992 年 11 月 11 日　专业：建筑

一、自我认识

1. 评估

自我评价

优点：想象力丰富，人际关系较好，乐观积极，待人热情、真诚，做事较稳重，能吃苦
缺点：缺乏事务性办事能力，信息分析能力较弱，有时候较沉默，说话大大咧咧

家人评价

优点：独立、自主，不与他人攀比，关心家人，肯吃苦，个人生活能力强，听话，较孝
　　　顺，乐观积极，思维活跃
缺点：文化上的学习缺乏动力，性格有时过于内向

老师评价

优点：做事干练，态度认真，考虑周到、全面，思路清晰，知识面较广，不注重考试成
　　　绩，为人热情，与同学相处融洽，是个实干的学生
缺点：私下交流多于课堂提问，知道的问题不能积极回答，不喜欢参加一些学校组织的
　　　活动，组织能力较弱

亲密朋友评价

优点：为人热情，乐观向上，爱开玩笑，较幽默，思维活跃，值得信赖，善解人意，善于总结自己

缺点：缺乏耐心，不坚定，原则性太强，时间观念太重，有时候开玩笑不考虑他人感受

同学评价

优点：开朗，热心，组织，协调能力较强，群众可信度较高，热情积极，容易相处，有幽默感，理智

缺点：对专业课程不够用心，过于追求完美，不在乎服饰和自身装扮，不够成熟，不懂察言观色

2. 橱窗分析法

橱窗1："公开我"

热情乐观，幽默，易相处，思维活跃，有理想，有抱负，做事细腻，社会交际能力薄弱，有时缺乏耐心，有时开玩笑过火

橱窗2："隐藏我"

有强烈的表现欲望与好奇心，太注重个人的荣辱得失，感情细腻，思想不坚定，易受外界因素影响

橱窗3："潜在我"

渴望被关注，不甘现状，有强烈的表现欲，较注重个人的名利和荣辱得失

橱窗4："背脊我"

性格两面性：在熟人面前大方活泼，与不熟悉的人或地位高的人相处时拘束谨慎

3. 自我认知小结

通过以上的评估和橱窗分析法的运用，我加深了对自己的了解。总的来说，我的优点是：

（1）乐观积极，对生活充满激情。这使我在人际交往方面有较大的优势，对今后的职业发展起到了很大的帮助作用。

（2）具有丰富的逻辑思维和想象力。从事建筑行业需要有一定的逻辑思维和想象力，假如自己今后从事设计工作，就可以设计出安全、优美的建筑物。

（3）踏实、理性、能吃苦、做事干练。脚踏实地是成功成才的必要条件，理性的思维方式和遇事处理能力，以及能吃苦、做事干练是一名工地技术员或工地管理人员的必备条件。

二、职业认知

1. 外部环境分析

（1）家庭环境分析。我出生在一个民风淳朴的农户家庭，父母亲都是大字不识一个的农民，主要工作是务农，闲暇时期在本地周边四邻几个村落当瓦工。因此希望我好好学习，将来出人头地，可我不争气，一直没能满足他们对我的期望。所以，一直以来我都比较听话，家务事和我妈并肩作战，田里的活也和我爸并肩作战，以此来弥补我内心对他们的愧疚。中

考那年，我落榜，为了另辟道路，出人头地，我到职校选择了建筑这个专业，虽然这个专业要求比较能吃苦，但是较容易出头。因此我为了爸妈将来能过上好日子，以我为骄傲，我再苦也会觉得值了。所以我要加油学习，创造美好的人生道路。

（2）学校环境分析。溧水县中等专业学校是一所集中职、高职、综合高中为一体的职业技术学校，共划分四个部，我们建筑专业属于信息部，采用校企合作的办学模式，因此企业领导、校领导、部领导对我们极为关注。学校还特意出资为我们修建了建筑实训基地，购买了大量建筑实训器材。放假时，学校还和企业联系实习，在学校和工地交替学习，让我这个在校生学到了其他学校学不到的东西，为我以后的人生开辟了发展空间和光明的发展道路。

（3）社会环境分析。随着社会的发展，人们对住房条件的舒适、安全、经济、美观日益关注，引起了百姓及政府更大的重视。除此之外，各行各业都离不开建筑。

（4）目标地域分析。无论哪个地方，建筑这个行业都在发展着，有了建筑上的手艺，到哪儿都能发展。只是区域的大小，代表着建筑项目的大小，所以像溧水这样的小县城正处于工业发展的不成熟阶段，且工程量较大，项目较小，因此像我们毕业生应该先在这样的地方打好基础、学好本事，再出去到大城市和更有才能的人竞争，来获取自己的一片天地。

2．目标职业分析

（1）目标职业名称：造价师和项目经理。

（2）岗位说明：想成为一名造价师，必须先通过国家的造价师资格证考试。项目经理至少要有二级建造师的职称，工作经验满六年后，才有资格考取。

（3）工作内容：做现场施工、从事工程造价、统领施工队伍。

（4）建筑专业属理工科，除专业知识外，必须很好地掌握物理、数学、化学等专业知识，且需要较强的人际交往能力、组织能力和领导能力。

（5）就业和发展前景：我国的基本建设程序明确了建筑是当前中国发展的重要行业，所以无论什么时候，中国乃至世界的每一个有人迹的角落都离不开建筑。我们属于校企合作办学，所以只要掌握好专业知识，不怕吃苦，那么就业后的发展前途将是一片光明。

3．我的优势

我本人所具有的创新性、踏实性与求知欲为我提供了广阔的发展空间。

我有足够的精力和动力来完成任务；能有效地和别人协作，并且和他人建立起友好和睦的人际关系；处理事务和细节问题时，能够记住并利用各种事实，具有客观的态度；果断坚决、稳重可靠，工作勤奋，富有效率，认真，忠诚；有非常强的责任意识；通情达理，视角现实；有稳定平和的心态，有韧性，在困境中不会轻易放弃。

4．我的劣势

比较注重自己的得失，长期生活在农村，接受的教育相对落后，导致我的社会交往能力不够强，做事喜欢独断独行，不怎么喜欢与人交流讨论。好胜心较强，不善于在公众面前表达自己的意见和看法，对待情感问题，较优柔寡断。

5. 职业认知小结

生活在农村，一方面使我能激情饱满地投入工作；另一方面，这样的生活也培养了我吃苦耐劳的精神，遇事能够冷静分析，稳重处理。

社交能力的欠缺，一方面使我感到压力；另一方面又可以充分开发出我的沟通潜质，锻炼我的交往能力。

三、职业路径设计与实施

1. 近期职业目标

一年级：学好文化课，学好基础的专业知识。

二年级：在学好文化课的同时，积极参加学校组织的认知工地的实践活动，夯实专业基础知识，为参加工作积极地做好准备。

三年级：在学习和实践交替的过程中，认知自己的不足，努力去完善，从中学到更多丰富的知识，提高工作能力，在自己的能力范围内考取更高学历。

2. 中期职业目标

最主要的就是从现在做起，一步一个脚印，首先积极努力地学习，上课认真听讲，做好课堂笔记，特别是对专业知识的学习，平时多读和自己专业有关的书籍，进一步提高自己的专业知识，积极参加学校组织的社会实践活动，提高自己的实践能力，做到理论与实践相结合，同时积极参加学校社团活动，增加社会实践，培养自己的社会适应能力。这些都是现阶段必须做好的，也是实现自己规划的第一步！注意自己的身体，多参加体育锻炼，每天早上去操场跑步锻炼身体，身体是革命的本钱。平时多去阅览室和图书馆，完善自己的知识结构。

3. 长期职业目标

充沛的知识和各方面的能力都掌握后，可以试着去大城市发展，使自己的眼界更加开阔，达到人生价值的升华。

4. 职业目标分解与组合

职业目标：建筑上的造价师和项目经理

（1）2012—2014 年

成果目标：通过实践学习，总结出建筑上的种种实践知识和项目管理的基本能力

学历目标：有机会的话在第五年参加专升本，获得本科学历。然后再考取建筑行业上的部分资格证书。

职务目标：出色、干练的技术人员。

能力目标：具备在建筑领域从事具体的工程项目的技术能力，通过实习积累一定的实践经验；锻炼个人的社交、组织能力，学会做一名合格的工程队的管理人员。

经济目标：在工地实习阶段及试用期，年收入 4~5 万元。

（2）2014—2017 年

学历目标：造价师、二级建造师。

职务目标：技术总监。

能力目标：熟练处理本职务工作，工作业绩在同级同事中居于突出地位；更加完善自己对工程队的管理能力。

经济目标：年薪 12～15 万元。

（3）2017—2020 年

学历目标：一级建造师。

职务目标：项目经理。

能力目标：组织领导能力突出，在同事中有很高的威望；形成自己的管理理念，成为领头模范，具备组织、领导一个团队的能力；在公司决策层有直接、流畅的沟通；具备应付突发事件的心理素质和能力；有广泛的社交范围，在业界有一定的知名度。

经济目标：年薪 ≥25 万元。

四、评估与备选方案

1. 评估

（1）在学校学习期间专业知识扎实稳固。

（2）在学校实训期间，可能会参加专升本考试，其后会考取建筑方面一系列相关的资格证书。

（3）毕业后一定能将自己所学的理论知识合理地运用到实践工作中去。

（4）以不怕吃苦的精神和稳重的心态去面对工作，以谋求日后更大的发展空间。

（5）具备扎实的专业理论知识，一定会在一处站住脚，从而在专业方面实现长足的飞跃。

2. 备选方案

自己现阶段虽制定了职业规划书，但受到现阶段思想不太成熟的限制，自己的职业选择、生涯路线、人生目标在今后都可能存在一定的改动，因此要在以后的工作学习中不断地总结经验教训，使自己变得更成熟，为以后的规划设计更接近实际打下基础。待人热情，容易与人交往，外向，活泼，健谈，经常主动地与他人交谈。在社交场合较为放松，与人交往表现得不卑不亢，但又不会过分高调。对多数人能较为公开、真实地展示自我，比较直率。

五、结束语

任何目标，如果只说不做，到头来仍是一场空。然而，现实是未知多变的，目标计划随时都可能遭遇问题，所以要有清醒的头脑。一个人，若要获得成功，必须拿出勇气，付出努力、拼搏、奋斗。成功，不相信眼泪；未来，要靠自己去打拼！实现目标的历程需要付出艰辛的汗水和不懈的追求，不要因为挫折而畏缩不前，不要因为失败而一蹶不振，要有屡败屡战的精神，要有越挫越勇的气魄；相信成功最终是属于你的，每天要对自己说："我一定能成功，我一定按照目标的规划行动，坚持到胜利的那一天。"既然认准了正确的路，就要一直走下去。

心灵电影院

《当幸福来敲门》

也许看这部片子的时候,你正处于事业的彷徨期,进退都不知道方向;也许看这部片子的时候,你正安逸得让最初的梦想变得更加遥远。

而电影里的主人公不然,生活本身就处于摇摆奔波中,每天拎着40磅[一]的机器穿梭,偶尔自嘲。正因为他的生活渐入绝境,才激起了他对梦想的坚持,才能让他一步步迈向成功。我们从小都被这样的故事教育着,看一个走投无路的人是如何一点点绝处逢生的。人们乐意看这样的故事,因为能给自己找到力量。

影片的一个重要线索就是他们居住环境的变化,从破旧的公寓到汽车旅馆、公共厕所、教会收容所,一步步落魄下去,但是影片的名字让观众一点都不担心最终的命运。反而更加留意各个状态下的父子,更加关注主人公是如何一点点找到命运的出口的。绝望中寻找希望,生命终将辉煌。无论处境多么糟糕,都不能放弃对希望的寻找,在内心深处还是期待峰回路转的嫣然一笑。因为他坚信,幸福明天就会来临。

最终父亲靠着对梦的执着,一点点实现梦想,这些都在意料之中,不过也确实让人们最善意的希冀得到了满足,付出终有回报。

[一] 1磅≈0.454kg。

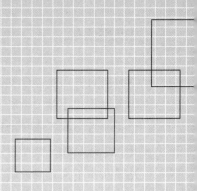

第八章 生命的意义

心灵启明灯

1. 了解心理危机的原因
2. 掌握心理疏导的主要途径
3. 熟悉网络心理障碍的特征
4. 掌握正确处理心理危机的方法

心灵故事会

小敏（化名），女，某中专院校学生，长头发，小眼睛，身材修长，是一个活泼开朗、能言善辩的女孩子。

她从小就在优越的环境中长大，父母都是自主创业，过着衣食无忧的生活，由于父母工作比较忙，从小就把她送到乡下的外婆家抚养，直到上中学时外婆病逝，才回到城里和父母生活。父母因为没能很好地照顾她，感到有点愧疚，回到家后，她更是受到父母的格外呵护，享受着"小公主"般的生活。但由于父母疏于管教，她的学习成绩不是很好，初中毕业后考进职业学校。

中职第一年，她参加了学校和系里的各类学生干部、干事的竞选，结果都失败了。面对如此"沉重"的打击，一向好胜的她陷入了自我否定的泥潭。由于争强好胜，她在寝室里经常与人争执，很少忍让。长此以往，寝室的同学都不敢"惹"她了，人际关系开始出现危机，总怀疑别人在议论她，对每个室友都充满了敌意。每次看到别人高兴地在一起玩或学习时，她的内心充满了孤独感；晚上常常做噩梦，睡眠出现问题，精神状态不佳；没有胃口，常常不知道自己为什么发脾气，也很难控制自己的消极情绪，最终变成了同学中的"另类"。她很痛苦，也努力尝试改变自己，但坚持不下来。她开始精神萎靡，对生活缺乏热情，自我否定几乎表现在她生活的所有内容中，甚至陷入自闭的状态。

她在中学时候就谈恋爱了，男朋友和她是同班同学，这样的美好时光一直持续到中学毕业，他们各自去读了自己的学校。虽然分隔两地，但一直保持着恋人的关系。这样的生活一直持续到中职第二学期。一天中午她在睡觉，突然手机响了，打开一看是男朋友发的信息，上面写着"小敏，我们分手吧！"打电话过去也是得到同样的结果，躺在床上的她，越想越觉得委屈，她不能接受这个现实，感到空前的绝望和无助，不知道活下去还有什么意义，于是她想到了死，她想用一种最不痛苦的方式来结束自己的生命，于是她想到了服用安眠药，跑了几家不太正规的药店，终于买到了20多片安眠药，回到寝室后，一口气把它们吃下去，躺在床上睡了过去。直到她寝室的同学回来和她说话，没有应答，才发现不对劲，室友立即把她送到了医院，最终经过洗胃和抢救，才脱离了危险。

事后，父母感到事态的严重性，带小敏到医院做了全面的检查，心理医生说小敏得了"抑郁症"，给小敏开了一些药，并建议小敏不要压抑自己的情绪，把自己放开，要相信自己，可以出去散散心，要有一个健康的心态，还要多做有氧运动和体育锻炼……经过一段时间的疗养，小敏的病情有明显好转，又变回到原来那个活泼开朗、能言善辩的小女孩。

【启示】（1）入学后发生的一切，是由于小敏以偏概全和绝对化思维造成的。一次干部竞选失败，导致她产生失败感，随后陷入了自我认定的失败感之中。

（2）小敏的情绪认知和控制能力差，她既不知道自己情绪不良的原因，更不能有效地控制自己的不良情绪，任情绪泛滥，以致人际关系不良，加重了她的心理负担。

（3）小敏的抗挫折耐力较差，她不善于进行客观的挫折归因，夸大挫折程度，缺乏应付挫折的意志力。在这些原因中，我们很清楚地看到，情商发展不良是引起其心理健康问题的重要原因，情商低的人不可能获得健康的心理发展，而且会影响到她发展的各个方面。

（4）学校和家庭方面没有负起相应的责任，给予的关心太少，让小敏没有很好地得到来自家庭和学校的教导与关心，这间接影响了小敏的情绪，促使悲剧的发生。

心灵百科屋

第一节 常见的心理危机

◆ 心灵箴言 ◆

尊重生命，尊重他人，也尊重自己的生命，是生命进程中的伴随物，也是心理健康的一个条件。

——弗洛姆

过分冷静的思考、缺乏感情的冲动，也必然使人的心理变态。

——瓦西列夫

一、心理危机的定义

职校生的心理危机主要指在校学生在学习、生活期间出现的中度或重度焦虑、强迫、抑郁等突发性精神疾病等,以及个人无法控制超常事件(如被强暴、突发重大疾病、家庭内重大变故等)时出现的心理危机状态。

职校生心理危机一般可以分为四类:

(1)情境性心理危机,包括亲人死亡、失恋、遭受暴力或者自然灾害。

(2)发展性心理危机,指个人在生命发展的某一阶段可能出现的危机,如学生在原来群体中的地位突然丧失,对此心理上无法承受。

(3)内心危机,指潜意识中固有的某种心理问题的爆发。

(4)存在危机,指突然发觉生活缺乏意义,失去人生价值,伴随着重要的人生目标、人生责任和未来发展等内部压力的焦虑危机。

一般来说,经受心理危机之后,出现短时间的受挫心态、容忍力降低等症状属正常的心理反应范畴。但是如果症状持续时间较长,当事人的心理障碍就会趋于严重,其表现是多方面的。

(1)严重焦虑:思考方式改变,判断力偏离正确方向,更相信一些令人恐怖的想法;注意力极难集中;对所处环境的日常要求的反应速度减慢,极难入睡,精神恍惚。

(2)严重强迫:主要表现为强迫思维与强迫行为的出现,做出许多离奇的事情或表现出怪僻的行为。

(3)严重抑郁:情绪极为淡漠,对外部世界失去兴趣;感到没有东西值得自己付出努力;想到自杀;做事说话反应变慢,经常出现错觉。

二、常见的几种神经症

1. 焦虑症

焦虑症又称为焦虑性神经症,是神经症这一大类疾病中最常见的一种,以焦虑情绪体验为主要特征。可分为慢性焦虑(广泛性焦虑)和急性焦虑(惊恐发作)两种形式。

主要表现为:无明确客观对象地紧张担心,坐立不安,伴有自主神经功能失调症状,如心悸、手抖、出汗、尿频等,及运动性不安。注意区分正常的焦虑情绪,如焦虑严重程度与客观事实或处境明显不符,或持续时间过长,则可能为病理性的焦虑。焦虑可见于任何精神疾病,这种焦虑情绪是原发精神疾病的症状之一。

2. 强迫症

强迫症是以强迫思维和强迫行为为主要临床表现的神经精神疾病,其特点为有意识的强迫和反强迫并存，一些毫无意义，甚至违背自己意愿的想法或冲动反反复复侵入患者的日常生活。

患者虽体验到这些想法或冲动是来源于自身的，而且极力抵抗，但始终无法控制，二者强烈的冲突使患者感到巨大的焦虑和痛苦，影响学习工作、人际交往，甚至生活起居。有研究显示，普通人群中强迫症的终身患病率为1%～2%，约2/3的患者在25岁前发病。强迫症因其起病早、病程迁延等特点，常对患者的社会功能和生活质量造成极大影响。

强迫症状具有以下特点：

（1）强迫症是患者自己的想法或冲动所致，而不是外界强加的。

（2）必须至少有一种思想或动作仍在被患者徒劳地加以抵制，即使患者已不再对其他症状加以抵制。

（3）实施动作的想法本身就令患者感到不快（单纯为了缓解紧张或焦虑不视为真正意义上的愉快），但如果不实施就会产生极大的焦虑。

（4）想法或冲动总是令人不快地反复出现。

3. 抑郁症

抑郁症又称抑郁障碍，以显著而持久的心境低落为主要临床特征，是心境障碍的主要类型。临床可见心境低落，与其处境不相称，情绪的消沉可以从闷闷不乐到悲痛欲绝、自卑抑郁，甚至悲观厌世，可有自杀企图或行为；部分病例有明显的焦虑和运动性激越；严重者可出现幻觉、妄想等精神病症状。抑郁症的发病（和自杀事件）已开始出现低龄（大学，乃至中小学生群体）化趋势。

抑郁发作的主要表现：

（1）心境低落。主要表现为显著而持久的心情低落，抑郁悲观。轻者闷闷不乐，无愉快感，兴趣减退；重者痛不欲生，悲观绝望，度日如年，生不如死。

（2）思维迟缓。临床上可见主动言语减少，语速明显减慢，声音低沉，对答困难，严重者无法顺利与之交流。

（3）意志活动减退。临床表现为行为缓慢，生活被动、疏懒，不想做事，不愿和周围人接触交往，常独坐一旁，或整日卧床，闭门独居，疏远亲友，回避社交。

（4）认知功能减退。主要表现为记忆力下降，注意力障碍，反应时间延长，警觉性增高，抽象思维能力差，学习困难，语言流畅性差，空间知觉，眼手协调及思维灵活性等能力减退。

（5）损害躯体症状。主要表现为睡眠障碍，乏力，食欲减退，体重下降，便秘，身体部位疼痛，性欲减退，阳痿，闭经等。

课外读物

凡·高一生落魄，饱受贫穷与抑郁症等精神病折磨。一颗孤独的灵魂，孤独到自言自语。

1. 丰富的绘画作品。

凡·高，荷兰著名印象派画家，一生作品丰富，主要油画和素描作品有《向日葵》《自画像》《丝柏树》《鸢尾花》《星夜》《吃马铃薯的人》等，已跻身于全球最著名、最珍贵的艺术作品行列。《红色葡萄园》是凡·高一生唯一卖出的作品。《麦田上的乌鸦》是凡·高自杀前的作品。

2. 凡·高生前除了画作，可以说一无所有。

没有成功的事业，更没有幸福的婚姻和富足的生活。他的生活来源几乎全部依赖弟弟提供。"凡·高不仅是一个伟大的画家，而且是一个出色的作家与哲学家！"获得这项殊荣时，凡·高已经去世47年了。财富与荣誉对于一个逝者已经不重要了！

3. 对爱情与婚姻的渴望。

凡·高生性怪僻，不懂人情世故，不善与人交往，没有幽默感，再加上外貌问题及经济拮据，一生中没有遇上过真实的爱情，也没有步入幸福长久的婚姻殿堂。

4. 抑郁导致割耳与自杀。

凡·高在1888年2月赴法国南部的阿尔勒旅居。他租赁房屋，高更于10月来访，12月离去，随后凡·高的左耳于1888年12月圣诞节左右被割去一大半。人们普遍认为，凡·高由于与好友高更发生争执，高更愤怒之下离他而去。凡·高因情绪激动而导致精神失常，于12月23日晚挥刀割掉自己的左耳。

1890年7月27日下午，他在外出作画时开枪自杀。

关于凡·高自杀的原因始终存在争论。《麦田上的乌鸦》等作品绝对是画家在极其清醒的状态下创作的，但这些画暗示了凡·高的死亡却是很明显的。

当时，凡·高像往常一样，拿着油画写生工具从旅馆走出来，但是他的手里握着一把从别人那骗来说用来赶乌鸦的手枪。一位农夫刚好走过麦田小道，听到凡·高嘴里嘟囔着："没办法了，没办法了……"凡·高走进麦穗摇摆的麦田深处，将枪弹打入腹部，枪声在洒满夕阳的大片麦田上空回荡……

凡·高死后，从他的衣服口袋里发现一封写给弟弟的信。"亲爱的弟弟，谢谢你寄来的贴心的信和五十法郎。想写的事情本来很多……说到我的事业，我为它豁出了我的生命，因为它，我的理智已近乎崩溃……"

第二节 网络心理健康问题及调适

> ● 心灵箴言 ●
>
> 不能制约你自己的人,不能称之为自由的人。
>
> ——毕达哥拉斯

心理学研究表明,我们所处的环境会影响我们的思维、情感、意志、行为方式和人际关系。网络的出现正在全面改变着人们的世界观、价值观及生产和生活方式。分析网络作为心理空间的基本特征,有助于我们更深入地分析网络对人的心理的影响,感知经验的有限性与网络空间的神秘性。

一、网络心理健康的定义和特征

1. 网络心理健康的定义

网络心理健康就是人们在使用网络时能够保持积极的心态,能够保持心理的平衡,能够较好地把握虚拟和现实之间的关系,在虚拟性和现实之间以现实性为主导,能够保持人格的统一。

2. 网络心理健康的特征

(1) 平等的身份。人们在网络中交往的身份是平等的,无论这种平等是真实的还是假设的。特别是在现实中身份和地位较低的人,会对网络产生好感,因为他们能够在网络上寻求心理平衡和自我满足。

(2) 超现实的感受。人们在网络中进行游戏操作和聊天时,会产生强烈的超现实的感觉,会使人暂时脱离现实生活,产生强烈的心理满足。

(3) 交往的变动性和匿名性。网络交往具有很强的随意性和变动性,同时网络中的交往,由于缺乏面对面的提示和监管,使交往双方的身份不易被识别,既可以暴露自己的真实身份,也可以匿名或用虚假身份。

(4) 无地域感。在网络世界中,地域对人们的交往可以说是没有明显影响的,地球两端的人只需动动鼠标就可以建立亲密的关系,这一点在现实世界是无法想象的。这种无限性超越了传统人际交往的地域性,使人们交往更加广泛。

二、网络心理健康的标准

网络心理健康的标准比较普遍的说法有以下几点:

(1) 有正确的网络心理健康意识和观念。具有正确的心理健康意识和观念,能够较好地把握虚拟和现实之间的关系。网络心理健康意识还应包括对网络有正确的认识和态度。

(2) 有正常的人际交往。人际关系协调,能与周围环境保持良好的互动。具有健康的网络心理的人应该在离线时能够维持并发展现实正常的人际关系。

(3) 不因网络的使用而影响正常的学习和工作。如果因为上网的原因而影响正常的学习、工作和人际关系等,就需要进行及时的控制、调整和治疗。

(4) 在线和离线时能够保持人格统一。能够积极主动地接收和处理信息,能够迅速地从虚拟情境中走出,而不是沉迷在虚拟情境之中。

(5) 不影响身体健康。以不影响身体健康为前提,离线后不会因为使用网络而导致身体有些器官如消化器官、神经系统及其他机能下降和失调,还能保持机体的平衡。

三、常见的网络心理问题

许多学生因迷恋网络而产生了心理问题,如网络成瘾、网恋等,严重影响了自身的网络心理健康。

1. 网络成瘾

它指个体因反复过度使用网络而导致的一种精神行为障碍,表现为对使用网络产生强烈欲望,突然停止或减少使用时出现烦躁、注意力不集中、睡眠障碍等症状。按照《网络成瘾临床诊断标准》,网络成瘾分为网络游戏成瘾、网络色情成瘾、网络关系成瘾、网络信息成瘾、网络交易成瘾五类。

2. 网络成瘾的症状

网络成瘾的症状由最初对网络精神的依赖,后发展成为躯体上的依赖——仍然是一种精神上的强迫症,逐步演变为情绪上的低落、生理上的头昏眼花、双手颤抖、疲乏无力、食欲不振等,严重者可能造成自主神经紊乱,体内激素水平失衡,免疫功能降低,引发各种疾患。

3. 网络成瘾的危害

(1) 角色混乱,社会功能严重受损。学生因过度沉溺于网络之中,缺乏对自己客观而全面的认识,很容易迷失自我。脱离现实生活,经常与现实发生矛盾,与人产生冲突,出现严重的角色混乱现象,造成现实生活、学习、人际关系等严重适应不良。

（2）道德感弱化，精神异常。网络成瘾者可以躲避现实社会中老师和家长的监督，很容易做出道德失规的行为而不以为然，甚至丧失人格和自尊，严重者导致偷窃、抢劫等违法犯罪行为。长期沉溺于网络，伦理道德观念就会趋于淡漠，导致思想、情感、行为等发生异化。

（3）荒废学业。长时间沉溺于网络是导致一些自制力差的学生荒废学业的"罪魁祸首"。主要表现为长时间沉溺网络，导致旷课过多，考试不及格，不能顺利完成学业。

（4）危害身心健康。学生过度使用互联网，导致睡眠时间严重不足，睡眠质量大大下降，垃圾睡眠现象很常见，它和垃圾食品一样影响着学生的健康。

有网瘾的学生由于长时间盯着计算机屏幕，眼睛容易干涩疲劳，导致视力下降，自主神经功能紊乱，体内激素水平失衡，机体免疫力下降。腰部和颈部容易产生僵硬感，引发心血管疾病，肠胃神经功能紊乱，紧张性头痛，注意力不集中，智力严重衰退，出现强迫症、焦虑症、抑郁症等神经症和人际关系障碍，甚至可能导致猝死。

（5）引发犯罪。网络虚拟社会遵循的行为规范、道德标准和价值观念与现实世界有极大差异。目前网上犯罪主要有四类："逆流""黄潮""黑客"和"蛀虫"。"逆流"就是境内外反动势力利用互联网进行反动渗透，直接涉及国家安全和人民利益。"黄潮"是指通过网络闲聊色情话题、交换裸体照片、剪贴黄色镜头的影片等方式大肆宣传黄色淫秽信息。"黑客"是指对计算机信息系统进行非授权访问的人员。"蛀虫"是指利用计算机技术和知识，谋取非法利益的违法犯罪行为的人员。

（6）导致人格障碍。网络成瘾的学生，长期"生活"在网上，严重脱离现实社会，容易形成孤僻、冷漠、自私、敏感、偏执、多疑等诸多不良的人格特征，引发各类人格障碍，或因网上的人际信任危机而导致敏感多疑、过分警惕和充满敌意的偏执型人格障碍。

四、最容易染上"网瘾"的五类学生

近年来随着智能手机的普及，青少年中的网瘾发病率明显增高，尤其是以下五类典型的孩子最容易染上"网瘾"，家长和老师一定要提高警惕。

第一类：学习失败的学生

由于家长和老师对孩子的期望过于单一，学习成绩的好坏成为孩子成就感的唯一来源，一旦学习失败，孩子们就会产生很强的挫败感。但在网上，他们很容易体验到成功，这种成就感是他们在现实生活中很难体会到的。

第二类：学习特别好的学生

不少本来学习好的学生在升入更好的学校后，无法再保持原有的名次和位置，这时他们对"努力学习"的目的产生了怀疑。当他们失去了学习的内在动力后,无法认同老师和父母的观点,于是开始迷恋网络。造成这些孩子依赖网络的根本原因,就是没有形成正确的学习观。

第三类:人际关系不好的学生

许多孩子在现实人际关系中碰到问题时无法及时解决,于是就沉迷于网络,他们希望通过上网逃避现实。网络中的人际关系相对单纯,容易使他们摆脱现实生活中人际关系上的挫败感。

第四类:家庭关系不和谐的学生

这些孩子通常在家里得不到温暖,但在网络世界,他们提出的请求都会得到不少人的帮助。现实生活和虚拟社会在人文关怀方面的反差,很容易让"问题家庭"的孩子"躲"进网络。

第五类:自制力弱的学生

不少上网成瘾者都有这个问题,学生自己也知道这样不好,也不想这样下去,但是一接触计算机就情不自禁,这是典型的自我控制力弱的表现。

五、网络成瘾的调适

1. 树立科学的网络观

首先,学生要认识到,尽管网络很先进,但它毕竟是人类发明的一种工具,我们是使用这一工具的主人,而不是网络的奴仆。网络资源是人类社会不可或缺的财富,也是人类认识世界、创造幸福的一种手段。

其次,应该认清网络社会并非真实的社会,而学生在学校里的学习生活及人际关系是活生生的现实。学生是现实的人,无法也不可能长期生活在虚拟世界中。学生只有树立正确的网络观,才有可能合理地使用网络资源,准确地把握自己,认清自己的真实需求,处理好现实社会与虚拟社会的关系,避免网络成瘾的产生。

2. 加强自我管理,增强自律能力

学生只有自律,才能充分实现其自尊、自主与自由,才能培养强大的自制力,养成良好的习惯。在网络社会中,一方面由于信息量十分庞大,各种诱惑比比皆是;另一方面,由于网络具有强大的隐匿性和虚拟性,人性的丑陋便无所顾忌地暴露出来。此时,学生就要靠自主管理能力来约束自我。

3. 培养健康的网络心理防御机制

有研究表明,网络成瘾与人格因素有关,某种人格倾向使个体更容易成瘾,网络只是媒介之一。因此,要培养广泛的兴趣爱好和较强的社会适应能力,学会合理宣泄,正确应对挫折，培养健康的心理防御机制，尝试用有益身心健康的兴趣爱好和休闲娱乐方式转移注意力，减少对网络的依赖。

4. 积极求助心理咨询

网络成瘾者在上网时可体验到满足感和愉悦感，从而使之倾向于过度上网，导致身心健康受损，而且他们大多敏感、退缩，除非内心感到无法忍受的痛苦，或者严重影响到个人生活，否则极少主动求助心理咨询。网络成瘾者取得他人的帮助，特别是心理咨询机构的帮助，将是克服网络成瘾的有效途径。

● 课外读物 ●

下面就来测一下你对微信的依赖度：

A. 是　　　B. 否

1. 将微信作为首要的联系方式（微信＞电话＋短信）
2. 下意识不断检查手机，生怕有未回复的微信
3. 产生幻听幻觉，总觉得有新微信的提示音，甚至关注他人手机提示音
4. 习惯持续刷朋友圈，期待朋友圈更新或回复
5. 尝试过减少微信的使用，却未取得明显效果
6. 在无法使用微信时（如无网络、手机没电等情况下），有不自在、焦躁、不安等情绪
7. 常常暂时中断正在进行的学习或工作，开始使用微信
8. 经常由于使用微信而拖延或打断原定安排
9. 对于自己所发的朋友圈收获的点赞数和评论数很在意
10. 每天使用微信时间超过3小时

结论：

答案中3个以下选择A：你对微信的依赖度很低。可以适度地在闲暇时间从微信中摄取信息，来丰富你的阅历。

答案中4~6个选择A：微信的存在，已经开始影响你的生活。在生活中，你开始利用微信来处理一些事情，对现在的你来说，微信绝不能没有，但也绝不能整天埋头于微信。

答案中7~10个选择A：你对微信的依赖度非常严重，微信对你来说已经不单单是个工具了。建议及时调整自己的心态，经常说服自己外出做一些其他的事情，以便缓解你对微信的依赖程度。

第三节 心理危机干预与心理咨询

> ◆ 心灵箴言 ◆
>
> 一种美好的心情,比服十服良药更能解除生理上的疲惫和痛苦。
>
> ——马克思
>
> 人生不是一支短短的蜡烛,而是一个由我们暂时拿着的火炬;我们要把它燃得十分光明灿烂,然后交给下一代的人们。
>
> ——萧伯纳

厦门某医学院一名 17 岁女生从女生宿舍七楼坠亡。经调查发现,该女生轻生的原因是舍友抢了她的男朋友。广东某大学一名风华正茂的硕士研究生在宿舍内自尽,该研究生自杀前留有遗书,写明了他选择自杀的原因——在父母的期望下学习和工作,让他喘不过气,于是走上了不归路。山东某高校大一新生因个人感情问题跳楼自杀……

这类案例不绝于耳。学生正处于身心发展的急剧变化之中,身心发育尚未成熟,社会阅历缺乏,心理承受力差,因此使他们对生活学习中发生的各种心理冲突处理不善,由此严重影响了他们的学业及正常生活,导致恶性事件的发生。

一、心理危机的干预

1. 自杀的心理过程,大致可分为三个阶段

第一阶段,自杀动机的形成。个别学生在遇到挫折和打击时想要逃避现实,将自杀作为寻求解脱的手段。例如有位学生因生活自理能力差,对学校生活难以适应,成绩因此一落千丈,自感生活毫无意义,便决定以自杀来寻求解脱。此外有的还把自杀作为报复手段,从而使相关的人感到内疚、后悔和不安。例如有位学生的父母离异,对他的学习生活不闻不问,给该生的心理带来很大的创伤,该生万念俱灰,想到以自杀来报复父母。

第二阶段,心理矛盾的冲突。自杀的动机产生后,求生的本能可能使自杀者陷入一种生与死的矛盾冲突之中,一时难以做出自杀决定。此时,自杀者会经常谈论与自杀有关的话题,预言、暗示自杀和以自杀来威胁别人,从而表现出直接或间接的自杀意图。如能及时得到他人的关注,或者在他人的帮助下找到解决问题的办法,自杀者很可能会减轻或打消自杀的企图。

第三阶段,自杀前的平静。自杀者似乎已从困扰中解脱出来,不再谈论或暗示自杀,情绪转好,抑郁减轻,显得平静。但这往往是自杀态度已经坚定不移的表现,当然也不完全排除是自杀者心态转好的表现。平静的目的可能是想要摆脱旁人对其自杀行为的阻碍和干扰。

2. 心理危机干预的主要方式

学生心理危机干预是一项复杂的系统工程，主要任务是通过各种途径加强对学生心理危机的监控，并提供及时的干预，将心理危机转变成学生人生发展的机会，促进其身心健康发展，协助其顺利通过学校阶段，极大地减少甚至杜绝恶性事件的发生。

首先是要及时防止过激行为的发生（如自伤、攻击、自杀等行为），有效地控制冲突局面，在事态平息后，求助其他资源的介入（如社会工作者和心理医生等）。对处于困境和受挫折的个体，应及时给予适当的心理援助，防止其心理崩溃，并使之尽快脱离困境。具体措施如下：

（1）建立并健全学生心理档案。通过对新生进行心理健康测量，建立学生心理档案，掌握容易产生心理问题的学生的心理健康状况。特别关注有严重心理疾病及自杀倾向的学生。一旦发现有问题的学生，适时采取重点辅导、专人管理、及时矫正等措施。

（2）公布应急求助信息。通过开设课程、举办讲座、发放资料、网络专题咨询等途径，指导学生掌握心理调节的方法，了解处于心理危机状态下的学生有何表现及如何进行干预；公布心理求助热线的电话、校医急救电话、辅导员电话等。

（3）建立和强化学生心理辅导制度。提高心理辅导质量，丰富心理健康教育内容，营造良好的心理、文化环境，使学生学会用心理健康知识维护自我心理健康。

（4）建立心理危机干预知识培训制度。由学校心理健康教育中心组织分批对各分管学生工作的领导、辅导员、班主任、学生宿舍管理员、各班心理联络员、社团负责人等开展心理危机干预知识的培训。教师提供心理援助，帮助学生顺利度过危机。

二、心理咨询的定义

心理咨询在我国经过十几年的发展已经进入了常规化的阶段。心理咨询师队伍中具有心理学背景和专业背景的教师越来越多。学校心理咨询工作，从功能上来看，强化了心理咨询的教育、发展功能，弱化了其医疗功能。

心理咨询是指专业人员即心理咨询师运用心理学理论知识和方法，通过言语、文字或其他信息传递方式，就咨询对象提出的问题和要求与咨询对象共同分析、研究和讨论，找出问题所在，并且经过心理咨询师的帮助、启发和指导，找出问题的解决办法，以克服情绪障碍，恢复咨询对象对社会环境的协调适应能力，从而维护其身心健康。

心理咨询的目的在于帮助咨询对象避免和消除不良心理因素的影响，并使其产生情感和态度上的变化，对于学生而言，就是解决学生在学习生活等方面出现的各种疑难问题，从而使其更好地适应环境，发展自我，保持心理健康。

三、学生心理咨询的分类

按照咨询的内容，学生的心理咨询可以分为以下几类：

1. 一般问题的咨询

咨询内容主要包括：根据不同年龄阶段学生的身心特点及发展规律，帮助学生解决心理挫折导致的心理危机问题，青春期的性心理卫生问题，异性交往问题，人际关系问题，家庭和群体对学生身心发展的影响问题，以及重大事件和应激对学生的影响问题。

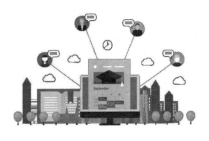

2. 升学与就业的咨询

随着市场经济的发展，学生毕业后自谋职业已成为必然趋势。因此，职业指导成为学校心理咨询的主要内容之一。咨询内容还包括：性格与职业兴趣的测量；专业选择问题；职业选择和职业走向问题；就业前的心理适应问题；就业与升学信息咨询等。

3. 心理及行为障碍的咨询

咨询内容包括对学生常见的各种心理与行为障碍的预防、诊断、治疗及预后处理等。主要内容包括：新生入校不适应问题、各类神经症（如精神衰弱、强迫症、焦虑症、抑郁症等）、各类行为障碍（如口吃、多动、不良习惯等）、人格障碍和病态人格等。

四、学生心理咨询的主要形式

针对学生的心理咨询，有以下几种不同的形式。

1. 从咨询途径来划分

（1）门诊心理咨询：指进行面对面的咨询。其特点是能够及时对来访者进行检查诊断，及时发现问题并做出妥善处理。

（2）电话心理咨询：是咨询者通过电话向来访者提供劝慰和帮助的一种较为方便迅速的咨询形式。其特点是通过电话传递信息，要求咨询者反应敏捷，能给对方以信任感，能控制局面，否则咨询很难有效实施。

（3）网络心理咨询：是咨询师通过互联网语音或视频来对求助者进行帮助的咨询形式。其特点是可以突破地域限制，建立轻松平等的咨询关系，但也存在一定的缺点，例如，不能直接见到当事人，容易造成难以判断的问题真实与否、信息收集不全面等问题。

电话心理咨询和网络心理咨询虽有其自身的优点，但门诊心理咨询是心理咨询中最主要且最有效的方式。

2. 从咨询对象的数量来划分

（1）个人心理咨询：个人心理咨询是指运用咨询心理学与临床心理学的原则，帮助学生全面认识那些影响正常学习生活的内在因素和外在因素，增强学生克服困难的信心和自助能力。个人心理咨询的会面次数及时间是由双方约定的，时间的长短应根据学生的实际情况等而定。

个人心理咨询的最大优点是咨询者和求询者能有机会建立一种彼此信任的关系，这种关系可以给咨询者提供一种安全感，从而降低其心理防御机制，袒露自己真实的内心世界。

（2）团体心理咨询：团体心理咨询是指将具有同类问题的来访者组成小组或较大的团体，通过团体内的人际交互作用，促使个体在团体交往中观察、学习体验、探讨、自我接纳，促使自我学习新的态度和行为模式，以促进个人发展良好的生活适应能力。团体心理咨询的人数不宜太多，否则会影响咨询效果，人数一般不超过十人每组。

团体心理咨询也有难以弥补的缺陷，咨询对象不愿意暴露实质性而又隐蔽性的东西，也有些咨询对象需要个别对待，有些咨询内容不宜在众人面前公布，这些都是团体心理咨询的缺陷。

3. 朋辈心理咨询

随着心理咨询与学校教育的结合程度不断升高，各种有效的心理咨询模式层出不穷。朋辈心理咨询就是一种实施方便、推广性强、见效快的学校心理咨询模式。

朋辈心理咨询是指年龄相当的人对周边需要心理帮助的同学和朋友给予心理开导、安慰和支持，提供一种具有心理咨询功能的帮助，可以理解为非专业心理工作者所从事的一种类似于心理咨询的帮助活动。

咨询的开展很大程度上依赖于学生本身的相互信任度，咨询者和求助者可以在咨询的起初阶段很快建立起互动关系，咨询者可以更好地深入求助者内心，去体验他的情感、思维，咨询所能达到的效果也是非常明显的。

五、生命的意义

1. 生命存在的意义

现实中人们会用各种各样的方式让他人感受到自己的存在，感受到自己有活着的意义和价值。我们只有被他人需要时，才能更容易让人觉得有价值感，更能表明我们是一个活生生、有价值的个体。

2. 生命并不完美

每个人的生命中都会有一些缺憾。我们都会为生命的不完美而伤心难过，甚至悲观绝望；

为生命的不完美而自卑自怜,进而怀疑生命的价值。

生命永远不可能完美,不完美才是人生的常态。对生命中的遗憾,假如你无法改变,那就理智地接受。

3. 生命其实很脆弱

生命很脆弱,死神潜伏在每一个角落,不时偷袭着人类。只有珍惜生命,才能让生命焕发出灿烂的光芒。

4. 生命不完全属于自己

一个人来到这个世界上,便与这世上许多人有了紧密的关系。你的生命已不完全属于你自己,它还属于你的父母、你的朋友、你的老师、你的兄弟姐妹、你的外公外婆、你的爷爷奶奶。他们会为你的诞生而欢呼,为你的成长而喝彩,同样他们也会为你在花样年华的悄然逝去,而心痛至极。

5. 创造生命的意义

生命是一个不断创造意义的过程。每一个独特的个体都必须自己孕育出意义。相信自己拥有创造的自由、创造的能量,尽可能去探索生命吧,然后就会拥有七彩的生命。

◉ 课 外 读 物 ◉

冥想

冥想是瑜伽中最珍贵的一项技法。修习瑜伽者通过瑜伽冥想来制服心灵(心思意念),并超脱物质欲念,感受到与原始动因(The Original Cause,即万源之源)直接沟通。瑜伽冥想的真义是把心、意、灵完全专注于原始之初之中。

为了更多地认识克服物质欲念的瑜伽冥想方法,你就必须很好地掌握古代瑜伽关于物质自然界三种状态的传统概念,即愚昧无知、激情和善良。

神经学家发现,如果你经常让大脑冥想,它不仅会变得擅长冥想,还会提升你的自控力,提升你集中注意力、管理压力、克制冲动和自我认识的能力。

冥想自古代就有,中国古代道家的养身气功和佛家的功法中都存在冥想。冥想这个词来源于梵文的 DHYANA。在古代把这个词翻译成"禅",冥想课程就是关于禅的课程。冥想和禅是一种感知状态。

冥想有两个基本成分:专心和清晰。专心是指我们要让内心有集中注意的对象,清晰的目的是将这种专心融入日常生活中,当我们做到这两点,就能立即改变日常体验,这意味着我们对思考的过程更有意识。你的内心越宁静,也就越能以饱满的意识体验每一刻。是不是很想尝试一下冥想呢?我们现在讲一讲具体的做法。

1. 准备

(1)找一个比较安静的房间,关上门,关闭手机。确保你在冥想的过程中不被打扰。

(2)找一个舒服的地方,坐下来,后背挺直。

（3）设定 10 分钟的闹钟。

2. 停顿

（1）深呼吸 5 次，用鼻子吸气，用嘴呼气，然后慢慢闭上眼睛。

（2）把注意力集中到身体的所有部位。

（3）扫描全身，留心哪些部分感觉舒适放松，而哪些部分感觉不舒服。

（4）注意自己的感受。

3. 关注内心

（1）注意感受呼吸起伏最强烈的地方。

（2）注意每次呼吸的感觉、节奏，是长的还是短的，是深的还是浅的。

（3）跟着你注意到的呼吸起伏的感觉慢慢数数，1 起 2 落……一直数到 20。

（4）重复以上动作 5~10 次。

4. 完成

（1）忘记所有关注的感觉，让内心随意去忙碌或者静止，这个状态大约需 20 秒。

（2）将内心带回到身体此时的感觉上。

（3）慢慢睁开眼睛，稍等片刻就可以站起来了。

心灵测验室

网络依赖度测试

1. 你是否因为囊中羞涩而烦恼？

   A. 天天烦恼　　　　　B. 偶尔会郁闷一下　　　　　C. 钱乃身外之物，不在乎

2. 周末你在家的时间远比在外的时间长？

   A. 一直如此　　　　　B. 偶尔　　　　　C. 在家从来待不住

3. 你是否拥有通过网络认识的好朋友？

   A. 很多，男的多，女的更多　　　　　B. 很少

   C. 一个也没有，网络毕竟是虚拟的

4. 你经常试图隐瞒你上网的时间吗？

   A. 经常的　　　　　B. 很少　　　　　C. 从不隐瞒

5. 当你看到网上诸如"兽兽门"之类的事件时，你的第一反应是什么？

   A. 炒作　　　　　B. 人为什么会这样呢　　　　　C. 太让人气愤了

6. 你一般都是在几点之前睡觉？

   A. 12 点之前没睡过

   B. 晚上 10 点至 12 点

C. 晚上 10 点钟之前，早睡早起，精神好

7. 非工作时间，你的 QQ 一般是什么状态？

　　A. 隐身　　　　　　　　B. 在线　　　　　　　　C. 忙碌（其实在游戏）

8. 当你看到"神魔大陆"一词时，你的第一反应是什么？

　　A. 大型网络游戏（资深的玩家）

　　B. 电影　　　　C. 小说

9. 你回到家以后，一般多久时间打开计算机？

　　A. 前脚进门，马上打开

　　B. 先填饱肚子再说

　　C. 用时才打开

10. 朋友聚会时，你们谈论最多的事情是什么？

　　A. 网络中的各种事件　　B. 生活中的琐事　　　　C. 理想，未来的计划

以上 10 道题目，A 选项得 5 分，B 选项得 3 分，C 选项得 1 分，将每个题目答案所对应的分值相加。

10～20 分：你对网络的依赖度很低。可能因为工作的原因，平时会在网上。但非工作时间，最喜欢的还是做一些户外的事情。网络对你来说仅仅是一个工作的道具。建议你在闲暇时间多从网络中摄取信息，来丰富你的阅历。

21～35 分：网络的存在，已经开始影响你的生活。你已经开始察觉，在 21 世纪，网络是一个不可或缺的工具。生活中你开始慢慢利用网络来处理一些事情，对现在的你来说，网络绝不能没有，但也不会整天埋头于网络。

36～50 分：你对网络的依赖非常严重，你经常发觉自己在网上需要做的事情太多了，除了工作，你把其余几乎所有的事情都通过网络来解决。通过网络，你认识了很多朋友；通过网络，你不再花太多的时间逛街；通过网络，有时候你会拒绝那些可去可不去的聚会……总之，网络对你来说已经不单单是个工具了。目前的你可能无法忍受哪怕一天不上网的生活。建议你及时调整自己的心态，经常说服自己外出做一些其他的事情，以便能够缓解你对网络的依赖程度。

心灵拓展营

感受生命，珍爱生命

　　流星划破天际，与岁月的长河承接递进。

　　看不尽的尘烟，游不尽的河。掬一捧清水，品味生命漫溯；拾一粒卵石，抚触时间的脉络。一叶卷知天下秋，寒鸦一渡冰雪舞。

　　感悟生命不由从连绵上浮起，从一脉一络中渗出，隐于细微。生命的长河倒映出红花绿叶飘零积雪，变迁就着畔边丝丝色泽渐渐地前行，直至荡出星星点点涟漪，吞没视线。大江东去，璀璨的生命镌刻着历史的痕迹，激荡着颗颗璀璨的珍珠。

当你明白人们活着的信念,多半是为了得到赞美,获得更多人的承认;当你发现你所承担的角色有高低之分时,你要快乐、勇敢、自珍,不要因为职业的低微而轻放自己,不要因为些微的不如意而自卑自弃,更不要因生活中出现的某种小插曲而暗淡生命。

你要怀有健康而珍惜的目光善待自己的生命,你应该用自己的热情去维护、浇灌自己的生命之花。你的信念首先要告慰自己,不要因生活中小小的不如意而私下扭曲生命的辉煌,更不能轻言放弃生命的脉搏。

生命不是苦中酿蜜,烦中取乐,不是看花绣花,不能雾中看花,游戏生命;生命是由铁到钢的锻造过程,生命是走向人生辉煌的风帆。

生命犹如过往云烟,是短暂的,也是美好的,就像一样东西走红一样,红极而白,不被看好,但红过了一段时间,又被看好。

在你留意生命、珍惜生命的旅程中,你会发现,当生命被生活推向极致时,往往会展现出一些从容之美,临乱世而不惊,处方舟而不躁,喜迎阴晴圆缺,笑傲风霜雨雪;你就会更明白,只有抱着一颗常人的平常之心,去看待生命,去珍惜生命,生命才会更有意义。

生命是美好的,当一个生命依恋另一个生命时,相依为命,结伴而行,会感觉到世界真的很美好,天空是那么的蓝,大地是那么的纯洁;会明白在这个世界上,自己曾经是多么孤独的漂流者,才会知道在这个世界上需要珍惜和感激,才会感到生命是那么的珍贵。

有时候觉得生命总是走得很累,迈步之前需要选择岔口,立起航向,每走一步,都需要调整步伐,追赶前列。走累了歇歇的工夫里,又忍不住回首看看生命路上的那一串串自己的脚印,与他人一比,或许弯得人心颤,浅得人心酸,或许会迷惘,或许会生出丝丝的惆怅。

生命需要用真心演绎,需要尽全力走好每一步,需要用心呵护,那生命的道路就是美的极致,每朵花都有其独特的色彩,每颗星都有其光芒的璀璨,每缕清风都会送来凉爽,每滴甘露都会滋润原野,都会留下不朽的诗篇。

生命是一场旅程,如果能够乘兴而行,不管路途多么遥远,都是幸福而饶有风味的。

如果能够体会乘兴而行是一种奔放的生活情趣,那么尽兴而归即体现了果敢、利落、勇于放弃的生活态度,蕴含着处世立身的大智慧。

生命是短暂的、无常的,所以每个人都应该学会珍惜,学会充分利用生命的价值。

如果有一天,清晨起来,你突然想到泰山顶上看日出,沿着石阶走了很多层,清脆的鸟鸣和清新的空气已足以让你惬意万分,那么,你尽可以将你的脚步打住。站在山腰看日出一点也不逊色,展现在你眼前的未尝不是一道绝美的风景。你没有必要将自己搞得太累,太牵强,你要做的是唱着歌下来,悠然地走好下山的路。

我们是生命的过客,辽远的天空留不下飞过的痕迹,带走的不过是些微的记忆。当我们停留在生命的指针重合的那一瞬,这些微的记忆将带我们回到降生的瞬间,夕阳的迷雾仍在搂抱着眷恋。

生命会前行在历史的脉络上,沿途拾起一枝一叶,留待回忆,世界的存在会清晰而具体;生命会走进时间的大门,让夕阳给出记忆的钥匙。那捆记忆的柴火那么静静地躺在地上,等生命去抽取沿途拾来的枝枝叶叶,在夕阳的指尖静静回忆。

追寻你的梦想,去你想去的地方,做一个你想做的人,因为生命只有一次,亦只得一次机会去做你所想做的事。

感受生命,珍爱生命,生命之花盛放出永不凋谢的花朵!

心灵电影院

《柒个我》

神话集团的继承者、娱乐公司副总沈亦臻(张一山饰),因为某段缺失的童年记忆,而罹患多重人格障碍,罕见地拥有七重人格。因为多重人格的关系,沈亦臻的人生充满了坎坷和危险,事业也止步不前。积极、开朗、善良的心理医生白欣欣(蔡文静饰)与他相识后,阴错阳差地成为秘密主治医生。在白欣欣的帮助下,沈亦臻渐渐重拾勇气,直面自己所遗失的痛苦记忆,并凭借开朗的态度、过人的勇气和自身的能力,真正成为神话集团合格的继承者。同时实现了和白欣欣共同的救赎。最终,沈亦臻的多重人格被治愈,他也收获了爱情、事业与梦想。

附 录

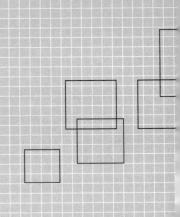

附录 A 心灵成长记录表

姓名		班级	
性别		爱好	
年龄		邮箱	
喜欢的颜色		家庭状况	
感兴趣的内容		联系电话	
人生目标			

使你最开心的一件事是什么?	
使你最难过的一件事是什么?	
你希望心理健康课会给你带来什么?	

用心记录你的点滴成长和改变,心灵成长从认识自己开始。

用笔画出自画像或者画出可以代表你自己的动物或者植物,并写出 5 条理由。

附录 B 我的情绪日记

今天你的情绪怎么样？用你喜欢的颜色从下往上，涂满相应的情绪表情，并简述为什么有这样的心情，因为经历了什么样的事情。

周一	周二
周三	周四
周五	周六
周日	总结 兴奋 _____ 天　高兴 _____ 天　生气 _____ 天　伤心 _____ 天

附录 C 耶鲁-布朗强迫量表

姓名		性别	
班级		出生年月	
邮箱		电话	

耶鲁-布朗强迫量表是美国 Goodman 等人根据 DSM-III-R 诊断标准而制定的专门测定强迫症状严重程度的量表；是临床上使用的评定强迫症的主要量表之一。量表中共 10 道测试题，简明、易用。

指导语：1~5 题是强迫思维，6~10 题是强迫行为，请依照你主要的强迫症状做答，并在题目上圈选适当的数字。

主诉的强迫思维：

1. 您每天花多少时间在强迫思维上？每天强迫思维出现的频率有多高？

0 = 完全无强迫思维（回答此项，则第 2、3、4、5 题也会选 0；所以请直接作答第 6 题）。

1 = 轻微（少于一小时），或偶尔有（一天不超过 8 次）。

2 = 中度（一至三小时），或常常有（一天超过 8 次，但一天大部分时间没有强迫思维）。

3 = 重度（多于三小时但不超过八小时），或频率非常高（一天超过 8 次，且一天大部分时间有强迫思维）。

4 = 极重（多于八小时），或几乎无时无刻都有（次数多到无法计算，且一小时内有多种强迫思维）。

2. 您的强迫思维对社交、学业成就或工作能力有多大妨碍？（假如目前没有工作，则强迫思维对每天日常活动的妨碍有多大？回答此题时，请想一想是否有任何事情因为强迫思维而不去做或较少做）

0 = 不受妨碍。

1 = 轻微。稍微妨碍社交或工作活动，但整体表现并无大碍。

2 = 中度。确实妨碍社交或工作活动，但仍可应付。

3 = 重度。导致社交或工作表现障碍。

4 = 极度。无能力应付社交或工作。

3. 您的强迫思维给您带来多大的苦恼或困扰？

0 = 没有。

1 = 轻微。不会太烦人。

2 = 中度。觉得很烦，但尚可应付。

3 = 重度。非常烦人。

4 = 极重。几乎一直持续且令人持续苦恼。

4. 您有多努力来对抗强迫思维？您是否尝试转移注意力或不去想它呢？（重点不在于是否成功转移，而在于您有多努力对抗或尝试频率有多高）

0 = 一直不断地努力与之对抗（或症状很轻微，不需要积极地对抗）。

1 = 大部分时间都试图与之对抗（超过一半的时间都试图与之对抗）。

2 = 用些许努力去对抗。

3 = 屈服于所有的强迫思维，未试图控制，但仍有些不甘心。

4 = 完全愿意屈服于强迫思维。

5. 您控制强迫思维的能力有多强？您停止或转移强迫思维的效果如何？（不包括通过强迫行为来停止强迫思维）

0 = 完全控制。

1 = 大多数情况下能控制。只要花些力气与注意力，就能停止或转移强迫思维。

2 = 中等程度控制。"有时"能停止或转移强迫思维。

3 = 控制力弱。很少能成功地停止或消除强迫思维，只能转移。

4 = 无法控制。完全不能自主，连转移一下强迫思维的能力都没有。

主诉的强迫行为：

6. 您每天花多少时间在强迫行为上？每天做出强迫行为的频率有多高？

0 = 完全无强迫行为（回答此项，则第7、8、9、10题也会选0）。

1 = 轻微（少于一小时），或偶尔有（一天不超过8次）。

2 = 中度（一至三小时），或常常有（一天超过8次，但一天大部分时间没有强迫行为）。

3 = 重度（多于三小时但不超过八小时），或频率非常高（一天超过8次，且一天大部分时间有强迫行为）。

4 = 极重（多于八小时），或几乎无时无刻都有（次数多到无法计算，且一小时内会有多种强迫思维）。

7. 您的强迫行为对社交、学业成就或工作能力有多大妨碍？（假如目前没有工作，则强迫行为对每天日常活动的妨碍有多大？）

0 = 不受妨碍。

1 = 轻微。稍微妨碍社交或工作活动，但整体表现并无大碍。

2 = 中度。确实妨碍社交或工作活动，但仍可应付。

3 = 重度。导致社交或工作表现障碍。

4 = 极度。无能力应付社交或工作。

8. 假如被制止从事强迫行为，您有什么感觉？您会有多焦虑？

0 = 没有焦虑。

1 = 轻微。假如强迫行为被阻止，只是稍微焦虑。

2 = 中度。假如强迫行为被阻止，会有中等程度的焦虑，但是仍可以应付。

3 = 严重。假如强迫行为被阻止，会明显地增加焦虑。

4 = 极度。假如有任何需要改变强迫行为的处置时，会导致极度的焦虑。

9. 您有多努力去对抗强迫行为？或尝试停止强迫行为的频率？（仅评估您有多努力对抗强迫行为或尝试频率有多高，而不在于评估您停止强迫行为的效果有多好）

0 = 一直不断地努力与之对抗（或症状很轻微，不需要积极地对抗）。

1 = 大部分时间都试图与之对抗（超过一半的时间都在试图与之对抗）。

2 = 用些许努力去对抗。

3 = 屈服于所有的强迫行为，未试图控制，但仍有些不甘心。

4 = 完全愿意屈服于强迫行为。

10. 您控制强迫行为的能力如何？您停止强迫（仪式）行为的效果如何？（如果您很少去对抗，那就回想那些少数对抗的情境，以便回答此题）

0 = 完全控制。

1 = 大多数情况下能控制。只要花些力气与注意力，即能停止强迫行为。

2 = 中等程度控制。"有时"控制强迫行为有些困难。

3 = 控制力弱。只能忍耐或耽搁一下时间，但最终还是必须完成强迫行为。

4 = 完全无法控制。连耽搁一下的能力都没有。

选择完毕后，请将回答的每道题目前边的数字相加，得出分数。说明如下：

轻度严重（6～15分）（单纯的强迫思维或强迫行为，仅需要6～9分）：属于轻度严重的强迫症患者，其症状已经对患者的生活、学习或职业造成一定的影响，患者的症状会随着环境和情绪的变化而不断波动，如果不能尽早解决，会很容易朝着严重的程度发展、泛化，此时是治疗效果最理想的时期，建议尽早治疗。

中度严重（16～25分）（单纯的强迫思维或强迫行为，仅需要10～14分）：这属于中等的强迫症状，表示症状的频率或严重程度已经对生活、学习或职业造成明显的障碍，导致患者可能无法有效执行其原有的角色功能，甚至在没有出现有效的改善前，可能导致抑郁症状，甚至出现自杀念头，必须接受心理治疗或者药物治疗。

重度严重（25分以上）（单纯的强迫思维或强迫行为，仅需要15分以上）：此时，患者的强迫症状已经非常严重，完全无法执行原有的角色功能，甚至连衣食住行等生活功能都无法进行。通常患者已经无法出门，将自己禁锢于家中，无时无刻不在强迫思考，无时无刻都在执行强迫行为。重度严重的患者极易出现抑郁症状，通常需要强制治疗。

附录 D 感恩有你

姓名		性别	
班级		出生年月	
邮箱		电话	

鲜花感恩雨露，因为露珠滋润它成长；苍鹰感恩长空，因为长空让它飞翔；高山感恩大地，因为大地让它高耸。在我们的成长经历中，是谁为我们开启智慧的大门？是谁为我们的心灵成长导航？是谁教会我们唱一首歌？又是谁教会我们勇敢面对挫折？

请在下面的感谢卡中，写一些感谢的话，送给你最想感谢的人。

附录 E 焦虑自评量表（SAS）

姓名		性别	
班级		出生年月	
邮箱		电话	

填表注意事项：下面有 20 条内容（括号中为症状名称），请仔细阅读每一条，把意思弄明白，每一条文字后有四级评分，表示：没有或偶尔（1 分）；有时（2 分）；经常（3 分）；总是如此（4 分）。然后根据你最近一星期的实际情况，在分数栏 1~4 分适当的分数下画"√"。

1. 我觉得比平时容易紧张和着急（焦虑） 　　　　　1　2　3　4
2. 我无缘无故地感到害怕（害怕） 　　　　　　　　1　2　3　4
3. 我容易心里烦乱或觉得惊恐（惊恐） 　　　　　　1　2　3　4
4. 我觉得我可能将要发疯了（发疯感） 　　　　　　1　2　3　4
5. 我觉得一切都很好，也不会发生什么不幸（不幸预感） 1　2　3　4
6. 我的手脚发抖打颤（手足颤抖） 　　　　　　　　1　2　3　4
7. 我因为头痛、颈痛和背痛而苦恼（躯体疼痛） 　　1　2　3　4
8. 我感觉容易衰弱和疲乏（乏力） 　　　　　　　　1　2　3　4
9. 我觉得自己心平气和，并且容易安静地坐着（静坐不能） 1　2　3　4
10. 我觉得心跳得很快（心悸） 　　　　　　　　　　1　2　3　4
11. 我因为一阵阵头晕而苦恼（头昏） 　　　　　　　1　2　3　4
12. 我觉得要晕倒似的（晕厥感） 　　　　　　　　　1　2　3　4
13. 我呼气吸气都感到很容易（呼吸困难） 　　　　　1　2　3　4
14. 我感到手脚麻木和刺痛（手足刺痛） 　　　　　　1　2　3　4
15. 我因胃痛和消化不良而苦恼（胃痛或消化不良） 　1　2　3　4
16. 我常常要小便（尿意频数） 　　　　　　　　　　1　2　3　4
17. 我的手常常是干燥温暖的（多汗） 　　　　　　　1　2　3　4
18. 我脸红发热（面部潮红） 　　　　　　　　　　　1　2　3　4
19. 我容易入睡并且一夜睡得很好（睡眠障碍） 　　　1　2　3　4
20. 我做噩梦（噩梦） 　　　　　　　　　　　　　　1　2　3　4

结果：（1）原始分：
　　　（2）标准分：

1. 计分

正向计分题按 1、2、3、4 分计；

反向计分题按 4、3、2、1 计分。反向计分题号：5、9、13、17、19。

SAS 的主要统计指标为总分。将 20 个项目的各个得分相加，即得原始分；用原始分乘以 1.25 以后取整数部分，就得到标准分。

2. 结果解释

根据美国受试者测评结果，规定以 SAS 的标准分 50 分作为焦虑症状分界值。

中华医学会精神病学分会焦虑障碍协作组吴文源等人对 1158 例正常人（常模）的测评结果进行分析得出，正评题 15 项平均值为 1.29 ± 0.98；反向 5 项均分为 2.08 ± 1.71；20 项总分均值为 29.78 ± 0.46，可作为代表常模总分均值之上限。

50 以下为无焦虑；50~59 为轻度焦虑；60~69 为中度焦虑；70 以上为严重焦虑。

总之，有轻度以上焦虑的人最好找专业人士进行心理咨询或辅导。

附录 F 恋爱调查问卷

为了更好地了解学生关于恋爱、婚姻及性的观念，特设置此调查问卷。

此问卷不会对你产生任何不良影响，并有众多同学和你一起作答。你完全可以放心地如实回答。这次调查完全是为了学术研究，所以是不记名答卷。

请你在选择项下画"√"。

1. 请选择你的性别（　　）

    A. 男　　　　　　　　B. 女

2. 你对大学恋爱的态度是（　　）

    A. 赞成　　　　　　　B. 反对　　　　　　　C. 无所谓

3. 你现在的恋爱状况是（　　）

    A. 正在恋爱中　　　　　　　　　　B. 曾经有过恋爱的经历

    C. 处于观望状态，一旦有了合适的也可以考虑

    D. 不准备在大学阶段谈恋爱

4. 你对恋爱的理解（　　）

    A. 是为了选择终身伴侣，是婚姻的前奏，以共同生活为目的

    B. 是为了排解空虚和寂寞，没有过多地考虑将来

    C. 未考虑太多，跟着感觉走就行

5. 你认为大学期间的恋爱是（　　）

    A. 一段真挚的感情，是人生不可或缺的宝贵经历

    B. 顺其自然，不能强求

    C. 只是游戏　　　　　　　　　　D. 没概念

6. 你认为大学生恋爱的最初动机是（　　）

    A. 看到大家都有男（女）朋友，觉得自己没面子，满足虚荣心理

    B. 弥补内心的空虚，寻求精神寄托

    C. 对方追求强烈，自己不好意思拒绝

    D. 彼此被对方的某些优点所吸引

    E. 满足好奇心

7. 在你的恋爱观中，你选择男（女）朋友时，长相因素所占的比例为（　　）

    A. 80%　　　　　　　B. 50%　　　　　　　C. 30%　　D. 10%

8. 如果你要选择或已有恋人，你最看重对方的（　　）

    A. 自身修养，气质品位　　　　　　B. 是否与自己志趣相投，是否喜欢自己

    C. 看其发展的潜力　　　　　　　　D. 其家庭和经济条件

    E. 是否温柔体贴

9. 如果你遇到喜欢的人，你会主动追求吗？（　　）

A. 会大胆主动追求

B. 会有所暗示

C. 觉得不好意思，静观而已

D. 其实也不知道自己会怎么做，还没遇到过

10. 如果你喜欢的人已经有了男（女）朋友，你会（   ）

A. 放弃追求

B. 大胆地向他（她）表达心意

C. 默默等待

11. 在恋爱之前，你会考虑对方与你的地域因素吗？（   ）

A. 只要两人合适，完全不在意

B. 会考虑，但是不要相距太远

C. 因考虑将来，必须在同一城市

12. 如果在恋爱过程中，两人感情出现了平淡期，你会怎么办？（   ）

A. 与他（她）深入交谈

B. 认为这是感情发展到一定时期的必然表现

C. 自己想办法，找回之前的情趣

13. 在恋爱中，你是否会尊重家长的意见？如果家长反对且多次与之交谈没有作用，你会怎么办？（   ）

A. 尊重家长意见，与他（她）分手

B. 不在意家长的看法

C. 表面与家长妥协，实则继续交往

14. 当你在恋爱过程中发现了对方的缺点，且无法忍受时，你会怎么办？

A. 毫无商量，立即分手

B. 给他（她）一个期限，让他（她）慢慢改正

C. 改变自己，适应他（她）的缺点

15. 假如在交往过程中，你的男（女）朋友没有更多的时间陪你，你会怎么办？（   ）

A. 体谅他（她）　　　　　　　　　B. 与之交涉，要求更多时间

C. 多次主动相约学习，影响了正常生活　　D. 没多大变化

16. 谈恋爱能接受的尺度是（   ）

A. 牵手、拥抱　　　B. 接吻　　　C. 同居

17. 当自己已经有女（男）朋友时，如果又对其他异性产生了好感，你会怎么办？（   ）

A. 会向自己的男（女）朋友透露，而且自己男（女）朋友的地位不可动摇

B. 闷在心里，不自觉地拿两者对比，总感觉自己的男（女）朋友不如他（她），但不影响互相的感情

C. 容易心猿意马，不久就彻底移情别恋

18. 你认为恋人间在开销方面,应该(　　)
    A. 多花男方的钱　　　　　　　　B. 多花女方的钱
    C. 谁有钱花谁的　　　　　　　　D. AA 制

19. 平均每个月在恋爱上的消费支出大概是多少?(　　)
    A. 100 元以下　　　　　　　　　B. 100～300 元
    C. 300～500 元　　　　　　　　　D. 500 元以上

20. 当你的女(男)朋友提出一些无理要求时,你会怎么办?(　　)
    A. 无条件服从,对方就是上帝
    B. 向其解释这件事的合理性,视情况决定是否去做
    C. 坚决拒绝,没有回旋的余地

21. 如果你失恋了,你会有何变化?(　　)
    A. 积累经验　　　　　　　　　　B. 旧的不去,新的不来
    C. 生不如死　　　　　　　　　　D. 得以解脱,用心学习
    E. 其他

22. 女(男)朋友在你心目中的地位是(　　)
    A. 坚实的后盾,温馨的港湾
    B. 无所谓有,也无所谓无,有就行
    C. 额外的助理

23. 你所期待的理想爱情是什么样的?(　　)
    A. 电视电影里的浪漫爱情　　　　B. 经典文学作品里刻骨铭心的爱情
    C. 像父母之间稳定的爱情一样　　D. 柏拉图式的精神恋爱
    E. 其他

24. 就大学生恋爱对自身的影响,你如何看待?(　　)
    A. 恋爱令学习、生活更有动力
    B. 分散精力,浪费时间,成绩下降
    C. 只是"两人"的世界,脱离集体
    D. 影响正常的同学交往
    E. 因人而异

25. 如果你的恋爱和学业发生冲突,你会如何选择?(　　)
    A. 学业为重
    B. 学业诚可贵,爱情价更高
    C. 尽量能够游离其中,但结果可能两边都无法取得完善的结果
    D. 不好说

26. 你认为你恋爱后和其他异性朋友的关系是(　　)
    A. 一切如故　　　　　　　　　　B. 没有以前好

  C. 保持距离   D. 由恋人决定

27. 你觉得大学恋爱面临的最大问题是（   ）

  A. 双方差距太大，合不来   B. 毕业之后，很难在一起

  C. 面临很大的经济压力   D. 其他

28. 你认为维持爱情的因素有哪些？（可多选，不多于三项）（   ）

  A. 坦诚信赖   B. 责任心   C. 尊重

  D. 真诚   E. 慷慨   F. 忍耐宽容

  G. 浪漫幽默   H. 其他

29. 你认为恋爱与婚姻的关系是（   ）

  A. 恋爱应以结婚为目的

  B. 恋爱不一定要结婚，爱过即可

  C. 恋爱只是游戏

  D. 没有考虑过

  E. 其他

30. 如果你和你的恋人分手了，你会选择和他（她）成为朋友吗？（   ）

  A. 成为普通朋友

  B. 成为无话不谈的好朋友

  C. 老死不相往来

附录 G 抑郁自评量表（SDS）

姓名		性别	
班级		出生年月	
邮箱		电话	

请仔细阅读以下每一条内容，把意思弄明白，然后根据你最近一星期的实际情况，选择最适合你的答案（1. 没有或很少时间；2. 小部分时间；3. 相当多时间；4. 绝大部分或全部时间）

1. 我觉得闷闷不乐，情绪低沉	1	2	3	4
2. 我觉得一天之中早晨最好	1	2	3	4
3. 我会哭出来或感觉想哭	1	2	3	4
4. 我晚上睡眠不好	1	2	3	4
5. 我吃得跟平常一样多	1	2	3	4
6. 我与异性密切接触时和以往一样感到愉快	1	2	3	4
7. 我发觉我的体重下降了	1	2	3	4
8. 我有便秘的苦恼	1	2	3	4
9. 我的心跳比平时快	1	2	3	4
10. 我无缘无故地感到疲乏	1	2	3	4
11. 我的头脑跟平常一样清楚	1	2	3	4
12. 我觉得经常做的事情并不困难	1	2	3	4
13. 我觉得不安，平静不下来	1	2	3	4
14. 我对将来抱有希望	1	2	3	4
15. 我比平常容易生气、激动	1	2	3	4
16. 我觉得做出决定是容易的	1	2	3	4
17. 我觉得自己是个有用的人，有人需要我	1	2	3	4
18. 我的生活过得很有意思	1	2	3	4
19. 我认为如果我死了，别人会生活得好些	1	2	3	4
20. 我平常感兴趣的事，仍然照样感兴趣	1	2	3	4

结果：

1. 测验记分：

SDS 评定采用 1—4 制记分，评分时间为过去一周内。

正向题，依次评为原始分 1、2、3、4 分 （题号：1、3、4、7、8、9、10、13、15、19）

反向题，依次评为原始分 4、3、2、1 分 （题号：2、5、6 、11、12、14、16、17、18、20）

20项相加得到原始分，原始分乘以1.25以后取整，得到标准分。

2. 结果解释：

SDS的评定结果以标准分来定：

标准分小于50分为无抑郁；

标准分大于等于50分且小于60分为轻微至轻度抑郁；

标准分大于等于60分且小于70分为中度至重度抑郁；

标准分大于等于70分为重度抑郁。

抑郁评定的临界值为50分，分值越高，抑郁倾向越明显。

抑郁是一种感到无力应付外界压力而产生的消极情绪，并伴有厌恶、痛苦、羞愧、自卑等情绪体验。被抑郁情绪困扰的人常常表现为：情绪低落、思维迟缓、郁郁寡欢；丧失兴趣、缺乏活力、不愿社交，干什么都打不起精神，对生活缺乏信心，体验不到快乐，食欲减退，容易失眠等。从外部观察可见表情冷漠，倦怠疲乏。性格内向孤僻，多疑过虑，不爱交际。生活中遇到意外打击、长期努力得不到报偿的人容易陷入抑郁状态，而长期处于抑郁状态易导致抑郁症。当抑郁情绪不能自我疏导时，请及时找专业人士进行心理咨询或辅导。

参 考 文 献

[1] 黄希庭. 心理学导论 [M]. 北京：人民教育出版社，1991.

[2] 张厚粲. 心理学 [M]. 天津：南开大学出版社，2002.

[3] 许燕. 当代大学生核心人格结构的研究 [J]. 心理学探新，2002，22（4）：24-28.

[4] 樊富珉. 团体心理辅导 [M]. 上海：华东师范大学出版社，2010.

[5] 刘勇. 教师团体心理辅导 [M]. 北京：科学出版社，2008.

[6] 耿步建. 大学学生心理学 [M]. 南京：东南大学出版社，2005.

[7] 段鑫星，赵玲. 大学生心理健康教育 [M]. 2版. 北京：科学出版社，2008.

[8] 杨敏毅. 中学生心理辅导实用技巧与案例 [M]. 上海：上海社会科学院出版社，2005.

[9] 李开复，范海涛. 世界因你而不同 [M]. 北京：中信出版社，2009.

[10] 颜农秋. 朋辈心理辅导理论与技巧 [M]. 广州：中山大学出版社，2007.

[11] 吴雪梅. 高职学生心理健康教育与训练 [M]. 北京：化学工业出版社，2012.

[12] 郑洪利. 大学生心理素质训练教程 [M]. 上海：上海交通大学出版社，2005.

[13] 樊富珉. 大学生心理健康教育研究 [M]. 北京：清华大学出版社，2002.

[14] 徐四华. 网络成瘾者的行为冲动性——来自爱荷华赌博任务的证据 [J]. 心理学报，2012，44（11）：1523-1534.

[15] 陶国富. 大学生网络心理 [M]. 上海：立信会计出版社，2004.

[16] 李贤瑜. 大学生心理健康教育 [M]. 南昌：江西人民出版社，2006.

[17] 徐隽. 大学生心理健康教程 [M]. 上海：上海交通大学出版社，2017.

[18] 潘昌友，雷生珍. 学校健康心理学 [M]. 北京：中国商业出版社，2011.

[19] 吉梅，李玲玲. 阳光心理 完美人生——大学生心理健康指导 [M]. 南京：河海大学出版社，2009.

[20] 叶斌. 关于成长——青春心灵自助手册 [M]. 上海：上海三联书店，1998.

[21] 孙福兵. 高职生心理健康教育导论 [M]. 开封：河南大学出版社，2008.

[22] 王凤荣. 培育阳光心态做自己的心理按摩师——大学生心理健康自助 [M]. 哈尔滨：哈尔滨地图出版社，2008.

[23] 何冬梅，王丽娜. 大学生心理健康教育教程 [M]. 北京：中国电力出版社，2010.

[24] 赵慧娟. 大学生职业生涯规划 [M]. 北京：北京大学出版社，2014.

[25] 张惠琴. 大学生职业生涯发展规划实操手册 [M]. 北京：高等教育出版社，2013.

[26] 唐慧敏. 大学生心理健康教育 [M]. 北京：高等教育出版社，2017.

[27] 中共北京市委教育工作委员会. 大学生心理素质教程 [M]. 北京：北京出版社，2002.

[28] 徐涛. 论大学生人际交往中的心理障碍与对策 [J]. 黑龙江高教研究，2005（1）：146-147.

[29] 张继如. 大学生心理素质教育［M］. 呼和浩特：内蒙古大学出版社，2003.

[30] 郭彬，霍宇红，李海燕，等. 大学生网络人际交往行为探析［J］. 中国成人教育，2007（22）：60-61.

[31] 丁立平. 人格与社会［M］. 北京：中国铁道出版社，2002.

[32] 田川，陶伍建. 大学生心理健康教育［M］. 北京：科学出版社，2012.

[33] 刘素珍，屈银娣. 中职生心理健康修养［M］. 上海：上海交通大学出版社，2013.

[34] 张谊. 心理健康教育［M］. 北京：中国劳动社会保障出版社，2017.

[35] 吴增强，蒋薇美. 心理健康教育课程设计［M］. 北京：中国轻工业出版社，2007.

[36] 颜苏勤. 中职生青春期心理健康自助手册［M］. 北京：高等教育出版社，2013.

[37] 俞国良. 心理健康自测与指导（修订版）［M］. 北京：高等教育出版社，2013.

[38] 李曲生. 高职生心理健康教育［M］. 广州：华南理工大学出版社，2012.